세계 교회사 걷기

세계 교회사 걷기

지은이 | 임경근
초판 발행 | 2019. 10. 30
8쇄 발행 | 2025. 3. 12
등록번호 | 제1988-000080호
등록된 곳 | 서울특별시 용산구 서빙고로65길 38
발행처 | 사단법인 두란노서원
영업부 | 2078-3333    FAX | 080-749-3705
출판부 | 2078-3331

책값은 뒤표지에 있습니다.
ISBN 978-89-531-3635-9  03230

독자의 의견을 기다립니다.
tpress@duranno.com   www.duranno.com

두란노서원은 바울 사도가 3차 전도여행 때 에베소에서 성령 받은 제자들을 따로 세워 하나님의 말씀으로 양육하던 장소입니다.
사도행전 19장 8~20절의 정신에 따라 첫째 목회자를 돕는 사역과 평신도를 훈련시키는 사역, 둘째 세계선교(TIM)와 문서선교 (단
행본·잡지) 사역, 셋째 예수문화 및 경배와 찬양 사역, 그리고 가정·상담 사역 등을 감당하고 있습니다. 1980년 12월 22일에 창립된
두란노서원은 주님 오실 때까지 이 사역들을 계속할 것입니다.

109편의 스토리를 따라

# 세계 교회사 걷기

임경근 지음

두란노

# Part 2
# 꽃길은 고통이요 돌짝밭은 은혜라, 로마교회

# Part 3
# 탐욕에 눈이 멀어 빛을 잃다, 중세교회

# Part 4
# 개혁은 칼이 아니라 말씀으로, 루터와 츠빙글리

# Part 5
## 피고 지고 다시 피어나는 꽃처럼, 칼뱅과 그 후

# Part 6
# 계몽주의와 인본주의에 물든, 서구교회

# Part 7
# 이데올로기의 전쟁 속에서 교회는, 19-20세기

# 프롤로그

구원 역사를 이해하려면 교회 역사부터 알자

    현대인은 역사에 별 관심이 없다. 현재를 살아 내기도 버겁다. 하물며 교회 역사에 얼마나 관심이 있겠는가. 기독교인조차도 교회 역사에 무관심하긴 마찬가지다. 그런 건 신학교에서나 배우는 것이라고 생각한다. 일반 성도에게 교회 역사란 가까이 하기엔 먼 관심사다.

    나는 2011년 다우리교회를 개척하면서 주일 오전 10시부터 40분씩 세계 교회 역사를 가르쳤다. 어린이를 포함한 온 가족을 대상으로 하는 강의였다. 만만치가 않았다. 전문용어, 어려운 표현 등을 사용하지 않고 최대한 아이들도 재미있게 이해할 수 있도록 생활 용어를 쓰려고 노력했다.

    그런데 강의를 하며 흥미로운 사실을 발견했다. 강의에 참여하는 부모들의 관심이 대단했다는 것이다. 사실 일부러 공부하려 들지 않는 이상 교회 역사 이야기를 진득하게 들어 본 부모가 몇이나 됐겠는가. 어느 부모는 "교회 역사를 배우니 이제야 오늘 내가 다니는 교회의 현실을 이해할 수 있게 됐습니다" 하며 몇 번이나 반복해서 이야기해 주곤 했다. 참으로 역사 공부는 오늘을 살고 있는 나의 정체성을 알게 할 뿐 아니라 미래를 내다보는 지혜를 준다.

교회는 시공을 초월한다는 점에서 보편적catholic이다. 반면에 역사는 시공 안에 일어난다. 즉 '교회 역사'는 시공을 초월한 보편적 교회가 시공 속에서 살아온 구체적 발자국이다. '교회 역사'는 교인이 걸어간 삶의 실체이다. 그러니 우리가 교회 역사를 안다는 것은 오늘도, 어제도, 내일도 동일하게 일하실 하나님의 섭리를 알아 가는 것과 같다. 반대로 교인이 교회 역사를 알지 못하면 과거와 현재와 미래에 일하시는 하나님의 구원 역사를 이해하기 어려울 것이다.

이 책은 2011년부터 주일 아침 진행했던 강의를 재구성했다. 강의할 때와 마찬가지로 가능한 한 전문용어 사용을 피하고 일반 성도들도 충분히 쉽게 읽을 수 있도록 했다. 덕분에 이 책은 초중고 주일학교 학생이면 충분히 읽을 수 있다. 대학생이나 장년도 어렵지 않게, 아주 재미있게 교회 역사에 접근할 수 있을 것이다.

더불어 이 책은 종교개혁 역사관의 입장을 견지했다. 이는 곧 오직 성경sola scriptura, 오직 은혜sola gratia, 오직 믿음sola fide에 기초한다. 2014년부터는 〈기독교보〉에 4년 넘게 연재하기도 했는데, 그때 많은 독자로부터 책으로 엮어 줄 것을 요청받기도 했다.

네덜란드 개혁교회는 좋은 교회 역사와 관련된 책을 많이 소유하고 있다. 기독교 학교에서 교회 역사를 가르치기 때문에 학생들도 쉽게 접근할 수 있는 교회 역사책이 많이 출판되었다. 과거 유학시절 이런 책을 접하면서 한국 교회에도 그런 책이 있으면 좋겠다는 소망이 있었다. 그런데 이제 우리나라에도 그러한 책이 출판되어 기쁘고, 또 그 책의 저자가 될 수 있어서 감사하다.

이 책이 잉태될 때 강의를 들어 주신 다우리교회 성도와 〈기독교보〉 연재를 읽으며 좋은 피드백을 주신 여러 독자, 특히 안광자 사모님에게 감사드린다. 그밖에도 원고를 친히 읽고 교정해 주시고 격려해 주신 이상규 명예교수님, 또 교회 역사에 대한 영감을 불러일으켜 주신 나의 은사 유해무 은퇴교수님, 이 책의 초교를 꼼꼼히 읽으며 교정과 조언을 해준 박승규 선교사님에게 감사드린다. 더불어 이 책이 나오기까지 기도와 격려를 아끼지 않으신 부모님과 처부모님, 늘 유익한 조언을 해준 사랑하는 아내에게 감사하다.

특별히 나는 이 책을 내 사랑스러운 딸 예림, 예솔과 듬직한 아들 예찬, 예서에게 선물하고 싶다. 우리의 자녀들은 앞으로 교회를 이끌어 갈 다음세대요 언약의 자녀이다. 이 책이 이들에게 좋은 영양분이 되기를 기도한다. 과거에 놀랍게 일하신 하나님께서 오늘날 우리 교회를 이끌고 계시며, 또 내일의 교회를 세우실 것임을, 그 성실하신 하나님의 섭리를 우리가 모두 알기 바란다.

2019년 11월
임경근

# PART        1

굶주린 사자도 이기는 믿음,
# 초대교회

| 예수님은 어디에 계실까?


유럽의 도시를 여행하다 보면 공통점을 발견한다. 도심에는 반드시 교회당이 우뚝 서 있다는 것이다. 그것들은 높고 웅장하면서도 아름답다. 첨탑은 하늘을 찌를 듯이 높고 오색 스테인드글라스를 통해 들어오는 빛은 교회당 내부를 환히 밝힌다.

이런 교회당을 지으려면 많은 돈이 들었을 것이다. 그 돈은 어디에서 났을까? 당연히 성도들이 낸 헌금이다. 당시에는 교회에 헌금을 얼

/ 독일 쾰른 대성당

마나 하는가에 따라 천국에 들어가는 순서가 다르다고 가르쳤다. 그래서 헌금을 많이 하는 부자는 천국에 빨리 들어갈 수 있다고 믿었고, 가난하면 그 기회조차 잃는다고 생각했다. 교회는 부자들의 헌금으로 호화로운 건물을 지을 수 있었으니 누이 좋고 매부 좋은 셈이었다. 심지어 부자는 죽은 뒤 예배당 건물 안에 묻히는 특권을 누렸다. 그래서 예배당에는 부자들의 썩은 시신 냄새가 진동했다. 보통 교인은 교회 뒷마당에 마련된 공동묘지에 안장되었다.

그렇다면 중세 시대 신자들의 신앙생활은 어땠을까? 저기 교회 쪽을 향해 종종걸음을 걷고 있는 노파가 보인다. 얼굴은 고생으로 찌들었고 허리는 구부정하다. 그는 교회 안으로 들어오자마자 다소곳이 멈춰서 성호를 긋고는 마리아 상 앞에 선다. 뭔가 간절히 바라는 게 있는 듯 간절히 기도를 한다.

노파는 교회당 중간 오른쪽 벽면에 있는 작은 방으로 들어간다. 그곳은 고해성사를 하는 곳이다. 노파는 자신의 죄를 사제에게 조곤조곤 고백한다. 사소한 것까지 하나도 빠짐없이 기억을 짜낸다. 사제는 죄를 다 듣고 어떤 벌을 줄 것인지 결정한다. '헌금'을 바치든가, '금식'을 하든가, 아니면 '면벌(죄)부'를 사야 할 수도 있다. 그래야 하나님의 벌을 피할 수 있기 때문이다.

노파는 잠시 후 성당 앞으로 나가 초를 몇 개 사서 불을 붙인다. 여러 촛불이 빛을 발하면 성당 분위기는 따뜻해진다. 15분 후면 미사가 시작되는데 노파는 잠시 기도하러 교회당 옆쪽에 쑥 들어간 작은 예배실Chapel로 들어간다. 그곳은 아주 조용하다. 먼저 들어온 몇 사람과 함께 앉아 무릎을 꿇고 기도한다.

잠시 후 교회 성가단의 노래와 함께 예배가 시작된다. 노파는 조용히 큰 예배실 의자에 앉는다. 파이프 오르간이 음을 잡아 주면 소년 중 창단이 멋지게 노래를 부른다. 아름다운 소년의 목소리를 하나님이 기 뻐하신다고 여긴다. 하나님과 성 마리아를 칭송하는 노래들이다. 모든 노래는 라틴어로 부른다. 내용을 이해할 수 없지만 경건하고 거룩하게 느껴진다. 그것으로 충분하다. 노파는 무릎을 꿇고 예배를 드린다.

사제가 나오고 보조 사제들이 따른다. 성당 안은 갑자기 조용하다. 사제의 라틴어 축복이 있고 중창단의 찬양이 이어진다. 그레고리우스 성가이다. 사제의 짧은 설교가 있은 후 예배에서 가장 중요한 순서, 성 찬이 시작된다. 로마 천주교회는 성찬을 제사라고 여긴다. 사제는 '제 사장'이고 성찬상은 '제단'이고, 빵과 포도주는 '제물'이다. 사제가 빵 과 포도주를 축복하면 그리스도의 몸과 피로 실제로 변한다고 믿는 다. 화체설을 믿는 것이다. 노파는 줄을 서서 사제가 주는 동그란 빵, 무교병을 먹는다. 포도주는 사제만 마신다. 평신도는 빵만으로도 충분 하다고 생각한다.

이렇게 예배는 끝난다. 노파는 집으로 향한다. 혹시 교회에 더 있고 싶은 사람은 지하로 내려가기도 한다. 거기에는 순교자의 유물이나 성지에서 가져온 성유물이 보관되어 있다. 교회가 이런 성물을 많이 가질수록 영적으로 부자라고 여긴다.

노파가 집에 도착하자 지나가던 옆집 할머니가 묻는다.

"교회에 갔다 오셨어요? 몸도 안 좋은데 의사선생님에게 가서 치료 를 받으시는 게 어때요?"

노파는 낮은 목소리로 대답한다.

"아뇨, 아파도 교회는 가야 해요. 그렇지 않으면 벌을 받을 거예요! 내가 죽으면 신부님이 오셔서 종유성사를 해 줄 겁니다. 그러면 천국에 빨리 갈 수 있어요."

종유성사는 죽기 직전에 기름을 바르며 베푸는 성례를 말한다. 몇 주 지나 노파는 병으로 죽는다. 노파의 말대로 죽기 전에 교회 사제가 와서 종유성사를 해 주었다. 이것이 중세 시대 교인의 신앙생활 모습이다. 참 답답하고 불쌍하지 않은가!

주후 30년

## | 교회의 설립자는 예수님이다

교회는 언제부터 시작되었을까? 엄밀히 따지자면 아담과 하와 때부터 있었다고 보는 것이 옳다. 왜냐하면 교회란 하나님이 부르시는 사람들의 모임이기 때문이다. 하나님께서는 아브라함을 부르셨고, 이때부터 이스라엘은 교회가 되었다. 그러다가 오순절 성령강림 사건 이후 교회는 온 인류를 향해 문이 활짝 열렸다.

교회의 설립자는 예수님이시다. 예수님은 시몬에게 '베드로'라는 이름을 주시면서 "내가 이 반석 위에 내 교회를 세우리니 음부의 권세가 이기지 못하리라"(마 16:18)고 말씀하셨다. 여기서 '음부의 권세'란 사탄과 그의 권세를 의미한다. 즉 교회는 하나님의 아들이신 예수님께서 세우셨기 때문에 그 어떤 사탄의 권세도 넘어뜨리지 못할 것이라는 약속이다.

그렇다고 이 약속이 사탄이 교회를 순순히 가만둘 것이라는 말은 아니다. 교회는 사탄의 공격으로부터 자유롭지 못하다. 이리가 양의 탈을 쓰고 숨어들어 있다가 어느 순간 본색을 드러내고 교회를 훼파할 것이다. 바울도 에베소 장로들에게 양떼를 공격할 사나운 이리들과 어그러진 말을 하는 사람들이 일어날 것이니 경계하라고 권면한다(행 20:29-35). 지금도 사탄은 쉬지 않고 교회를 공격하고 있다. 그러니 교회 역사는 사탄의 공격에 대항하는 영적 전쟁이라고 할 수 있을 것이다.

교회는 순수한 의인들만의 모임이 아니다. 어떤 역사를 봐도 마찬가지다. 알곡이 있다면 가라지도 있었다. 바른 교훈이 선포되어야 할 교회에서 거짓 교훈이 기생하거나 지배하기도 했다. 예루살렘의 아름다운 첫 교회에서도 아나니아와 삽비라 부부가 있지 않았던가! 그들은 겉과 속이 다른 위선자, 곧 외식자였다. 물론 사람의 눈은 속일 수 있어도 하나님은 속일 수 없었기에 그들의 마지막은 비참했다.

그럼에도 첫 교회는 모든 세대가 이상적으로 바라보는 교회의 모습이다. 사도들은 복음 선포를 통해 교회를 세웠다. 그들은 사도의 가르침을 받아 서로 교제하고 떡을 떼며 오로지 기도하기를 힘쓰던 예배 공동체였다(행 2:42). 또한 한마음과 한 뜻이 되어 모든 물건을 서로 통용하고 자기 재물을 조금이라도 자기 것이라 하는 이가 하나도 없었을 정도로 거룩한 삶이 있는 교회였다(행 4:32). 수적으로도 성장했다(행 2:41, 4:4, 6:7, 14:1).

초대교회가 이렇게 아름다운 모습으로 역사에 기록될 수 있었던 비결은 무엇일까? 바로 말씀이다. 바울은 교회를 '주와 그 은혜의 말씀'에 맡긴다(행 20:32). 주님의 참 말씀만이 교회를 교회답게 하고 든든하게 지켜 줄 수 있기 때문이다. 말씀은 '언약' 혹은 '계약'이라는 말로 사용하기도 한다. 성경을 신약과 구약으로 나눌 때 사용하는 '약'約이 바로 언약, 계약이라는 뜻이다. 따라서 '신약'은 '새 언약'이라는 말이다. 교회가 새 언약의 말씀을 얼마나 잘 보존하고 또 전파하는지에 따라 그 승패가 결정될 것이다.

## | 로마는 예수를 박해했고, 하나님은 로마를 쓰셨다

요셉과 마리아는 왜 나사렛을 떠나 먼 베들레헴에서 아기 예수를 낳아야 했을까? 로마제국의 황제 아우구스투스(Augustus, 주전 63-주후 14)가 인구조사를 하도록 명령했기 때문이다. 모든 사람은 자기 고향으로 돌아가야 했다. 정확한 인구조사를 위한 조치였다. 당시 이스라엘을 지배하고 있던 나라는 바로 로마제국이었다.

로마는 이탈리아 반도 한 작은 도시에서 시작된 보잘것없는 부족국가였지만, 예수님이 태어날 당시에는 세계에서 가장 큰 제국이었다. 제국이란 황제가 다스리는 거대한 나라들의 총합을 말한다. 로마제국은 지중해 연안 모든 나라와 지금의 프랑스, 독일 서남부, 잉글랜드, 아프리카 북부와 아시아, 동유럽 대부분의 지역을 점령하여 다스렸다.

아우구스투스는 여러 나라를 한 나라처럼 다스리기 위해 강력한 군대와 유용한 법체계를 개발했다. 정복한 나라에는 혹시나 반란이 일어날 것을 대비해서 군대를 빠르게 보낼 수 있는 길을 만들었다. 물론 피지배국에게는 적국이 공격해 올 때 빨리 파병할 길을 놓는다고 했다. 이렇게 만들어진 길이 바로 비아 로마나Via Romana다. 이 길은 비오는 날도 마차가 달릴 수 있도록 돌을 깔아 세계 최고의 도로로 건설되었다. 지금으로 치면 고속도로와 같다. 그래서 "모든 길은 로마로 통한다"는 말이 생겼다.

그런데 놀랍게도 복음이 비아 로마나를 통해 전파되었다. 바울이 전도여행을 했던 길이 비아 로마나다. 로마제국이 복음을 전할 길을 미리 닦아 놓은 셈이다. 하나님께서 예수 그리스도의 사역과 복음 전

/ 비아 로마나

파에 로마제국을 사용하셨다니, 놀랍고 신기할 뿐이다.

그뿐만이 아니다. 로마제국의 언어는 그리스어헬라어로 통일되어 있어서 어느 나라를 가든지 그리스어를 사용할 수 있었다. 그런데 신약성경이 그리스어로 기록되었다. 따라서 로마제국 어디에서나 성경을 읽을 수 있었다. 사도들이 복음을 전하기에 아주 좋은 환경이었다.

게다가 당시 로마 시민들은 결코 행복하지 않았다. 그들의 마음은 공허하고 우울했다. 왜냐하면 황제가 각 국가의 종교를 무시하지 않고 존중해 준 탓이다. 무슨 말일까? 아우구스투스는 많은 나라를 정복하고 다스리기 위해 지혜를 짜냈는데, 그중 하나가 만신전Pantheon을 만든 것이다. 비록 자기 국가가 로마에 져서 지배를 당하고 있으니 기분은 나쁘겠지만, 대신 자국의 신을 하나씩 가지고 와서 모셔 놓고 예배하도록 한 것이다. 시민들도 로마가 자기들이 믿는 신을 존중해주니 싫지 않았다.

그러나 문제는 그 수많은 신 중에 하나님은 계시지 않았다는 것이다. 바울이 아테네에 갔을 때 "알지 못하는 신에게"(행 17:23)라고 새긴 제단도 보았다고 했다. 그렇게 헛된 신을 섬기면서 그들은 행복했을까? 아니다! 바로 그때 그리스도가 전해진 것이다. 그런 시대였기에 많은 사람이 복음을 받아들일 수 있었다.

　과연 이런 일들이 우연일까? 그렇게 볼 수도 있지만, 이것은 모두 하나님의 섭리와 손길이다. 하나님은 세상 역사를 통치하고 계신다. 예수님은 하나님이 정하신 아주 적절한 때에 세상에 오셨다. 바울은 그것을 "때가 차매 하나님이 그 아들을 보내사"(갈 4:4)라는 말로 표현했다.

주후 67년
| 순교자들의 피는 교회의 씨앗이다

처음 로마인은 그리스도인에게 별 관심이 없었다. 그리스도인의 숫자도 얼마 되지 않았다. 유대교의 한 분파이겠거니 했다. 유대인들이야 좀 유별났기 때문에 로마인으로부터 질투와 미움을 받곤 했지만, 그리스도인은 그렇지 않았다.

　하지만 분위기가 서서히 바뀌기 시작했다. 언제부턴가 로마인이 그리스도인을 괜히 미워하기 시작했다. 이유는 그리스도인이 자기들과 달랐기 때문이다. 그들은 로마인이 즐기는 생활을 따라하지 않았다. 로마 신전에 가거나 신들에게 제사를 드리지도 않았고, 아무리 재미있는 격투 경기가 있어도 콜로세움에 가지 않았다.

　로마의 원형경기장 콜로세움에는 때마다 흥미로운 경기가 벌어졌다. 짐승들끼리 싸움을 붙이기도 했고, 짐승과 사람이 싸우기도 했다.

그러나 뭐니 뭐니 해도 가장 인기가 좋았던 경기는 사람과 사람이 피를 흘리며 싸우는 격투 경기였다. 이 격투 경기를 벌이기 위해 로마인들은 검투사Gladiator를 세웠다. 검투사는 경기장 안에서 상대를 잔인하게 죽여도 됐다. 대부분의 로마인들은 눈앞에서 살인이 벌어질 때마다 열광하며 환호했다.

그러나 그리스도인은 폭력을 즐기는 것은 폭력에 참여하지 않더라도 같은 죄를 범하는 것이라고 보았기 때문에 이런 경기를 싫어했다.

/ 콜로세움

대신 그들은 정해진 시간에 한자리에 모여 뭔가를 했다. 바로 예배다. 예배에는 반드시 성만찬Supper이 있었다. 그리스도인은 식탁에 둘러앉아 예수 그리스도의 살을 먹고 피를 마신다고 했다. 물론 실제로는 빵과 포도주로 대신하여 예수님의 십자가 죽음이 그리스도인의 죄를 대신하는 대속행위라는 것을 믿고 기억하는 예식을 올린 것이다. 또 교회 예배에는 종종 유아세례식이 있었다. 갓 태어난 유아에게 물로 언약을 표시하는 것이다.

그런데 로마인들은 이런 이야기를 여기저기에서 전해 들으면서 말도 안 되는 소문을 퍼뜨렸다. 아기, 살, 피, 먹고 마신다는 단어들을 가지고 '그리스도인은 비밀리에 자기들끼리 모여 갓 태어난 아기의 살과 피를 먹고 마신다는군!' 하고 말을 짜 맞춘 것이다. 로마인들은 성찬식을 그렇게 오해했다. 팩트 체크도 하지도 않고 가짜뉴스를 퍼트렸던 것이다. 소문은 아주 빨리 퍼져 나갔고, 많은 교회와 그리스도인은 사악한 사교집단이자 반사회적인 모임으로 취급받았다. 로마는 그리스도인을 핍박하기 시작했다.

그리스도인을 가장 악하게 핍박했던 황제는 네로(Nero, 주후 37-68)였다. 네로는 잔인한 사람이었다. 그는 형제는 물론 어머니, 아내를 죽이고 스승이었던 철학자 세네카도 죽였다.

한번은 네로가 통치할 때 로마에 큰 불이 났다. 얼마나 컸는지 불이 5일 동안 꺼지지 않았다고 한다. 로마 시민은 분노가 폭발하고 말았고, 네로가 로마에 불을 붙였다고 의심했다. 네로는 시민의 분노를 잠재우기 위해 가난한 사람들에게 돈을 나눠주고 로마시를 다시 재건하겠다고 약속했다. 하지만 네로가 로마를 불태웠다는 사람들의 의심을 없앨 수는 없었다.

그때 네로가 꾀를 냈다. 로마에 불을 낸 것이 그리스도인이라고 누명을 씌운 것이다. 그리스도인은 종종 "이 세상은 곧 불타 멸망할 것이다!"라고 말하곤 했다. 네로의 꾀가 그럴듯했다. 결국 그리스도인은 희생양이 되었다. 네로는 그리스도인을 잡아들여 자신의 궁궐 정원에 나무를 세워 매달고 몸에 기름을 바르고 불태워 죽였다. 마치 정원에 횃불을 켜 놓은 것 같았다. 정말 잔인한 핍박이었다.

그 후에도 그리스도인은 박해를 많이 받아야 했다. 로마제국은 수많은 종교를 포용했지만 국가적으로는 황제를 숭배했다. 초기에는 황제숭배가 국가의례 정도였지만, 후에는 종교로 발전했다. 그들은 왕이 신적인 능력을 가지고 있다고 생각했다. 그래서 로마의 황제가 죽으면 신이 된다고 믿다가 나중에는 살아 있는 황제에게도 예배를 하도록 요구했다.

사실 이런 일은 아시아에서도 찾아볼 수 있다. 일본은 동아시아를 식민지배하면서 자신들을 제국이라 칭하고 황제를 천황天皇이라고 부르게 했다. 그리고 천황이 있는 동쪽을 향해 매일 아침 절하도록 했는데, 이것을 '동방요배'라고 했다. 즉 천황에게 절하고 예배하며 숭배하도록 강요한 것이다. 동방요배를 거절하거나 다른 사람을 선동하면 옥에 가두거나 심한 고문을 해 죽이기도 했다. 이때 적지 않은 한국 그리스도인이 순교했다.

로마제국도 황제숭배를 거절하는 그리스도인을 핍박하고 옥에 가뒀다. 황제의 형상을 향해 향을 피우기만 해도 옥에서 풀어 줬지만, 끝까지 버티면 잔인한 방법으로 처형했다. 그리스도인에게는 큰 환난이고 시험이었다.

초대교회 그리스도인은 황제에게 절을 할 것인지 말 것인지를 결정해야 했다. 그리고 마침내 황제에게 절하지 않기로 결정했다. '죽으면 죽으리라'고 다짐했다. 다니엘의 세 친구처럼 죽음을 두려워하지 않고 하나님을 선택했다.

황제에게 절하는 것이 아무것도 아닌 것 같지만 이것은 곧 우상을 숭배하는 일이요 하나님의 법을 어기는 죄다. 하나님을 주로 섬기는 그리스도인은 또 다른 주인을 섬길 수 없다. 하나님의 진노와 저주 아래 있는 죄인이던 우리를 십자가에 달리심으로 구원해 주신 예수 그리스도가 아니던가! 그런 그리스도를 배반하고 다른 주인을 섬기는 일은 있을 수 없다.

오히려 그리스도인은 예수의 이름을 위하여 능욕받는 일에 합당한 자로 여김을 받는 것을 영광스럽게 여기고 기뻐했다(행 5:41). 하늘에 계신 예수님과 함께 있는 것을 바라며 죽음을 두려워하지 않았다. 우리 믿음의 선진들은 죽음은 죄를 그치고 안식에 들어가는 시작이라 믿으며 담대하게 죽음을 맞았다. 사람의 말을 듣는 것보다 하나님께 순종하는 것을 당연하게 받아들였다(행 4:19, 5:29).

이 시대는 어떤가? 아무런 핍박이나 어려움이 없는 것처럼 보인다. 하지만 지금도 교회를 향한 사탄의 공격은 여전히 존재한다. 사탄은 공격을 멈추는 일이 없다. 교회와 성도를 무너뜨리기 위해 먹이를 찾는 사자처럼 어슬렁거린다. 그리스도인은 항상 넘어질까 조심해야 한다.

주후 60-100년

## | 카타콤으로 숨어들다

로마의 핍박이 강도를 더해 가자 그리스도인은 마침내 카타콤으로 숨어들어 갔다.

카타콤은 로마인이 무덤으로 사용했던 곳이다. 로마의 땅 밑은 아주 특별한 돌로 되어 있다. 톱으로 자를 수도 있고 손톱으로 긁으면 돌

부스러기가 떨어질 정도로 부드럽다. 로마인은 그 부드러운 바위를 파서 수많은 굴을 만들어 시체를 매장했다. 땅 속 깊은 곳은 시원해서 시체를 매장하기에 아주 좋은 장소였다. 그렇게 대대로 무덤을 만들면서 굴의 깊이와 길이가 늘어났다. 로마에 가면 카타콤이 관광명소로 되어 있어 구경할 수 있다.

바로 그 지하 무덤에 그리스도인이 숨어 들어가 살았다. 그곳에서 예배도 드렸다. 어떤 카타콤은 지하 5층 깊이까지 들어가기도 한다. 어떤 곳은 공간이 넓어 몇 십 명이 동시에 예배를 드릴 수 있을 정도다.

/카타콤 내부

만약 로마 군인이 카타콤으로 들어와도 길이 거미줄처럼 연결되어 있어 어디가 어디인지 알 수 없었다. 한 번 잘못 들어가면 영원히 빠져나올 수 없는 미로와 같은 곳이었다. 어떤 카타콤의 길이는 무려 20킬로미터나 되는 곳도 있다고 한다. 그곳에서 오랜 시간을 보낸 그리스도인은 입구나 출구를 정확하게 알았기 때문에 쉽게 도망갈 수 있었다. 물론 음식은 땅 위에서 누군가 넣어 주어야 했다. 만약 지하에서 살다가 죽으면 그곳에 장사했다.

카타콤은 로마 군인을 피해 숨어 지내기에는 안성맞춤이었지만, 생활은 칙칙하고 답답하고 고통스러웠을 것이다. 햇빛을 볼 수 없는 삶이 제대로 된 삶이었겠는가! 그러나 예수님이 천사의 나팔소리와 함께 다시 오시면 이 카타콤에서 죽어 간 수많은 그리스도인이 부활할 것이다. 공중에서 기쁨으로 주님을 맞이할 것이다. 그들은 천국에서 해와 같이 빛날 것이다.

> "나로 말미암아 너희를 욕하고 박해하고 거짓으로 너희를 거슬러 모든 악한 말을 할 때에는 너희에게 복이 있나니"(마 5:11).

주후 70년

## | 예루살렘이 멸망하다

예수님은 올리브 산에서 예루살렘의 몰락에 대해 제자들에게 예언하셨다.

> "예수께서 성전에서 나와서 가실 때에 제자들이 성전 건물들을 가리켜 보이려고 나아오니 대답하여 이르시되 너희가 이 모든 것을 보지 못하느냐 내가 진실로 너희에게 이르노니 돌 하나도 돌 위에 남지 않고 다 무너뜨려지리라 … 그러므로 너희가 선지자 다니엘이 말한 바 멸망의 가증한 것이 거룩한 곳에 선 것을 보거든 (읽는 자는 깨달을진저) 그때에 유

대에 있는 자들은 산으로 도망할지어다"(마 24:1-2, 15-16).

유대에 주둔하는 로마 장군들은 아주 사악했다. 그들은 로마가 요구하는 것보다 훨씬 많은 세금을 유대인에게 부과했다. 그뿐만 아니라 유대인과 유대교를 멸시하고 무시했다. 수많은 유대인을 십자가형에 처하기도 했다. 그런데 이런 고통 가운데에 있던 그들이 과연 자기 손으로 십자가에 매달아 죽인 예수님을 기억하고 있었을까? 아니다. 그들은 예수님을 까맣게 잊었다. 그들은 여전히 성전에서 매일 제사를 지내며 힘든 삶을 견디고 있었다. 게다가 로마 황제를 위한 제사도 드려야 했으니 녹록하지가 않았다.

주후 66년경, 예루살렘에 주둔하고 있던 총독 게시우스 플로루스(Gessius Florus)는 특히 유대인을 괴롭혔다. 마침내 분노한 유대인과 로마 군인 사이에 싸움이 일어났다. 이 싸움은 '제1차 유대-로마 전쟁'으로 발전하고 말았다.

일시적으로 유대인은 예루살렘에서 로마 군인을 몰아냈다. 이제 로마로부터 독립할 수 있을 것이라고 착각했을 정도였다. 하지만 로

/ 예루살렘 멸망
데이비드 로버츠의 1850년 작품

마 중앙정부는 아주 강력한 군대를 파송했다. 주후 67년 경 당대 최고의 장군 베스파시아누스(Vespasianus, 주전 9-주후 79)가 아들 티투스(Titus, 주후 39-81)를 데리고 전쟁에 뛰어든 것이다. 유대인은 세계 최강 로마 군대를 당해낼 수 없었다. 로마 군대는 파죽지세로 예루살렘을 향했다.

끝까지 항복하지 않고 항거하던 유대인 40명이 갈릴리의 요새 요타파타에 숨었다. 그들은 제비 뽑아 서로를 살육하는 처참한 일을 벌였다. 마지막 남은 사람이 자살하는 작전이었다. 그런데 마지막 살아남은 이가 자살하지 않았고 로마 군대에 항복했다. 그는 플라비우스였는데, 베스파시아누스는 그에게 새로운 이름을 지어주었다. 그가 바로 《유대 전쟁사》The Wars of the Jews를 기록한 요세푸스(Titus Flavius Josephus, 주후 37-100)다.

유대-로마 전쟁 중 네로가 죽었다. 베스파시아누스가 로마로 돌아가 황제가 되었다. 그러고는 티투스에게 예루살렘 점령을 명령했다. 티투스는 마침내 예루살렘을 점령했다.

주후 70년 '평화의 성'이라는 이름을 가진 예루살렘에서는 피비린내 나는 살육이 벌어졌다. 예루살렘은 예수님의 예언대로 돌 위에 돌 하나도 남지 않을 정도로 파괴되고 말았다(마 24:2). 살아남은 일부 유대인이 사해 남쪽에 위치한 천혜의 요새 마사다Masada로 피신해 마지막까지 저항을 했지만, 주후 73년에 요새에서 960명이 서로 죽이며 자결했다. 이렇게 예루살렘이 완전히 파괴되고 그 후 유대인은 나라 없이 흩어진 민족Diaspora으로 지내야 했다.

한편 당시 그리스도인은 어땠을까? 그리스도인은 싸움이 잦아들었을 때 예루살렘을 떠났다. 정든 고향 예루살렘성을 떠나는 것은 쉽지 않았을 것이다. 그러나 그들은 그곳을 떠나야 했다. 그들은 요단강을 건넜다. 얼마 가지 않아 펠라라는 높은 지역에 도착했다. 그들은 그곳에서 전쟁이 끝날 때까지 기다렸다. 유대-로마 전쟁에서 그리스도인은 박해를 피할 수 있었다. 그들은 예수님의 예언을 믿고 기억하고 있었기에 결국 때가 되어 행동으로 옮겼다.

예수님은 예루살렘의 멸망을 예언했다. 그 예언은 과연 성취되었다. 예언을 믿었던 그리스도인과 믿지 않았던 유대인의 결말은 달랐다. 그렇다고 우리가 멸망한 유대인을 향해 '바보 같은 유대인!'이라고 비난할 수 있을까?

우리는 왜 예루살렘의 멸망을 이야기해야 할까? 그들의 이야기는 교회의 역사이기도 하다. 예수님은 세상의 멸망도 예언하셨다. 예수님이 다시 오실 것이라는 예언도 하셨다. 이 예언도 반드시 성취될 것이다. 우리는 깨어 있어야 한다. 바울이 "선 줄로 생각하는 자는 넘어질까 조심하라"(고전 10:12)고 한 말씀을 기억해야 한다. "높은 마음을 품지 말고 도리어 두려워하라 하나님이 원 가지들도 아끼지 아니하셨은즉 너도 아끼지 아니하시리라"(롬 11:20-21)는 말씀을 마음에 새겨야 한다.

주후 82-117년

## | 불이여, 오소서!

"사람들이 나를 박해하였은즉 너희도 박해할 것이요"(요 15:20).

도미티아누스(Domitianus, 주후 51-96)가 로마를 통치하던 시대에 동방 지역 안디옥에도 그리스도인을 향한 큰 핍박이 있었다. 이때 사도 요한이 밧모섬에 유배되었다. 요한은 '사도적 교부'를 가르치고 훈련했다. 그 제자 중에 안디옥의 이그나티우스(Ignatius, 주후 50-108)와 서머나의 폴리카르푸스(Polycarpus, 주후 69-155)가 있다. 그들은 모두 기독교 신앙 때문에 순교했다.

한번은 동방으로 정복전쟁을 하러 가던 로마 황제 트라야누스(Traianus, 주후 53-117)가 안디옥에 들러 이그나티우스를 불렀다. 그리고 자신을 신으로 인정할 것을 강요했다. 이그나티우스는 황제에게 담대하게 말했다.

"황제여! 저는 두 주인을 섬길 수 없습니다."

그는 쇠사슬에 묶여 로마로 끌려갔다. 그리고 주후 108년, 콜로세움에서 많은 사람이 보는 앞에서 사자 밥이 되고 말았다. 그는 죽기 전에 하늘을 향해 이렇게 기도했다고 한다.

"저는 이제야 비로소 예수님의 제자가 되기 시작합니다. 보이는 것이든 보이지 않는 것이든 어떤 것이든지 예수 그리스도에게로 가는 나의 길을 방해하지 마십시오. 불이여, 오소서! 십자가여, 오소서! 야수들과 싸워 뼈들이 뭉그러지고, 팔 다리가 떨어지고, 나의 온몸이 부서질 것입니다. 사탄의 잔인한 고문이여 오시오! 다만 내가 예수 그리스도에게 이르게 하시오!"

서머나의 주교 폴리카르푸스의 마지막은 어땠을까? 역사가들은 그를 요한계시록 2장 8절에 나오는 '서머나 교회의 사자'로 해석한다. 로마 군인은 폴리카르푸스를 옥에 잡아넣었다. 로마 황제를 신으로 믿지 않고 절하지 않았기 때문이다.

로마 군인은 폴리카르푸스에게 '신을 부정하는 자들은 저주를 받으리라!'고 맹세하라고 위협했다. 로마 군인이 말하는 '신을 부정하는 자들'이란 황제를 신으로 인정하지 않는 사람을 의미했다. 그는 로마 군인이 시키는 대로 하지 않았다. 그런데 가만히 생각해 보니 '신을 부정하는 자들'은 자기가 아니라 로마 사람이었다. 참 신이신 하나님을 부정하니 말이다.

폴리카르푸스는 '신을 부정하는 자들은 저주를 받으리라!'고 맹세했다. 폴리카르푸스가 풀려났을까? 군인은 다른 방법으로 그를 괴롭혔다. '예수 그리스도를 저주하라'고 요구한 것이다. 그러나 폴리카르푸스는 예수님이 하신 말씀을 잘 기억하고 있었다. "누구든지 사람 앞에서 나를 부인하면 나도 하늘에 계신 내 아버지 앞에서 그를 부인하리라"(마 10:33). 그는 자신을 위해 목숨을 바친 예수님을 저주할 수 없었다. 결국 로마 군인에게 이렇게 말했다.

"86년 동안 내가 그를 섬겼으나 그는 나에게 아무 잘못을 한 일이 없습니다. 그런데 어떻게 나를 통치하시는 왕이시자 나를 구원하신

/ 기독교 순교자들의 마지막 기도
장 레옹 제롬의 1883년 작품

예수님을 저주할 수 있겠습니까?"

화가 난 로마 군인은 그를 굶주린 짐승들에게 던졌다. 그런데 사자들이 그를 해치지 않았다. 그러자 로마 군인은 그를 화형시키려 했다. 그런데 장작에 불이 붙지 않았다. 결국 로마 군인들은 폴리카르푸스를 칼로 찔러 죽였다고 한다.

폴리카르푸스는 세상의 핍박과 고통을 벗고 하늘에서 편히 쉬게 되었다. 그의 몸은 죽었지만 영혼은 불에 타거나 칼로 찔리지 않았다. 그의 영혼은 영광스럽게 하나님께 올라갔다. 그때가 그의 나이 86세가 되던 주후 155년이었다.

모든 그리스도인이 핍박을 이겨 낸 것은 아니다. 잔인하고도 혹독한 핍박에 굴복하고 배교한 사람도 있었다. 주후 250년경 로마 황제 데키우스(Decius, 주후 201-251)가 그리스도인을 아주 심하게 괴롭혔다. 그때 적지 않은 그리스도인이 배교했다. 성경책을 내어 주고 예수님을 부인하고 황제에게 절하겠다고 하면 집으로 돌아갈 수 있었다. 하지만 당시 교회는 시간이 지나 회개하고 돌아오는 자들을 일정한 절차를 거쳐 다시 교인으로 받아 주었다.

핍박에 굴복하고 배교했다가 다시 돌아온 그리스도인을 비난할 수 있을까? 만약 우리가 당시로 거슬러 올라가 같은 핍박을 받는다면 그모든 고통을 이겨 내고 순교할 수 있을까? 우리 힘으로는 불가능하다. 순교는 우리의 열심과 결심과 의지로는 할 수 없다. 하나님께서 담대함을 주셔야만 가능하다. 오직 하나님의 은혜로만 가능할 뿐이다.

## | 양의 탈을 쓴 이리가 호시탐탐 교회를 노린다

초대교회는 핍박과 고난 속에서도 꾸준히 로마 사회에 퍼지고 성장했다. 마치 누룩이 빵 속에 퍼져 마침내 부푸는 것처럼 말이다. 그러나 그만큼 거짓 교사들도 계속해서 나타났다. 그들은 교회를 잘못된 방향으로 끌고 갔다. 악한 이리들은 교회 안에 잘못된 이단사상과 왜곡된 신앙생활을 소개하여 혼란을 일으키곤 했다. 특별히 성경과 계시에 관한 이단들이 등장하기 시작했다.

### 유대주의와 영지주의(주후 1-100년)

초대교회 안에는 유대주의Judaism에서 개종한 율법주의Legalism 그리스도인이 있었다. 그들은 '예수님의 죽음과 승리를 믿는 믿음으로는 충분하지 않고 인간의 율법적 행위가 반드시 있어야만 완전하게 구원을 얻을 수 있다'고 가르쳤다. 새 언약, 복음의 심각한 왜곡이다. 바울은 이 거짓 교리를 고쳐 바르게 가르치기 위해 갈라디아서와 로마서를 기록했다. 그럼에도 현대에 오기까지 율법주의 그리스도인은 사라지지 않았다. 지금도 교회 안에서 이런 저런 봉사와 섬김이 자신의 구원에 도움이 된다고 여기는 신자들이 있지 않은가! 우리는 이 율법주의에서 벗어나야 한다. 이런 생각은 복음이 아니다.

초대교회 안에는 영지주의Gnosticism도 있었다. 주후 1945년 이집트 사막에서 발견된 '도마복음'이라는 문서가 있는데, 이 책은 전형적인 영지주의 문서다. 즉 가짜 복음이다.

영지주의는 율법주의의 대척점에 있는 거짓 교훈이다. 영지靈智, 곧 '영적인 지식'을 소유하면 행동이 어떠하든 상관없이 구원을 얻을 수 있다는 거짓 교리다. 영지주의의 창시자는 사도행전 8장에 나오는 시몬 마구스다. 그는 '사도들이 전해 준 성경 말씀 외에 특별한 영적 지식, 비밀스러운 지식이 있다'고 가르쳤다. 또한 영지주의자들은 예수님이 승천하시기 전에 맛디아에게 몰래 가르쳐 주신 영지가 있다고 주장했다. 맛디아는 가룟 유다 대신 열두 제자에 포함된 사람이다. 이 맛디아의 영지를 소유한 자는 구원을 얻고 그렇지 못한 자는 멸망한다고 가르쳤다. 거짓말은 언제나 그럴듯하다.

그들의 주장은 이방 종교와 철학인 이원론의 영향을 받은 것이었다. 그들은 하나님을 선으로, 세상을 악으로 분리했다. 선과 악을 연결해 주는 '아에온'Aeon이 있고, 그중 가장 낮은 존재가 조물주Demiurge, 즉 구약성경의 창조주라고 했다. 조물주가 만든 인간도 세 종류가 있다고 보았다. 육적 인간, 정신적 인간, 영적 인간이다. 마치 창세기에 나오는 아담의 세 아들, 가인, 아벨, 셋을 말하는 것 같다. 그럴듯하지 않은가!

그렇다면 영지주의자에게 그리스도는 어떤 분일까? 그리스도는 아에온 가운데 가장 높은 자리에 있는 훌륭한 존재로, 하나님으로부터 인간을 구원하기 위해 땅에 오셨다고 가르치긴 했다. 그러나 선한 그리스도가 악한 인간의 육체가 되었다는 것은 부정했다. 그리스도는 단지 인간의 옷을 입었을 뿐, 십자가에 달린 후 인간의 옷을 벗고 하늘로 가셨다고 주장했다. 또한 그리스도는 인간에게 비밀스러운 영지를 가르쳐 악한 육체로부터 해방되는 구원을 알려주었다고 했다. 그분은 물질을 멀리하고 금욕적으로 살아야 한다고 명령했다고 가르쳤다.

영지주의자는 신약성경 가운데 요한복음을 가장 좋아했다. 요한복음에 '빛'과 '영'이라는 단어가 가장 많이 나오기 때문이다. 그렇지만 요한복음은 '말씀은 곧 하나님이시며, 이 말씀이 육신이 되셨다'고 분명하게 가르친다(요 1:1-14). 예수님은 영지주의자가 가장 싫어하는 육체가 되셨다. 이처럼 영지주의자는 자기가 좋아하는 성경구절만 믿고 나머지는 버렸다.

### 말키온과 몬타누스(주후 130-177년)

주후 130년경 한 청년이 로마교회에 등록했다. 그는 바로 말키온(Marcion, 주후 85-160)이었다. 그는 부자로 헌금을 많이 했고 신앙생활에도 아주 열심이었다. 로마교회 성도들은 말키온을 좋아했다.

그런데 말키온은 가까이 교제하는 교인에게 조금 이상한 말을 하곤 했다. 그는 유대인 혐오증을 가진 것 같았다. 구약의 하나님은 유대인의 하나님이고, 유대인의 하나님은 폭력적이고 괴팍한 분이라고 말했다. 대신 신약의 하나님은 선한 하나님이라고 믿었다. 그는 구약성경과 신약성경을 날카롭게 분리했다. 신약 가운데서도 구약의 영향이 가장 적다고 생각하는 누가복음만 좋아하고 다른 성경은 이상하다고 했다. 성경관에 문제가 있었다. 서머나의 주교 폴리카르푸스는 말키온을 일컬어 '사탄의 첫 아들'이라고 경고했다.

말키온은 주후 144년경 로마교회로부터 출교당하고 자신의 고향 시리아로 돌아가 계속 이단 교리를 가르쳤다. 그는 부자였지만, 진리에는 가난했다. 말키온은 기록된 계시의 말씀을 자기 마음대로 난도질해서 취사선택하는 데서 온 이단이었다.

에베소에서 그렇게 멀지 않은 페푸자의 한 교회에 몬타누스(Montanus, 주후 135-177)라는 사람이 나타났다. 그는 예전에 이방 종교의 제사장이었지만, 예수님을 믿고 그리스도인이 되었다. 몬타누스는 요한복음을 좋아해서 반복해서 읽었다. 성령님과 보혜사에 관한 이야기가 많았기 때문이다. 몬타누스는 교회가 깡마르고 열정도 없다고 비난하면서 성령의 능력과 표적이 필요하다고 말하곤 했다.

어느 주일에 그는 두 여자를 데리고 와 교회에 소개했다. 한 여자는 프리스킬라(Priscilla)였고 다른 여자는 막시밀라(Maximilla)였다. 두 여자는 남편을 버리고 몬타누스를 따라다녔는데, 일명 예언자라고 하면서 이상한 말로 기도했다. 오순절 방언이라는 이상한 소리를 듣고 교인들은 놀랐다. 그들은 바닥에 넘어지기도 하고 몸을 구르기도 하고 깔깔대며 웃기도 했다. 예언을 하면 그대로 이루어지기도 했다. 교인들은 담임목사를 내쫓고 몬타누스를 따랐다.

페푸자 교회는 부흥하기 시작했다. 사람들이 주변에서 몬타누스의 이상한 능력에 매력을 느끼고 열광하며 모여들었다. 몬타누스의 영향은 정말 대단했다. 새로운 시대, 새로운 교회, 새로운 나라가 임한 것 같았다.

하루는 몬타누스가 세례를 베푸는데 '아버지와 아들과 성령의 이름으로'라고 하지 않고 '몬타누스와 프리스킬라의 이름으로'라고 했다. 또 몬타누스는 설교를 하다가 성경을 덮고는 이렇게 말했다.

"성경은 종이일 뿐입니다. 이제부터 나는 하나님으로부터 직접 듣고 여러분에게 얘기합니다."

몬타누스는 성경보다 더 따끈따끈한 하나님의 말씀을 전한다고 하면서 새로운 계시를 말하기 시작했다. 그러더니 곧 새 예루살렘이 올 것이라는 예언을 했다. 며칠 후 천년왕국이 페푸자 근처 큰 들판에 세워질 것이라고 예언했다. 수많은 신자들이 그곳에 모였다. 하지만 그런 일은 일어나지 않았다.

몬타누스는 미쳐 버렸고, 스스로 목을 매 자살했다. 그의 추종자들은 허탈해 집으로 돌아갔다.

이후에도 성경 이외에 또 다른 비밀스런 계시를 하늘로부터 받았다고 하는 종교가 많이 있었다. 그들은 신기한 기적을 행하면서 진리의 말씀을 버리고 다른 계시를 말하며 교인들을 유혹했다. 이슬람이나 몰몬교가 그렇다. 이슬람은 무함마드가 알라의 계시를 받아 '꾸란'을 기록했다고 주장하고, 몰몬교는 요셉 스미스가 천사의 지시에 의해 땅속에서 몰몬경을 발견했다고 믿고 경전으로 여긴다. 이들의 특징은 성령 하나님이 사도들에게 전해 준 말씀 외에 또 다른 계시를 받았다고 하는 것이다.

오늘도 조심해야 한다. 새로운 계시를 받았다는 사람들이 많다. 그럴듯하게 들리지만 그들을 따라가서는 안 된다. 기적과 이적, 신기한 생각을 좋아하지 말자. 성령님은 바람을 일으키지만, 그 바람은 어디에서 와서 어디로 가는지 알지 못하듯 일하신다. 성령님은 우리 마음속에 오셔서 거듭나게 하시고, 말씀과 죄를 깨닫게 하시고, 회개하고 믿게 하시며, 순종하게 하시고, 기쁨으로 예배하고 말씀대로 살도록 하신다. 이런 성령님의 엄청난 일하심을 하찮게 여기고 무시한다면 그것은 큰 실수이다. 예수님의 참 교회는 단순한 감정이나 인간의 지혜나 사람의 열심과 의지에 끌려가서는 안 된다. 교회는 성령님이 주시는 평안과 질서, 그리고 성령의 검인 말씀으로 잘 무장되어야 한다. 말씀을 잘 가르칠 때 성령 하나님이 성도의 마음속에서 일하신다. 성령님은 지금도 우리의 삶 가운데 살아 계신다.

PART      2

꽃길은 고통이요 돌짝밭은 은혜라,
# 로마교회

주후 313년

| 드디어 로마의 기독교 핍박이 끝났다

주후 304년, 여전히 교회는 로마제국의 핍박을 받고 있었다. 특히 당시 로마제국의 황제 디오클레티아누스(Diocletianus, 주후 245-313)의 교회 박해가 심했다. 그는 교회 건물과 성물을 파괴하고 그리스도인이 예배로 모이는 것을 금지했다. 반항하면 옥에 잡아넣었다. 급기야는 로마의 신에게 예배하지 않는 그리스도인 3천 명을 죽였다. 그럼에도 그리스도인은 신앙을 지켰다.

로마인은 그리스도인의 담대함을 신기하게 여겼다. 그들은 대단히 용감해 보였지만, 사실은 평화롭고 겸손한 자들이기도 했다. 로마인들은 생각했다. '저들이 믿는 하나님은 도대체 어떤 신일까? 저들은 무슨 소망을 가지고 있는 것일까? 나도 저들이 믿는 하나님을 알고 싶다!'

하나님은 그리스도인들의 고통의 소리를 들으셨다. 마침내 고통 속에 있던 교회를 해방시켜 주셨다!

주후 313년 로마제국 황제 콘스탄티누스(Constantinus, 주후 272-337)가 밀라노에서 동방 황제인 리키니우스 1세(Licinius I, 주후 263-325)와 역사적인 '밀라노 칙령'을 발표했다. 칙령이란 국가나 왕이 결정한 내용을 온 백성에게 알려 지키도록 명령하는 것이다.

밀라노 칙령은 이런 내용을 담고 있다. '첫째, 기독교를 다른 종교와 같이 인정한다. 로마의 모든 사람에게 신앙의 자유를 허용하며 기독교인에게 교회를 조직할 법적인 권리를 보장한다. 둘째, 기독교 탄압 시대에 몰수한 교회의 재산을 반환하고 국가가 충분한 보상을 한다.'

사실 동방 로마에서는 황제 갈레리우스(Galerius, 주후 250-311)가 주후 311년에 이미 기독교를 공인했었다. 그러니까 밀라노 칙령은 동방 로마와 서방 로마 전체에 기독교를 공인할 뿐만 아니라, 더 적극적으로 장려한 셈이다.

그동안 기독교는 박해의 대상이었는데 이제는 당당하게 로마제국의 종교로 인정을 받았다. 교회는 빼앗겼던 재산을 돌려받고 파괴되었던 건물을 다시 보상받았다. 직분자는 국가로부터 종교인에게 주어지

/ 콘스탄티누스 황제
성 소피아 성당의 모자이크

는 세금 면제 특혜도 받았다. 특별대우는 아니지만 핍박을 면하게 된 것만으로도 큰 변화이다. 그리스도인은 더 이상 숨어서 예배하지 않아도 된다. 큰 소리로 찬송할 수도 있다. 꿈에 그리던 일이 현실로 일어난 것이다. 어떻게 이런 일이 가능했을까?

콘스탄티누스는 지금의 스페인, 잉글랜드, 프랑스, 독일 지역의 광대한 땅을 다스리는 황제였다. 그런 그에게도 적이 있었다. 바로 막센티우스(Maxentius, 주후 276-312)이다. 막센티우스는 지금의 이탈리아 반도와 북아프리카를 다스리고 있었는데 로마제국 전체의 황제가 되려는 야욕을 가졌다. 콘스탄티누스는 동방 황제 리키니우스 1세와 손을 잡고 막센티우스와 피할 수 없는 전쟁을 하게 되었다.

콘스탄티누스는 알프스 산맥을 넘어 로마를 향해 진격했다. 이 전쟁의 승리자가 전 로마제국의 황제가 될 것이다. 막센티우스의 군대가 콘스탄티누스의 군대보다 세 배나 많았다. 승리는 이미 결정 난 것이나 다름없었다. 그런데 기적이 일어났다. 주후 312년, 콘스탄티누스가 막센티우스를 티베르 강변에서 물리쳤다.

전해오는 이야기에 의하면, 막센티우스와 전투를 하기 전날 밤 콘스탄티누스는 신기한 환상을 보았다. 밤하늘에 찬란하게 빛나는 십자가 모양을 본 것이다. 그 십자가 위에 이런 글자가 적혀 있었다. '호크 빈케'Hoc Vince, '이것으로 승리해라!'라는 말이다. 그는 이것이 그리스도가 자신에게 주는 메시지라고 믿었다. 그래서 다음날 아침, 콘스탄티누스는 모든 군인에게 방패에 십자가 모양을 그려 넣도록 명령했다. 군인들은 그 십자가 덕분에 힘을 얻고 용감하게 싸워 전쟁에서 승리했다. 그리스도인이 믿는 하나님 덕분에 전쟁에서 승리한 셈이다. 콘스탄티누스는 이 전쟁을 치르고 그리스도인이 되었다.

전쟁에 승리한 다음 해인 주후 313년 콘스탄티누스는 밀라노 칙령을 발표했다. 본래 콘스탄티누스 황제는 태양신 숭배자였다. 그런데 그의 어머니 헬레나는 독실한 그리스도인이었다. 그는 어머니로부터 기독교 신앙의 영향을 받았다. 어쨌거나 그를 통해 그 지긋지긋한 기독교 박해는 끝이 났다. 기독교 역사상 손에 꼽힐 정도로 엄청난 변화다.

역사가는 밀라노 칙령을 콘스탄티누스의 업적으로 보지만, 이것은 하나님의 섭리이다. 하나님이 고통 받는 그리스도인을 해방시켜 주신 것이다. 하나님은 지금도 온 세상을 다스리고 계신다.

주후 380년
| 기독교의 로마 국교화, 과연 복일까?

과연 로마제국이 기독교를 인정하고 박해하지 않았다고 해서 그리스도인에게 꽃길만 있었을까? 결론만 놓고 보면 그렇지 않았다. 여전히 기독교는 고통받아야 했다. 로마라는 거대 국가와 힘겨루기를 해야 하는 상황으로 역사의 흐름이 전개되었기 때문이다.

국가의 역할은 무엇이며 교회의 역할은 무엇일까? 교회는 영적인 그리스도의 몸이다. 교회는 '양 우리'와 같다. 예수님이 목자이시고 신자는 양이다. 목자는 양을 알고, 양은 목자의 음성을 분별할 수 있다. 목자는 양에게 좋은 꼴을 먹인다. 목자는 이리나 사자의 공격이 있을 때 피 흘리기까지 양을 지켜야 한다. 그러나 국가의 목표는 번영과 발전이다. 그들은 영적인 일 같은 건 안중에 없다. 둘은 각각 서로 다른 목표를 향해 가고 있는 것이다.

그런데 이 둘이 하나로 합쳐졌다. 주후 380년, 로마제국 황제 테오도시우스(Theodosius, 주후 347-395)가 기독교를 국교로 공포한 것이다. 기독교가 국교가 된다는 것은 다른 종교에 비해 특권을 갖는다는 뜻이다. 이것은 그리스도인에게 좋은 선물처럼 보이지만 사실은 신앙적으로 여러 가지 손해일 수 있다.

사실 테오도시우스가 기독교를 국교로 정한 것은 신앙이 아니라 정치적 의도 때문이었다. 국가의 안정된 통치를 위해 기독교를 이용한 것이다. 우선 기독교인은 기독교의 국교화를 환영하고 좋아했다. 교회가 국가로부터 받는 특권을 마다할 이유가 없었다. 하지만 국가는 교회를 특별대우하면서 자신의 입맛대로 조종하고 간섭하려 했다. 그 때문에 교회는 영적인 보물을 적지 않게 잃었다.

로마제국의 모든 공무원은 다른 종교를 믿어서는 안 되고 교회에 등록해야 했다. 공무원은 신앙의 유무와 상관없이 주일 예배에 의무

/ 금쟁반에 새겨진 테오도시우스 황제
메리다 왕립 역사 아카데미 소장

로 참석해야 했다. 그렇지 않으면 불이익을 받았다. 이교를 핍박하고 그들의 신전을 교회당으로 만들었다. 핍박받던 기독교가 이제 다른 종교를 탄압하고 억누르는 입장이 된 것이다.

교회의 수장은 누구일까? 교회의 유일한 머리는 오직 예수 그리스도뿐이다. 직분자는 단지 예수님께 교회를 돌볼 것을 위임받은 자들이다. 즉 교회의 직분자는 계급이 아니고 그리스도의 일꾼이며 하나님의 종인 것이다. 그런데 이제는 제국의 황제가 교회의 머리가 되려 한다.

국가는 예배당 건축에 재정을 지원했다. 심지어 성직자의 생활비도 국가가 지불했다. 성도는 교회에 헌금을 할 필요가 없어졌다. 교회는 점점 신앙보다 세속적 가치관이 지배하기 시작했다. 권력과 재력가들이 교회에 나오긴 했지만, 믿음의 수준은 점점 하향 평준화되었다. 그리스도인은 특권을 누리면서 신앙적으로는 나태해져 갔다. 교회를 향한 헌신도는 점점 떨어졌다. 신앙의 도전과 훈련도 없었다. 하나님에 대한 열심과 순전한 믿음이 약해졌다.

로마제국의 황제는 일요일을 주일로 만들어 쉬도록 했다. 또 성탄절을 12월 25일로 제정해 지키도록 했다. 사실은 로마가 숭배하던 태양신의 날을 그리스도의 출생을 기념하는 날로 만든 것이다. 기분이 썩 좋지는 않지만, 예수 그리스도께서 '의의 태양'(말 4:2)이시니 그날을 성탄절로 한다고 거부할 이유는 없다.

그러나 영적인 일은 영적으로 정리하고 처리해야 옳다. 국가가 교회 일에 개입하면 영적인 문제를 낳는다. 교회가 국가의 일에 전문가가 아닌 것처럼, 국가 역시 교회의 일에는 전문가가 아니다. 기독교가 로마의 국교로 제정된 이후 교회 역사에는 계속해서 갈등과 문제가 일어났다. 교회는 국가를 지배하려고 하고, 국가는 교회를 좌지우지하려 했다. 교회는 국가에게 지지 않으려 발버둥 쳤다. 이러한 힘겨루기는 중세 1천 년 동안 계속되었다.

주후 325년
## | 이단의 활약으로 니케아 신경이 선포되다

북아프리카에는 항구도시 알렉산드리아가 있다. 제법 큰 도시이며 역사적인 장소다. 이곳에는 아리우스(Arius, 주후 250-336)라고 하는 부제副祭가 있었다. 그는 아주 똑똑하고 웅변을 잘했으며 금욕적 삶을 살았고 사람들에게 존경도 받았다.

그런데 아리우스는 한 가지 큰 잘못을 했다. 삼위일체 하나님을 믿지 않은 것이다. 아리우스는 예수님을 하나님으로 믿지 않았다. 그는 자신의 명석한 머리로 이해가 되지 않으면 믿으려고 하지 않았다. 그는 당시 알렉산드리아의 주교였던 알렉산더의 설교에 문제가 있다고 비판했다. 그의 주장은 다음과 같다.

"하나님은 아버지가 아니었던 시기가 있었다. 하나님의 말씀은 영원 전부터 있었던 것이 아니라 무에서 만들어진 것이다. 스스로 있는 자이시며 영원히 존재하시는 하나님은 존재하지 않았던 아들을 무에서 만드셨다. 따라서 그가 존재하지 않았던 시기가 있었으며, 아들은 피조물이다."

이것이 무슨 말인가! 예수님은 피조물 가운데 첫 번째이고 가장 훌륭하신 분이지만, 하나님은 아니라는 주장이다. 여느 이단들의 주장이 그랬듯 그럴듯하게 들린다. 사람들은 그의 생각을 신기해하며 좋아했다. 지식인들 사이에서도 그의 생각과 용기를 상당히 도전적이며 매력적이라고 보는 자들이 있었다.

알렉산더는 아리우스의 주장이 매우 위험하다는 것을 알았다. 그는 아리우스와는 달리 예수 그리스도가 하나님이라는 것을 믿었다. 요한복음 1장에 분명히 말씀하고 있지 않은가! 알렉산더는 아리우스를 권면했다.

"혹시 삼위일체 교리가 이성으로 다 이해할 수 없더라도 믿고 따르십시오! 믿으면 하나님께서 지혜를 주실 것입니다."

그러나 아리우스는 알렉산더의 권면을 거절했다. 자기를 지지하는 사람들이 많다고 생각하고 당당했다. 알렉산더는 교회회의를 열었다. 교회는 아리우스의 주장이 성경을 벗어났다고 결정짓고 그를 교회에서 추방했다.

아리우스는 알렉산드리아를 떠나 팔레스타인 지방으로 이사했다. 거기서도 그는 예수님이 하나님이 아니라고 가르쳤고 지지자들을 얻었다. 로마제국의 교회 안에서 예수 그리스도에 대한 두 가지 견해가 존재하게 되었다.

콘스탄티누스는 교회가 나뉘면 나라가 나뉜다고 생각했다. 정치적 판단과 결정을 내려야 했다. 주후 325년, 그는 지금의 터키 니케아 Nicaea에 있는 자신의 별궁에 600여 명의 교회 지도자들을 불러 모아 누구 의견이 맞는지 교회회의를 열어 결정하기로 했다. 전 세계에 흩어져 있는 교회 지도자들 318명이 참석했다. 모든 비용은 국가가 부담했다.

니케아 공의회는 아리우스의 교리가 틀렸음을 확정했다. 그 결과가 '니케아 신경'이다. 니케아 신경은 세 가지 특징이 있다. 첫째, 주어

/ 콘스탄티누스 황제가 이단으로 정죄된 아리우스의 책을
불사르고 있다.

가 '우리'이다. 여러 사람이 함께 토론하고 결정하고 고백한 것이기 때문이다. 둘째, 예수님의 지상 사역이 '우리의 구원'을 위한 것임을 강조했다. 셋째, 아리우스의 교리를 따르는 자들에게 저주가 선포되었다. 예수 그리스도가 존재하지 않은 시대가 있었다거나 하나님의 아들은 창조되었다고 말하는 사람들을 보편적, 사도적 교회에서 파문한다고 결정했다.

우여곡절이 있었지만 다행히 교회는 삼위일체 하나님을 바르게 믿지 못하게 하는 거짓 교리를 구별할 수 있게 되었다. 아리우스는 교회에서 쫓겨났고 멀리 귀양을 갔다. 그의 책도 불태웠다. 하지만 교회 신앙의 문제를 국가가 나서서 결정한 것은 좋지 못한 선례였다. 국가는 교회의 신앙 문제에, 교회는 국가의 일에 간섭해서는 안 되기 때문이다.

콘스탄티누스는 죽기 전에 아리우스의 입장을 지지하는 주교의 세례를 받았다. 그의 아들 콘스탄티누스 2세도 아리우스의 신학을 따랐다. 아리우스는 귀양지에서 돌아오기 전날 밤에 병이 나 죽고 말았다.

아리우스가 죽은 후에도 그의 지지자들은 건재했다. 싸움은 계속되었다.

삼위일체 교리를 제대로 세우는 데 주도적인 역할을 한 신학자는 아타나시우스(Athanasius, 주후 296-373)다. 그는 30세의 젊은 나이에 교회와 진리를 위해 힘써 싸웠다. 황제는 아타나시우스를 무려 다섯 번이나 귀양 보냈다. 어느 때는 이집트에서 오늘날의 독일인 습기 많고 추운 북쪽 지방 트리어까지 귀양을 가야 했다.

삼위일체 교리는 카파도키아의 교부들로 알려진 세 명의 경건한 신학자들에 의해 잘 정리되어 오늘까지 이르고 있다. 가이사레아의 바실(Basil, 주후 330-379)과 니사의 그레고리우스(Gregory, 주후 335-394)는 형제이고, 나지안조스의 그레고리우스(Gregory, 주후 329-390)는 두 형제의 친구다.

예수님은 하나님이지만 인간이 되셨고 우리의 죄를 위해 돌아가셨다. 만약 예수님이 단지 사람이라면 우리의 구원이 어떻게 가능하겠는가! 지금도 아리우스와 같이 위험한 교리를 가진 이단이 있다. 여호와의 증인이 대표적인 경우다. 여호와의 증인은 삼위일체 하나님을 믿지 않는다. 예수님을 하나님이라고 믿지 않고 그저 선지자로만 생각할 뿐이다. 그들은 스스로를 '예수님의 증인'이 아니라 '여호와의 증인'이라고 부른다. 이들은 이단이다. 조심해야 한다.

# | 하나님은 한순간에 아우구스티누스의 영혼을 고치셨다

지금의 이탈리아 북쪽에 위치한 밀라노 교회에는 암브로시우스(A. Ambrosius, 주후 340-397) 목사의 설교를 열심히 듣는 한 청년이 있었다. 그의 설교는 정말 대단했다. 마치 하나님이 하늘에서 직접 내려와 말씀하시는 것 같았다. 하지만 청년은 집에 돌아가면 마음이 불안하고 고뇌로 가득했다. 청년의 이름은 히포의 아우구스티누스(Augustinus, 주후 354-430)다.

/암브로시우스

아우구스티누스는 북아프리카 카르타고에서 멀지 않은 타가스테에서 태어났다. 지금의 튀니지에 가까운 알제리 국경이지만, 당시는 로마제국에 속했다. 그의 아버지는 불신자였고 어머니 모니카는 신실한 그리스도인이었다. 그는 유아세례를 받지 못했지만, 모니카는 그를 신앙으로 키우려고 많은 노력을 기울였다.

아우구스티누스는 머리가 좋았다. 그러나 공부에는 흥미가 없고 늘 친구들과 놀기만 했다. 어머니에게 매를 맞으면 정신을 차리는 듯했지만 금방 또 학교 담을 넘어 원형극장에 놀러가곤 했다. 도둑질도 했는데, 배가 고파 먹을 것을 훔친 정도가 아니었다. 그는 죄를 짓는 것이 재미있었다고 후에 고백했다. 그는 죄를 의도적으로 즐겼다.

아우구스티누스는 17세에 카르타고로 유학을 떠났다. 그는 거기서 한동안 마니교에 빠졌다. 마니교는 전형적 이원론에 기초한 종교로, 세상을 '선과 악' 그리고 '빛과 어둠'으로 해석했다. 그뿐만 아니라 그는 한 여자에게 빠졌고 성적 쾌락을 즐겼다. 둘 사이에 아이가 태어났다. 이름을 '하나님으로부터 받은 선물'이라는 뜻의 아데오다투스 (Adeodatus)라 지었지만, 그는 아들의 이름에 어울리지 않는 생활을 했다. 나중에 15년 동안이나 같이 살았던 여자를 버렸다.

아우구스티누스는 카르타고에서 로마로 이사했다. 모니카는 그런 아들 때문에 슬픔이 이만저만이 아니었다. 모니카는 아들이 가는 곳마다 따라다니면서 하나님께 눈물로 기도했다. 그녀는 희망을 버리지 않았다. 언젠가 교회 목사가 모니카에게 이렇게 말했다고 한다.

"두려워하지 마십시오. 눈물로 기도하는 어머니가 있는 아들은 결단코 망하지 않습니다."

모니카는 그 말씀대로 하나님을 의지하고 아들이 돌아오기를 쉬지 않고 기도했다. 그러나 아우구스티누스는 목사의 권고와 어머니의 기도를 무시했다. 그는 생각했다. '하나님은 계시지 않아! 내가 집 나갔던 탕자처럼 회개하고 돌아간다고 달라질 게 뭐 있어?'

아우구스티누스는 30세가 되어 밀라노에 수사학 교수로 임명받아 거처를 옮겼다. 바로 여기에서 아우구스티누스는 수사학적 기법으로 설교하는 암브로시우스 목사를 만났다. 그가 교회를 찾은 것은 암브로시우스의 수사학적 기법을 배우기 위함이었다.

그러나 설교를 들을수록 그의 고민과 걱정이 늘었다. 그는 자신이 죽을 죄인이라는 것이 고민이었다. 자기 속에 죄가 가득하다는 것을 알게 된 것이다. 그는 '어떻게 하면 하나님의 진노를 피할 수 있을까' 생각했다. 암브로시우스 목사는 하나님의 진노에 대해 설교했지만, 동시에 하나님의 사랑을 선포했다. 하나님은 공의로우시지만 은혜가 한

이 없으셔서 회개하면 용서하신다고 설교했다.

어느 날 아우구스티누스는 정원에 앉아 맑은 하늘을 올려다보았다. 담 너머 아이들이 노는 소리가 바람결에 멀어졌다 가까워졌다 했다. 어느 순간 아우구스티누스는 이런 음성을 들었다. "톨레 레게!"Tolle lege '집어 들고 읽어 봐!'라는 뜻의 라틴어였다. 아우구스티누스는 무엇에 홀린 듯 옆에 있던 성경을 집어 들고 펼쳤다. 눈이 머물러 읽은 곳은 로마서 13장 13-14절이었다. "낮에와 같이 단정히 행하고 방탕하거나 술 취하지 말며 음란하거나 호색하지 말며 다투거나 시기하지 말고 오직 주 예수 그리스도로 옷 입고 정욕을 위하여 육신의 일을 도모하지 말라."

그 순간 아우구스티누스는 자신이 전적으로 타락한 죄인임을 알았다. 동시에 예수님이 자신의 그 모든 죄를 위해 대신 죽으셨음을 믿게 되었다. 정말로 한순간에 일어난 사건이었다. 그의 마음속에는 말할 수 없는 평안이 찾아왔다. 모든 어둠과 의심이 한순간 달아나 버렸다. 하나님은 아우구스티누스의 마음을 단숨에 바꾸고 회심시켰다! 하나님의 은혜는 정말 대단하다. 아무리 큰 죄를 지은 사람도 하나님은 구원하실 수 있다.

그는 주후 386년 부활주일에 암브로시우스로부터 세례를 받았다. 그리고 북아프리카로 돌아왔다.

## | 아우구스티누스는 국가와 교회의 관계를 어떻게 봤을까?

주후 391년, 아우구스티누스는 히포Hippo 교회에 목사로 청빙되었다. 그는 매 주일과 주중에 설교를 했다. 그의 설교는 아주 좋았다. 설교가 잠시 중단되는 경우도 있었는데, 청중의 박수 때문이었다고 한다.

그는 심방을 하면서 고난당한 자들을 보살피기도 했다. 그런 와중에도 편지를 쓰고 연구 활동을 하며 신학을 정리하고 변증 활동도 했다. 주후 430년 8월 28일, 76세의 나이에 죽음을 맞기까지 그는 세계 기독교 역사에서 전무후무한 업적을 남겼다. 종교개혁가 루터와 츠빙글리, 칼뱅도 아우구스티누스의 책을 읽고 많은 영향을 받았다. 심지어 로마 천주교회도 그의 책을 부지런히 인용한다.

하지만 아우구스티누스는 스스로 한 번도 자신을 훌륭하게 여기지 않았다. 그는 스스로를 예수 그리스도의 제자 중 한 명에 불과하다고 생각하며 겸손했다. 우리는 아우구스티누스의 업적을 다 살펴볼 수 없다. 다만 대표적 업적으로 그의 저서 《하나님의 도성》(De Civitate Dei)을 꼽을 수 있을 것이다.

주후 410년 8월 24일부터 3일간 로마는 게르만족에게 약탈당했다. 수많은 피난민이 배를 타고 피신해

/ 로마의 약탈
에바리스트 비탈 뤼미네의 작품, 뉴욕 쉐퍼드 갤러리 소장

북아프리카로 망명했다. 히포에도 피난민이 몰려왔다. 그들은 비참하게 타향살이를 하고 있었다. 그들은 '기독교의 신은 과연 로마의 보호자가 맞는가?'라는 의문과 원망을 하기 시작했다. 그도 그럴 것이 주후 380년 이후 로마는 기독교를 국교로 정하고 하나님의 말씀을 가르치지 않았던가! 침략자 게르만족은 로마가 다신교를 버리고 유일신 기독교를 택하여 벌을 받은 것이라고 주장했다. 로마인들도 이 생각에 동의했다. 아우구스티누스도 그런 비난을 들었다. 기독교가 실망과 비난의 대상이 되고 있었다. 국가가 부흥할 때는 기독교가 자랑거리지만, 어려움에 처하면 그 책임도 져야 했던 것이다.

/ 기독교 이단을 진리(veritas)로 물리치는 아우구스티누스'
17세기 필리페 더 샴파냐 그림

아우구스티누스는 이런 평가가 과연 옳은 것인지 근본적인 질문부터 던졌다. 이런 현실적 질문에 답하기 위해 그는 《하나님의 도성》을 완성했다. 이 책은 국가와 교회의 관계에 대해 22장으로 나누어 설명하고 있다.

아우구스티누스는 《하나님의 도성》의 첫 주제로 '하나님 나라'를 들었다. 그는 하나님은 이 땅에 영원히 멸망하지 않는 도시를 만들 것이라고 약속하지 않으셨다고 주장했다. '예루살렘성'은 하나님께서 이스라엘 백성을 위해 세우신 도시다. 곧 '하나님의 도성'이다. 하지만 이 도성은 주전 586년 바벨론 왕 느부갓네살에게 무참히 파괴되었다. 아우구스티누스는 그 이유가 이방 신들의 공격 때문이라고 생각하지 않았다. 이것은 이스라엘의 죄 때문이다. 즉 로마가 게르만족에게 공격당한 것도 하나님을 섬겼기 때문이 아니다. 그는 책의 첫 다섯 장에 로마인들의 주장을 반박했다. 그리고 이방 다신교를 믿는 것이 오히려 멸망의 길이라고 주장했다.

아우구스티누스가 발견한 하나님 나라는 무엇일까? 그는 새 언약의 시대에 그려진 하나님 나라에 대해 설명했다. 그것은 '땅의 예루살렘'이 아니라 '하늘의 예루살렘'이다. 땅에는 예수님의 교회가 있다. 하나님의 백성이 모인 교회 말이다. 이 교회는 장소와 시대를 초월한다. 그래서 교회는 '보편적'catholic이다. 이 교회에 하나님 나라의 시민이 모인다. 예수님은 세상의 왕임과 동시에 교회의 머리이기 때문에 하나님 나라는 이 세상에서 반드시 승리할 것이다. 땅의 도성과 나라는 교회를 파괴하려 하지만 이기지 못할 것이다. 하나님 나라의 시민은 핍박을 받고 고난을 당하고 심하면 목숨을 잃을 수도 있다. 하지만 그들은 하늘나라에서 영원히 죽지 않고 살 것이다. 이것이 이 책의 둘째 주제였다.

이 글은 모든 시대의 그리스도인에게 위로를 주는 가르침이었다. 동시에 믿지 않는 사람에게는 경고의 가르침이기도 했다. 세상의 나라는 모두 멸망하고 말 것이다. 하나님 나라만이 승리할 것이기 때문이다.

이렇게 생각할 수 있다. "로마는 기독교 국가이지 않나요? 하나님 나라가 이 땅에 시작된 것이 아닌가요?" 아우구스티누스는 그렇게 생각하는 것이야말로 교만이라고 말했다. 그리스도인은 스스로 하나님 나라를 만들 수 없다. 하나님 나라는 하나님이 직접 만드신다. 그리스도인이 할 수 있는 것은 하나님의 뜻에 순종하는 것이다. 여기에 국가와 교회의 역할이 구분된다. 국가는 평화와 질서를 도모해야 한다. 국가는 교회가 성장하도록 보호해야 하고, 교회는 평화와 질서가 유지되도록 기도하며 국가를 도와야 한다.

그렇다면 과연 아우구스티누스는 늘 옳은 말만 했을까? 그렇지 않다. 그는 《하나님의 도성》 네 번째 가르침에서 '기독교 국가는 국민에게 교회에 가라고 강요해도 된다'고 말했다. 그는 국가가 타락한 백성에게 교회에 가도록 강요해야 한다고 생각했다. 필요하다면 국가는 교회에 가지 않는 사람에게 벌을 주어도 된다고 주장했다. 우리는 이 부분에서 아우구스티누스의 생각에 동의할 수 없다. 성경은 그렇게 가르치지 않기 때문이다. 믿음은 강제로 되는 것이 아니다. 교회는 힘과 폭력을 써서는 안 된다. 교회에는 성령이 일하신다. 성령님이 주시는 자유와 자원함이 없는 교회 생활은 아무리 좋아 보여도 거부되어야 한다.

우리는 아우구스티누스의 책을 통해 이 시대에 교회와 국가의 관계가 어떠해야 하는지 배울 수 있다. 교회는 신앙을 위해 국가의 특혜를 받으려 해서는 안 된다. 대신 교회는 국가를 위해 기도해야 한다. 국가는 교인의 신앙생활을 위하여 자유와 평화를 보장해야 한다. 교회는 하나님 나라의 전초기지로서 장소와 시간, 국가를 초월하는 우주적 존재이다. 그렇다고 교회가 국가 위에서 군림하거나 지배하려 해서는 안 된다.

# | 펠라기우스, 인간의 힘으로 의에 이르려 하다

펠라기우스(Pelagius, 주후 360-418)는 잉글랜드의 수도사로, 아우구스
티누스와 동시대에 살면서 신학적으로 대척점에 섰던 자다. 그의 사
상은 펠라기우스주의Pelagianism로 불리며 지금까지도 영향을 미치고
있다.

/펠라기우스

펠라기우스는 당대 최고의 도시
로마로 거처를 옮겼다. 로마제국에
살고 있는 사람이라면 누구나 로마
시에서 한 번쯤 살고 싶어 했다. 하
지만 펠라기우스는 로마교회의 신
자들을 보고 금방 실망하고 말았다.
양심의 가책도 없고 죄를 밥 먹듯이
짓는 그리스도인들의 모습은 불신
자와 큰 차이가 없어 보였다. 펠라기우스가 그들에게 경고해 보았지
만 소용이 없었다. 그들은 "나는 본래 죄인이기 때문에 어쩔 수가 없
어요. 당신도 완벽하지는 않잖아요?" 하며 변명했다.

펠라기우스는 그들의 무책임한 태도를 보며 '은혜 교리'에 오류가
있다고 생각했다. 자신은 아주 금욕적인 삶을 살고 있는데 일반 신자
들의 삶이 너무도 형편없지 않은가! 그래서 그는 새로운 교리를 만들
었다. 그의 교리는 다음과 같다.

'인간은 본래 악하지도 선하지도 않게 창조되었다. 인간이 죄를 짓
는 이유는 본래 죄인으로 태어났기 때문이 아니다. 죄는 유혹이나 나

쁜 관습, 습관 때문에 온다. 아담의 범죄 후 모든 인간에게 원죄가 생겼고 아무런 선을 행할 수 없는 것이 아니다. 인간은 스스로 죄를 짓지 않을 수 있다. 선하게 살기 위해 하나님의 은혜가 도움이 되긴 하지만, 꼭 필요한 것은 아니다. 물론 하나님이 계시를 주시고 죄를 용서해 주시고 선을 행하는 데 힘을 주시며 영원을 약속하신다. 이 하나님의 은혜는 모든 사람에게 주어진다. 하지만 인간은 스스로 노력을 통해 자신의 것으로 만들어야 한다. 그리스도는 가르침과 모범된 삶을 통해 선한 길을 가는 데 좋은 모델이 되어 주시기 위해 오신 것이다. 인간이 아담의 악한 추종자가 된 것처럼 우리는 그리스도의 선한 추종자가 되어야 한다.'

펠라기우스는 원죄와 유아세례를 거부했다. 동시에 그는 인간의 자유의지를 강조했다: 그의 이런 가르침은 로마에서 상당히 인기가 있었다. 그뿐만 아니라 그의 지독한 금욕적 삶과 유창하며 설득력 있는 설교는 사람들의 마음을 즐겁게 했다. 그의 교리는 인간의 능력과 심성을 긍정적으로 보고 무한한 가능성을 보여 주었기 때문에 매력적이었다.

당대의 유명한 교회 지도자들은 이런 그의 사상에 대해 매우 염려했고 이단적 교리임을 분명히 했다. 아우구스티누스, 히에로니무스(Hieronymus, 주후 347-420)와 암브로시우스는 로마교회에 이단을 막아 달라고 요청했다. 하지만 쉽지 않았다.

주후 411년 로마의 게르만족 약탈 때 펠라기우스와 그의 동료들은 많은 피난민의 대열에 끼어 카르타고로 피난을 왔다. 그는 카르타고에서도 자신의 교리를 전파했다. 사람들이 동요하기 시작했다. 그러나 이곳에는 아우구스티누스가 있었다. 펠라기우스가 가르친 교리는 아우구스티누스의 가르침과 정면으로 충돌했다.

아우구스티누스는 인간의 죄가 얼마나 강력한 힘을 가졌는지 자신의 경험에서 잘 알고 있었다. 더구나 성경은 인간이 전 영역에서 타락하고 부패했으며 비참한 처지에 있음을 분명하게 가르친다. 모든 사람이 죄를 지었기 때문에 의인은 없다. 아담과 하와가 에덴동산에서 지은 죄의 책임이 모든 인간에게 전가된다. 그것이 원죄다. 따라서 어린아이라도 죄 가운데서 태어나며 죄인이기에 유아세례를 받아야 한다.

그러나 펠라기우스는 이 모든 사실을 부정하고 거부했다. 성경을 믿지 않고 자기가 만든 생각을 믿었다. 그러나 한 가지가 잘못되면 결코 부정해서는 안 되는 진리마저 부정하는 오류를 범한다. 펠라기우스의 주장대로 인간이 악하지 않다면 인간의 죄를 대속하기 위해 십자가에 달리신 예수님 사건은 어떻게 설명할 수 있겠는가! 그럼에도 펠라기우스는 자신의 실수를 인정하지 않고 계속해서 거짓 진리를 주장했다. 그는 인간은 자신의 능력으로 스스로 구원을 위해 노력할 수 있다고 주장하면서, 인간의 선행은 하나님을 만나는 데 큰 도움이 된다고 가르쳤다.

얼마 지나지 않아 펠라기우스는 팔레스티나로 떠나고 그의 추종자 코엘레스티우스(Coelestius)는 카르타고에 남아 장로가 되려 했다. 암브로시우스의 서기관이자 밀라노의 집사였던 파울리니우스(Paulinius)가 나서서 그와 그의 교리를 카르타고 노회(주후 411)에 고소했다. 코엘레스티우스는 유죄 판결을 받았다. 한편 펠라기우스는 팔레스티나에서 스페인 출신으로 아우구스티누스의 제자였던 오로시우스(P. Orosius, 주후 375-418) 장로로부터 고소당해 예루살렘과 디오스폴리스 노회에서 재판을 받았다. 하지만 문제없다는 평가를 받았다.

그 소식을 들은 아우구스티누스는 동방교회가 자신을 기만하고 있다고 강력하게 대항했다. 밀라노와 카르타고 노회는 주후 416년 펠라기우스 교리가 이단적이라는 결정을 로마교회에 보내며 강하게 압박했다. 펠라기우스도 변론을 했다. 안타깝게도 로마 대주교 조시무스(Zosimus, 주후 ?-418)는 펠라기우스를 지지했고 문제가 없다고 했다. 하지만 주후 418년 황제 호노리우스(Honorius, 주후 384-423)가 펠라기우스에 반대하는 칙령을 발표하고 동시에 카르타고 노회가 펠라기우스와 그의 추종자들의 교리를 정죄한다고 발표했다. 그러자 로마교회 대주교도 할 수 없이 펠라기우스를 반대하겠다고 했다. 이렇게 해서 펠라기우스 논쟁은 일단락되었다.

하지만 펠라기우스와 그의 지지자들은 동방으로 가 콘스탄티노플의 네스토리우스에게 피신했다. 그들의 영향력은 여전히 강력했는데, 아우구스티누스의 친구이며 평신도 학자였던 마리우스 메르카토르(Marius Mercator, 주후 390-451)가 펠라기우스 교리의 오류를 밝히는 글을 써서 주후 431년 제3차 에베소 공의회Council of Ephesus에서 펠라기우스는 최종 정죄되었다. 아우구스티누스의 승리였다.

하지만 펠라기우스주의는 완전히 사라지지 않았다. 그의 사상은 중세 로마 천주교회의 교리와 삶에 많은 영향을 미치고 있다. 천주교회는 인간이 선한 행동을 통해 복을 받을 수 있다고 가르친다. 인간은 본래 완전히 부패한 것이 아니라 약간 병들었을 뿐이라고 여긴다. 구원을 위해 하나님만 필요한 것이 아니라 선행도 있어야 한다고 가르친다. 그 선행에는 교회에서 하는 성찬과 세례가 큰 도움이 된다고 믿는다. 그러니까 천주교회는 펠라기우스의 생각을 반쯤 받아들인 것이다. 그래서 천주교회 교리를 '반쪽 펠라기우스주의'Semi Pelagianism라고 부른다.

개신교회 안에서도 펠라기우스와 비슷한 생각을 가르치는 경우가 있다. 네덜란드에는 17세기에 아르미니우스(J. Arminius, 주후 1560-1609)가 나타나 펠라기우스의 주장을 더 발전시켰다. 우리 주변에도 그런 생각을 하는 사람들이 어디에든 있을 수 있다. 거짓 교리를 조심해야 한다.

주후 400-461년
## | 첫 교황이 세워지다

로마 광장에는 시민들이 삼삼오오 모여 수심 가득한 얼굴로 벌벌 떨고 있었다.

"무시무시한 놈들이 오고 있대!"

"곧 로마에 도착하겠지. 어서 피난을 가자!"

주후 452년, 로마의 시민들은 잔인한 훈족의 침입으로 두려움에 벌벌 떨고 있었다. 훈족은 얼마나 잔인한지 지나는 마을마다 남녀노소 가리지 않고 사람들을 죽이고 약탈하고 불을 질렀다. 이런 소문은 꼬리에 꼬리를 물고 더 무섭게 와전되어 퍼져 나갔다. 황제조차도 이제는 동방의 콘스탄티노플에 머물고 있으니 사람들의 두려움은 극에 달할 지경이었다.

하지만 용기 있는 한 사람이 있었다. 그는 바로 로마교회의 주교 레오 1세(Leo I, 주후 400-461)였다. 역사가들은 레오 1세를 교황이라고 부른다. 첫 번째로 교황이라고 불린 로마의 주교인 것이다.

레오 1세는 교회의 지도자들을 소집했다. 황제가 힘이 없으니 교회가 이 문제를 해결하려는 것이었다. 레오 1세는 훈족의 지도자인 아틸라(Attila, 주후 406-453)를 만나 담판을 해야겠다고 결심했다. 그는 군인도 아니고 외교관도 아니지만, 위험에 직면한 로마 시민을 구하기 위해 용감히 나아갔다.

로마 시민들은 의심 반 호기심 반으로 레오 1세를 봤다. 그 잔인한 훈족에게 잡혀 죽는 것은 아닐까 걱정했다. 마침내 레오 1세와 그 일행은 아틸라가 머물고 있는 진영에 도착했고, 그를 만났다.

레오 1세는 칼과 창을 들고 있지 않았다. 아틸라는 그가 싸우러 온 것이 아님을 단번에 알 수 있었다. 레오 1세는 살기등등하고 무시무시한 아틸라에게 정중하게 인사했다. 아틸라는 퉁명스럽게 물었다.

"당신은 누구며 무슨 일로 왔소?"

레오 1세는 당당하게 자신을 소개했다.

"저는 로마교회의 최고 지도자이며 하나님을 믿는 사람입니다!"

그리고 이렇게 말했다.

"왕이시여! 로마를 포기하십시오. 만약 왕께서 로마를 친다면, 우리 하나님이 왕을 벌하실 것입니다. 저는 하나님의 종으로서 이 소식을 왕께 전해 주기 위해 왔습니다."

아틸라는 지금까지 이런 지도자를 만나 본 적이 없었다. 로마를 치면 하나님이 벌할 것이라니, 너무나 대책 없고 무모하지 않은가! 그런데 아틸라는 레오 1세의 용감한 행동으로 마음이 움직였다. 아틸라는 생각했다. '내가 로마를 치는 것이 당신의 하나님에게 대항하는 것이라고? 그럴 것까지야 없지.' 그리고 레오 1세에게 말했다.

"좋소! 만약 당신 말이 옳다면 내가 로마를 정복하지 못한다는 것인데, 우리 병사들이 먹을 빵과 고기가 없으니 이를 어쩝니까? 내 한번 생각해 보겠소."

레오 1세는 기다리지 않고 이렇게 말했다.

"왕이시여! 로마시 주변에 전염병이 발병했습니다. 이것은 내가 섬기는 하나님의 징표입니다. 그러니 즉시 떠나는 것이 좋을 것입니다."

놀랍게도 아틸라는 레오 1세를 만난 후 로마 침략을 포기하고 알프스 산맥을 넘어 도나우 강으로 멀리 가 버렸다. 로마는 피 한 방울 흘리지 않고 훈족을 물리친 것이다!

로마 시민은 레오 1세의 이름을 큰 소리로 외치며 만세를 불렀다. 시민은 레오 1세에게 진심으로 감사했다. 그러면서 서로 입에서 입으로 이야기를 전했다.

"이봐, 그 잔인한 야만인 아틸라가 어떻게 레오 1세에게 겁을 먹고 떠났는지 알아? 교황님이 서 있던 바로 뒤에 칼을 빼든 미가엘 천사를 본 거야! 하늘에서 내려온 천사를 보고 야만인들이 기겁을 하고 도망가 버린 거지."

/ 레오와 아틸라의 만남
라파엘로 산치오의 1514년 작품

사람이란 본래 이런 저런 말들을 지어내는 것을 좋아한다.

로마의 성 베드로 성당에는 그런 이야기를 그림과 부조로 만들어 놓았다. 거기에는 레오 1세 위로 바울과 베드로가 칼을 빼들고 위협하는 모습을 그렸다. 1년 후 아틸라 왕이 죽었다는 소문을 듣고 로마 시민은 그 전설을 더 확실하게 믿게 되었다. 어쨌든 레오 1세의 용기 있는 행동은 로마 시민에게 큰 감동을 주었다. 교회의 지도자가 로마시를 구원한 것이다.

그때부터 사람들은 교황이 로마제국에서 가장 높은 사람이라고 믿게 되었다. 교회의 최고 지도자일뿐 아니라, 국가의 최고 보호자라고 생각하게 되었다. 후대 사람들은 레오 1세를 첫 교황으로 부르면서 이름 앞에 '대'the Great를 붙여 '대 레오 1세 교황'이라고 칭했다.


## | 성경에는 교황도, 계급도 없다

로마 천주교회를 '가톨릭 교회'라고 짧게 부른다. '가톨릭'catholic이라는 말은 '일반적', '보편적', '공적'公的이라는 뜻이다. 교회는 모든 시대, 모든 장소에서 모든 종류의 민족에게 보편적인 그리스도의 복음으로 세워지기 때문에 가톨릭이라고 말할 수 있다. 사도신경의 '거룩한 공회'가 바로 공교회, 즉 가톨릭 교회이다.

그런데 언제부턴가 가톨릭 교회 앞에 도시 이름인 로마를 붙여 부르게 됐다. 로마 가톨릭이라고 말이다. 왜일까?

당시 사람들은 로마교회를 아주 특별하게 생각했다. 베드로와 바울이 로마교회에서 일했고 로마에 묻혔다고 믿었기 때문이다. 로마제국 여러 도시마다 감독이 있지만, 그중에서도 로마교회의 감독이 가장 높고 영향력이 컸다. 그래서 로마 가톨릭이라는 단어가 등장했다. 어울리지 않는 두 단어의 조합이다. 로마는 도시 이름이고, 가톨릭은 모든 지역을 초월하는 단어가 아닌가!

사실 성경에 보면 계급 같은 것은 없다. '감독'Episcopus은 '장로'Presbyter와 동의어로 사용되었다(행 21:17-28, 딛 1:5-7). 감독은 역할과 관련된 단어로, 그리스 로마 사회에서 통용되었다. 장로는 유대인이 구약시대부터 사용하던 지위와 관련된 용어로, 노인을 뜻한다. 신약성경에는 이 두 단어가 교차적으로 번갈아 사용되었다.

그런데 로마 천주교회는 장로보다 감독이라는 명칭을 특정 목사에게만 붙이기 시작했다. 큰 도시 교회 사역자를 감독 혹은 주교라고 부르면서 작은 교회에 사제를 임명해 파송했다. 성직자에게 계급이 생겨난 것이다. 교회에 낮고 높은 직분이 생기면서 점점 위계질서가 생겨났다. 대도시에 있는 직분자가 시골에 있는 직분자보다 훨씬 높다고 여겼다. 대도시 감독들은 서로 동등한 것 같았지만, 나중에는 더 큰 도시 교회 감독들이 더 중요한 역할을 맡게 되었다.

그중 가장 큰 도시의 교회가 바로 로마교회였다. 로마교회의 감독들을 '종들 중의 종'Servus Servorum 혹은 '감독들 중의 감독'Episcopus Episcoporum이라고 불렀다. 그리고 그 로마교회의 주교를 '교황'이라고 부르게 된 것이다. 교황은 '백성을 하나님께로 이끌어 감화시킨다'는 '교화황'敎化皇에서 유래했다고 한다. 그러나 교황Pope의 본래 뜻은 '아빠'papa이다.

로마 천주교회는 교황을 베드로의 법적 후계자라고 확신했다. 여기에서 교황의 권위가 세워졌다. 베드로는 천국 열쇠를 받았으니 제자

중에서 최고의 권위를 가진 자이고, 이 베드로가 로마교회의 첫 감독이며 그 뒤를 잇는 교황은 베드로의 열쇠를 계승한다고 믿은 것이다. 이것을 사도적 계승Apostolic Succession이라고 말한다.

그렇다면 성경은 이 점에 대해 뭐라고 말할까? 예수님은 어느 날 제자들에게 이렇게 물었다.

"너희는 나를 누구라 하느냐?"

베드로가 대답했다.

"주는 그리스도시요 살아 계신 하나님의 아들이십니다."

올바른 신앙고백이다. 예수님이 말씀하셨다.

> "너는 베드로라 내가 이 반석 위에 내 교회를 세우리니 음부의 권세가 이기지 못하리라"(마 16:18).

/ 바티칸 시스티나 성당의 벽화
파에트로 페루지노의 1481-2년 작품

예수님은 이 말씀을 하실 때 베드로에게는 돌멩이를 뜻하는 페트로스Petros라는 단어를, 반석은 바위를 뜻하는 페트라 Petra라는 단어를 쓰셨다. 예수님은 교회를 반석 위에 세우겠다고 하셨지, 돌멩이 위, 즉 베드로 위에 세우겠다고 하시지 않았다. 교회는 베드로의 신앙고백 위에 세워진 것이다. '주는 그리스도시요 살아 계신 하나님의 아들'이라는 신앙고백이 교회의 기초이다. 베드로는 대표로 그 신앙을 고백했을 뿐이다. 그곳에 있던 제자 모두가 예수님을 믿고 고백했다. 요한계시록 21장 14절에도 하나님의 교회를 세운 자들은 베드로 혼자가 아니라 열두 제자 모두이다.

> "그 성의 성곽에는 열두 기초석이 있고 그 위에는 어린 양의 열두 사도의 열두 이름이 있더라"(계 21:14).

예수님은 제자들에게 분명하게 가르치셨다. 누구도 다른 사람보다 높은 곳에 앉으려 해서는 안 되고 섬기는 자가 되어야 한다고 말이다.

주후 330-1453년

| 로마의 해가 지고 비잔티움이 일어나다

주후 330년, 콘스탄티누스 황제는 로마제국의 수도를 로마에서 비잔티움으로 옮겨 그곳에서 머물렀다. 로마제국은 이제 서방의 로마 중심이 아니라 동방의 비잔티움 중심으로 돌아가게 되었다.

비잔티움은 지금의 이스탄불 지역으로, 동양과 서양이 만나고 지중해와 연결되는 보스포루스 해협을 끼고 있어서 상업이 발달하고 문화가 번성했다. 그뿐만 아니라 다뉴브 강과 흑해 너머의 이민족들과 동방에서 맹위를 떨치는 페르시아의 공격에 신속하게 대응할 수 있는 전략적 요충지였다. 지정학적 위치로 보자면 비잔티움이 로마보다 훨씬 가치 있는 땅이라 볼 수 있다. 콘스탄티누스는 새로운 수도를 공식적으로 '신 로마'Nova Roma라 칭했지만, 시간이 지나면서 '콘스탄티노플'이라고 부르게 됐다. '콘스탄티누스의 도시'라는 뜻이다.

콘스탄티노플에는 황금빛 장식을 한 대리석 건물들이 화려하게 세워졌고 교회당이 웅장하고 아름답게 지어졌다. 그중에 지혜의 대성당이라고 불리는 '성 소피아 성당'이 단연 으뜸이다. '소피아'는 지혜라는 뜻인데, 하나님의 지혜로서 성자 하나님을 의미한다. 이 대성당은 콘스탄티누스 2세가 세웠다. 지금도 '하기아 소피아', '아야 소피아'로 불리며 이스탄불의 최고 관광지로 꼽힌다. 주후 1453-1931년간 이슬람 사원으로 사용되었지만, 주후 1936년부터는 박물관으로 사용되고 있다.

콘스탄티누스는 도시에 성벽을 높고 두껍게 쌓았다. 주후 413년에는 테오도시우스 2세가 외곽 성벽을 쌓으면서 철옹성이 되었다. 주후

/ 성 소피아 성당

1204년까지 그 어느 나라도 침입할 수 없었을 정도였다. 지금도 이스탄불에 가면 성벽의 잔해를 볼 수 있다.

주후 12세기에 콘스탄티노플은 유럽에서 가장 규모가 크고 부자 도시가 되었다. 전 세계 금융의 3분의 2가 모였을 정도였다. 물론 기독교도 융성했다. 주후 1453년 이슬람 국가인 오스만 투르크에게 빼앗기기 전까지만 해도 콘스탄티노플을 중심으로 한 동로마제국은 '비잔티움 제국'으로 불리며 부흥했다.

그렇다면 그동안 로마제국의 중심이었던 서로마제국은 어떻게 되었을까? 로마는 북쪽에서 몰려드는 게르만족의 대이동으로 골치가 아

팠다. 침입자들이 로마를 공격해 약탈해 가는 일이 점점 많아졌다. 로마인은 이들을 '바바리안'이라고 불렀다. 자기들의 말을 읽지도 쓰지도 못하는 이방인을 일종의 '야만인'이라는 뜻으로 부른 경멸적 호칭이었다.

결국 서로마제국은 주후 476년 게르만족에 의해 멸망했다. 로마는 다시 일어설 수 없게 되었고 이 민족 저 민족이 번갈아 가며 지배했다. 훈족이 침입하기도 하고 비시고트족이 약탈하기도 하고 반달족이 공격해 도시를 쑥대밭으로 만들기도 했다.

그러나 서로마제국은 망했어도 로마교회는 망하지 않았다. 오히려 게르만 민족들이 기독교를 받아들이면서 영향력이 더 커졌다. 교황의 권위는 여전히 살아 있었고, 그 권위에 게르만 민족이 무릎을 꿇은 것이다. 어느 누가 로마를 다스리든 교황은 어떤 순간에도 든든하게 서 있었다. 정치가 불안할수록 로마교회와 교황의 역할은 더 중요해졌고 막강해졌다. 국가는 멸망하고 시대는 바뀌었지만, 교회는 국가를 능가하는 위치에서 군림할 수 있었다.

그러나 동로마제국, 비잔티움제국은 달랐다. 콘스탄티노플 교회의 대주교가 동로마제국 황제에게 머리를 숙였다. 국가에 교회가 종속되었다. 황제가 하나님의 대리자로 자처했다. 대주교는 황제가 임명했다. 국가가 교회의 영적 영역에 많은 영향력을 행사했다. 교회가 국가의 시녀로 전락하고 말았다. 비잔티움제국은 주후 330년부터 1453년까지 무려 1123년간 동로마교회의 독특한 전통을 만들었다. 그것이 동방 정교회다.

## | 나라 법으로 종교를 좌우했던 동방 정교회

동로마교회와 서로마교회는 사이가 그리 좋지 않았다. 두 교회는 점점 다른 길을 걸어갔다. 성경을 해석하는 교리도 달랐다. 마침내 1054년, 두 교회는 정식으로 갈라섰다. 서로 남남이 되었다.

우리가 이미 알고 있듯, 서쪽을 중심으로 발전한 교회를 '로마 가톨릭 교회'라고 부른다. 서방에서 '가톨릭'이라는 좋은 이름을 가져가니, 동방은 '정통'Orthodoxy이라는 이름을 붙여서 '정통 교회' 혹은 '동방 정교회'Eastern Orthodoxy Church라고 부른다.

동방 정교회를 '그리스 정교회'라고도 부른다. 그리스를 중심으로 발전해 갔기 때문이다. 그러다가 주후 1453년 그리스 지역이 이슬람에게 넘어간 후 동방 정교회는 러시아로 이동해 그곳을 중심으로 발전했다. 그래서 러시아는 자기들 교회가 적자 교회라고 생각한다. 이를 '러시아 정교회'라 부른다. 폴란드, 불가리아, 루마니아에도 동방 정교회가 많이 있다. 이 모든 교회를 통합해서 '동방 정교회'라고 한다.

동방 정교회의 특징은 '유스티니아누스 법전'에서 그 원형을 찾을 수 있다. 이 법전은 주후 529년 로마제국 황제 유스티니아누스(Iustinianus Augustus, 주후 483-565)에 의해 총 정리된 것이다. 대표적인 내용으로는 공공개념을 도입한 것이 있다. 예를 들어 '바다와 바닷가는 모든 사람의 소유이다. 나의 제국의 모든 사람은 누구나 마음 놓고 바닷가에 나갈 수 있다'와 같은 내용이다. 우리가 보기에는 너무나 당연하지만, 당시에는 획기적인 법이었다. 또한 노예제도는 인정하되 노예의 인권을 존중하는 내용도 있었다. '노예를 소유하고 급료를 주지 않고 부려도

된다. 그러나 노예가 주인에게 덤비지 않는 한 때리거나 학대할 수 없다.'

이 법전에서는 동방 정교회의 최종 권위자를 국가라고 명시한다. 그러다 보니 동방 정교회는 호국종교로 전락하기 일쑤였다. 교회는 국가에 종속되고 국가를 위해서만 존재하게 되었으니 신앙적 영역에 개혁이 어려웠다. 동방 정교회는 국가 지도자, 곧 왕 또는 황제를 온 우주 통치자의 모형이라고 생각했다. 교회를 국가 아래에 있는 부속기관처럼 여겼다. 교회는 국가나 황제에게 비판적인 말을 할 수 없었다. 단지 교회는 국가와 황제를 축복하는 말만 해야 했다. 러시아가 바로 그런 나라였다. 러시아의 왕을 '차르'Tzar라고 하는데 로마 황제를 '카이사르'Caesar로 부르는 것과 닮았다. 동로마제국의 유스티니아누스 황제에게서 시작된 국가와 교회의 관계가 그대로 이어졌다. 러시아 정교회는 황제가 부패하고 국가가 불의를 행해도 교회는 침묵하며 복만 빌었다. 교회가 황제와 손을 잡고 불의를 묵인했다. 20세기 초 러시아에는 공산주의 혁명이 일어났고 왕정은 무너지고 말았다.

유스티니아누스 법전은 대주교, 주교, 사제 등 교회 직분자에 대한 사항도 있다. 노예는 가능한 한 풀어 줄 것을 권고하고 이혼은 금한다. 어떤 사람이 수도원에 들어가기 원하면 이혼해도 된다. 간음하거나 강간 혹은 동성 간의 성관계는 사형이다. 교회 재산은 절대로 양도할 수 없고 다른 사람에게 팔 수도 없다. 법정에는 성경이 비치되고 변호사는 성경에 손을 얹어 고객을 바른 법 정신으로 변호하겠다고 맹세해야 한다. 이처럼 국가 법 곳곳에 기독교 정신과 내용이 들어 있다.

동방 정교회와 국가의 관계가 좋아 보이는가? 성경적일까? 그렇지 않다. 교회 역사 가운데 국가와 교회의 관계는 늘 중요한 문제였다. 교

회가 국가의 권력 아래서 혜택을 보면 반드시 영적인 영역에서는 어려움을 겪게 된다. 국가는 교회의 직분자 임명에 간섭하고 교회는 국가의 눈치를 본다. 그리고 신앙과 종교적 생활은 법으로 강제할 수 없고 양심에 호소하는 것인데, 국가가 힘으로 억압하거나 강제할 때 수많은 부작용을 낳게 되어 있다. 신앙은 국가가 만들어 낼 수 없다. 신앙은 교회에서 선포되는 말씀과 성령 하나님의 일하심으로 일어나는 것이다.

## | 교회 건물이 아름답다고 교회도 아름다울까?

유스티니아누스, 그는 누구인가? 가난한 농부의 아들로 태어나 콘스탄티노플에서 공부하고 훌륭한 장군이 되었으며, 주후 527년 비잔티움제국의 황제가 되었다. 그는 열정적인 그리스도인이었고 총명했으며 전쟁도 잘했고 금욕적 생활을 하는 충실한 신앙인이었다. 또한 이단은 가차 없이 죽이는 무시무시한 왕이기도 했다.

유스티니아누스는 파격적인 정치를 시행했다. 관례적으로 행해지던 신분에 따른 관리등용제도를 없애고 재능에 따라 인재를 등용했다. 로마 황실과 귀족 정치의 부패를 없애는 근대적 정치를 한 것이다. 또한 그는 게르만족의 침입으로 잃어버렸던 영토를 다시 되찾았다. 비잔티움제국은 팔레스티나와 이집트, 북쪽 흑해 지역인 루마니아와 아프리카 북부 카르타고와 스페인 남부 일부와 이탈리아 반도까지 영역을 넓혀 갔다.

유스티니아누스는 반란으로 불타 버렸던 성 소피아 성당을 재건하기도 했다. 공사는 주후 532-537년까지 5년에 걸쳐 이루어졌다. 돔을 받쳐 주는 기둥을 중심으로 자연채광이 되는 창문을 만들었는데, 거대한 돔, 창, 그림과 모자이크는 성당 내부로 들어오는 빛에 의해 아름답게 반짝인다. 중앙 돔 주변에 동서남북으로 연결된 보조 돔 덕분에 내부 중앙 홀은 기둥이 하나도 없어 넓은 공간을 활용할 수 있다. 가장 높은 돔은 바닥에서 무려 55.6미터나 된다.

그뿐만 아니라 천장이나 벽면에 장식된 모자이크는 오랜 세월이 지났음에도 불구하고 여전히 찬란한 빛을 내고 있다. 물론 수많은 전쟁

/ 성 소피아 성당 내부

을 거치며 파괴되었지만, 아직 남아 있는 모자이크는 그 섬세함과 미
적 아름다움 때문에 보는 이로 하여금 탄성을 자아내게 한다. 성 소피
아 성당은 비잔티움제국의 영광을 대표한다. 서방의 로마교회도 이처
럼 화려하고 아름다운 예배당을 짓지 못했다. 비잔티움제국은 외적인
교회 건물을 매우 중요하게 여겼다.

　하지만 교회 건물이 아름답다고 교회도 아름다울까? 교회 건물이
웅장하고 아름다우면 좋겠지만, 교회의 변질로 이어지기 쉽다. 교회
는 건물이 아니기 때문이다. 교회는 영적 존재이다. 예수님이 교회의
몸이고 머리시다. 눈에 보이지 않는 교회를 눈에 보이는 화려하고 웅
장한 건물로 보여 주려는 것은 참 교회의 모습을 보지 못하게 할 수도
있다. 교회는 성도로 구성되기 때문에 성도의 영적 수준이 건물보다

더 중요하다.

## | 게르만 민족에게 복음이 전파되다

게르만 민족은 문자를 몰랐다. 단순한 생활을 하다가 로마인을 만나면서 라틴 문자와 선진 문화를 접했다. 그들은 로마 문명의 신기한 물건을 사고 싶어 했다. 어떤 게르만인은 로마 군인이 되기 위해 지원하기도 했다. 로마 군대는 용감하고 싸움을 잘하는 군인을 얻어서 좋았고, 게르만인은 돈을 벌어서 좋았다. 그들은 그 돈으로 로마인이 입는 옷을 사 입고 포도주를 사서 마셨다. 그동안 게르만 민족은 맥주를 마셨는데, 당시 맥주는 포도주에 비해 인기가 별로 없었다.

로마교회는 게르만 민족에게 복음을 전했다. 게르만 민족이 사는 지역에도 교회가 세워지고 기독교인이 생겨났다. 천대받던 여성들이 기독교를 빨리 받아들였다. 아이들이 교회에 나오고 나중에 아버지도 교회에 나왔다. 이렇게 게르만 민족에게도 복음이 주어졌지만, 기독교가 사회적 큰 변화를 일으킬 정도는 아니었고 개인적 차원에 머물렀다.

언제부턴가 로마제국은 약해지고 게르만 민족은 힘이 세졌다. 자기 영역만 지키며 살던 대표적 게르만 민족에는 비시고트, 부르군트, 오스트로고트, 반달, 앵글로 작센, 프랑크 등이 있었다. 그중에 프랑크 민족이 가장 강력했다. 주후 5세기에는 프랑크 민족이 북쪽까지 영역을 넓혀 오늘날 프랑스 대부분 지역을 차지했다. 거기에는 프랑크 민족의 왕 클로비스(Clovis, 주후 466-511)가 주도적 역할을 했다. 클로비스의 시대부터 이 지역을 프랑스라고 부르기 시작했다. 참고로 '프랑크'

는 게르만어로 '자유'라는 뜻이다.

클로비스는 기독교인이 아니었다. 하지만 그의 아내는 현재 이탈리아 접경지 프랑스 동남부에 위치한 부르군트족 왕의 딸로, 기독교인이었다. 그녀의 이름은 클로틸데(Clothilde, 주후 474-545)로 아주 경건한 신앙인이었다. 남편 클로비스와 신하에게도 감동을 주는 사랑스러운 여인이었다.

클로비스의 땅은 현재의 프랑스 북쪽 지방과 벨기에 일부 땅이 전부였다. 그는 큰 나라를 이루려는 야망이 있었다. 주후 496년, 클로비스는 현재의 독일과 벨기에 국경 근처인 톨비악Tolbiac에서 알러만니 동맹과 전쟁을 하고 있었다. '알러만니'는 '모든 사람'이란 뜻을 가진 일종의 동맹체였다. 이들은 스위스 접경 지역 라인강 상류와 도나우강 사이에 살고 있었다. 클로비스에게 있어 이들과의 전쟁은 매우 중요했다. 전쟁에서 지면 나라를 잃고 모든 가족이 죽게 될 운명이었다.

전세가 기울자 클로비스는 다급해졌다. 그때 아내가 평소에 자주 말했던 위대한 신의 이름 그리스도 예수가 떠올랐다. 그는 생각했다. '지금까지 내가 믿었던 신들은 지금 무엇을 하고 있는 걸까? 이대로 전쟁에서 지고 끝날 것인가? 아니면 아내의 신, 그리스도 예수에게 부탁을 해 볼까?' 클로비스는 결단을 해야 했다. 마침내 클로비스는 눈물을 머금고 이렇게 외쳤다고 한다.

"예수 그리스도시여! 만약 당신이 이 전쟁에서 나를 구해 주시고 승리하게 하신다면 당신을 믿고 세례를 받겠습니다!"

그 순간 신기한 일이 벌어졌다. 병사들이 갑자기 힘을 얻고 전쟁에서 대 승리를 거둔 것이다.

전쟁이 끝나고 클로비스는 맹세했던 것처럼 세례를 받겠다고 했다.

/레미기우스 주교에게 세례를 받는 클로비스
무명 화가의 1500년경 작품, 워싱턴 국립 미술관 소장

왕비 클로틸데는 너무나 기뻐서 하나님께 감사드렸다. 하지만 교회의 주교는 거절했다. 신앙교육을 받지 않은 자에게 세례를 해줄 수 없다는 이유였다. 아주 잘한 행동이었다.

결국 주교는 왕과 신하들에게 대대적인 신앙교육을 실시했다. 교육을 마친 후 크리스마스 축제 때 클로비스와 그의 모든 신하가 집단으로 세례를 받았다. 이것은 유럽 역사에서 대단히 큰 사건이다. 하나님이 이방인 게르만 민족도 사랑하신다는 것을 보여준 것이다. 로마제국에 이어 게르만 민족, 그중에서 프랑크 왕국이 기독교 국가가 된 것은 놀라운 일이다. 동로마제국의 교회를 제외하고 서방 교회는 무게중심이 이탈리아 반도에서 게르만 민족으로 이동했다.

세계 역사는 이렇게 무게중심이 이동하고 있었다. 하나님의 다스림과 일하심은 신묘막측할 뿐이다.

## | 교회와 국가의 은밀한 거래

주후 511년 클로비스 왕이 죽었다. 이후 거의 200년 동안이나 메로빙 왕조(Mérovigian dynasty, 주후 476-750)가 통치했다. 항상 좋은 왕만 있었던 것은 아니다. 왕은 재상에게 나라를 맡기고 놀고먹는 데만 관심이 있었다.

재상은 지금의 총리 혹은 수상과 같은 역할로, 나라의 살림과 군대를 총 책임지는 강력한 힘을 가졌다. 그런데 프랑크 왕국의 재상 중에 탁월한 사람이 나타났다. 샤를 마르텔(Carolus Martells, 주후 688-741)이다. 그는 파리 시장도 겸했다. '마르텔'은 '망치'라는 뜻이다.

그는 이름에 걸맞게 북쪽의 프리스 민족과 작센 민족의 침입을 잘 막아 냈다. 주후 732년에는 투르와 푸아티에 사이에서 벌어진 이슬람과의 전쟁에서 크게 승리했다. 이것은 세계 역사에 남을 만한 아주 중요한 사건이다. 프랑크 왕국이 망치로 이슬람을 물리치고 유럽을 지켜 낸 것이다. 만약 이 전쟁에서 샤를 마르텔이 패했다면 아마 지금 유럽은 이슬람 국가가 되었을 것이다.

샤를 마르텔이 죽은 후 그의 아들 페팽(Pepin le Bref, 주후 714-768)이 재상의 자리에 올라 나라를 다스렸다. 페팽은 허수아비 왕을 쫓아내고 자신이 왕이 되었다. 로마교회의 교황에게 사신을 보내 미리 허락을 받았던 터였다. 주후 751년 마인츠Mainz의 주교 보니파키우스(Bonifacius, 주후 672-755)가 교황의 지시를 받고 페팽에게 왕관을 씌워 주었다. 이렇게 카로링 왕조(Carolingian dynasty, 주후 750-887)가 시작되었다.

사실 페팽을 왕으로 세우는 일은 교황에게도 손해 볼 것이 없는 거래였다. 강대국의 힘을 빌리면 위급할 때 도움이 될 테니까 말이다. 실제로 페팽은 두 번이나 알프스 산맥을 넘어 이탈리아 북부를 다스리던 롬바르드 왕국의 굴레로부터 교황을 구해 주었다. 교황은 알프스를 넘어 주후 754년 페팽에게 직접 기름을 부으며 왕으로 인정했다.

　　페팽은 로마교회와 교황에게 라테란 궁전을 포함한 이탈리아의 중부 상당 부분의 땅을 선물로 주었다. 페팽이 그 땅을 선물로 준 것은 '콘스탄티누스의 기증'이라는 가짜 문서 때문이었다. 그 문서에 의하면 콘스탄티누스 황제가 문둥병에 걸렸는데 실베스테르 교황의 도움으로 낫게 되었고, 이에 황제는 감사의 표로 로마교회와 교황에게 서로마의 상당한 영토를 기증했다는 것이다. 그러나 나중에 르네상스시대 인문주의자인 로렌티우스 발라(Laurentius Valla, 주후 1407-1457)에 의해 그 문서는 8세기에 위조된 가짜라는 것이 발각되고 말았다.

　　어쨌거나 페팽은 롬바르드족에게 빼앗은 이탈리아 중부의 상당히 많은 땅을 교회와 교황에게 주었고, 교회는 이때부터 재물도 소유하게 되었다. 그뿐만 아니라

/ 페팽
코퍼스크리스티대학의 왕립 연대기 소품

앞으로 게르만 국가의 황제는 교황으로부터 인준을 받아야 통치할 수 있다는 생각이 자리잡게 되었다. 교회가 국가 위에 그리고 교황이 황제 위에 군림할 수 있음을 보여 준 것이다.

교회가 이렇게 권력을 휘두를 수 있고 부자가 된 것이 마냥 좋은 일일까? 결코 그렇지 않다. 이탈리아 중부의 땅을 소유하면서 교황은 한 작은 지역의 통치자로 전락하고 말았다. 황제에게 왕관을 씌워 주면서부터 교황은 양들의 목자가 아니라, 세상을 통치하는 통치자와 같은 역할을 하게 되었다. 교회의 세속화는 이렇게 시작되었다. 교회와 국가의 잘못된 관계를 맺는 출발점이 되었다.

# PART　　　3

탐욕에 눈이 멀어 빛을 잃다,
# 중세교회

주후 590년

| 그레고리우스 1세, 중세교회의 역사를 열다

서로마제국이 멸망한 후 100년이 지났을 무렵, 그러니까 주후 약 600
년경, 그레고리우스(Gregorius Summus, 주후 540-604)가 교황으로서 로마
교회를 다스렸다. 그는 교회 건물을 수리하고 다시 건축했다. 사제가
없는 곳에는 사제를 세우고 감독을 임명하기도 했다. 교회뿐만 아니
라 국가도 다스렸다. 로마의 적들과 평화조약을 맺음으로 로마와 이
탈리아 반도 전역에 질서와 평안을 가져다주었다. 이런 훌륭한 업적
들 덕분에 후대 사람들은 그의 이름 앞에 '대'라는 칭호를 붙여 칭송
했다.

　그레고리우스는 귀족 출신으로 고조할아버지도 교황을 지냈다. 어
린 시절에는 어머니의 신앙을 따라 수도원에서 많은 책을 읽으며 명
상에 잠기곤 했다. 책도 많이 썼는데, 학문적인 능력과 성과 때문에 후
대 교회는 그에게 '교회의 박사'라는 영예로운 이름을 붙여 주었다. 수

도원장으로 일하던 시절에는 교황의 부름을 받아 대사로서 콘스탄티노플로 파송되기도 했다. 로마시는 롬바르드족의 침입(주후 578)으로 늘 위험에 노출되어 있었지만, 멀리 콘스탄티노플에서 통치하는 황제는 로마를 보호해 줄 수 없었다.

그러던 중 주후 590년, 그레고리우스가 로마교회의 교황으로 선출되었다. 그가 교황으로 있을 때에 업적이 너무나 많아 그의 임직년도를 중세의 시작으로 보기도 한다. 이후 천 년 동안 로마 천주교회의 모습은 그가 만들었다고 해도 과언이 아닐 정도다.

그레고리우스는 음악에 조예가 깊었고 재능이 있었다. 지역에 따라 달리 불렸던 교회 음악을 모아 하나의 독특한 기법으로 완성했다. 그것이 바로 '그레고리우스 성가'이다. 지금도 성당에 들어가면 이런 기법의 음악을 들을 수 있다. 교인은 이 방법으로 노래하는 것을 좋아했다. 지금까지도 교회 음악으로 사랑을 받고 있다.

또 그레고리우스는 교회 건물 안에 여러 성상들을 만들어 세웠다. 이전에는 교회 건물 안에 성상이 금지되었다. 그는 성상이 설교를 더 잘 이해할 수 있도록 해줄 것이라고 생각했다. 유럽을 여행하면서 도시마다 우뚝 서 있는 고풍스런 성당에 들어가면 반드시 만나게 되는 화려한 성상을 볼 수 있는데, 그레고리우스에 의해 장려되었다.

그레고리우스는 성지를 방문하는 것을 선행으로 간주했다. 성지순례라는 말이 여기에서 시작되었다. 그는 성지에 가면 가능한 많은 성물을 사 가지고 돌아오라고 했다. 그것이 신앙에 큰 유익이 된다고 가르쳤다. 요즘도 성지순례를 가면 성물을 사는데, 그의 가르침에서 기원을 발견할 수 있다.

그레고리우스는 성만찬이 제사라고 가르쳤다. 성만찬은 예수님이 우리에게 차려 주시는 '영적인 식사'가 아니라, 하나님께 드리는 '희생 제사'라고 생각한 것이다. 그래서 성찬대를 제단이라고 부른다. 전해 지는 이야기에 따르면 그레고리우스가 집전하던 성찬대 위에 고난받 으시는 그리스도의 형상이 나타났다고 한다. 지금도 로마 천주교인은 성찬 시간에 예수님이 골고다 언덕에서 제사로 드려진 것을 다시 반 복하는 것이라고 믿는다. 여기에서 '화체설'이 시작됐다.

그는 연옥교리를 가르쳤다. 신자가 죽으면 바로 천국으로 가지 못 하고 자신의 죄를 해결하기 위해 연옥에 머물면서 죗값을 다 치를 때 까지 기다려야 한다는 교리인데, 잘못된 가르침이다. 그레고리우스는 훌륭한 교황이지만 이렇게 성경에 없는 잘못된 교리를 많이 가르쳤 다. 어느 누구도 잘못되었다고 반대한 사람이 없었다. 그레고리우스는 박식하고 자애로운 교황으로 권위가 있었기 때문이다. 한 사람의 훌 륭한 지도자가 잘못된 교리를 가르칠 때 얼마나 큰 악영향을 끼치게 되는지 알 수 있다.

/ 그레고리우스 교황이 로마의 노예시장에서 황금색 머리카락을 한 잉 글랜드 아이들을 만났을 때 이렇게 말했다고 한다."만일 그들이 그리 스도인이라면, 잉글랜드인(Angli)이 아니라, 천사(Angel)일 텐데."

그레고리우스가 잘한 일도 있다. 서유럽에 복음을 전한 것이다. 그는 40명의 수도사 를 잉글랜드로 파송했다. 요 즘 표현으로 선교사이다. 그 레고리우스는 힘들게 복음을 전하는 선교사에게 정기적으 로 위로의 편지를 직접 써 보 내기도 했다. 이 선교 활동으 로 잉글랜드의 왕이 예수님을 믿게 되었다. 이렇게 잉글랜드는 로마 천주교회 영향권 아래로 들어오게 되었다.

주후 350-547년

## | 수도원이 유행하던 때도 죄는 성행했다

그레고리우스는 경치 좋고 한적한 곳에 수도원을 많이 세웠다. 지금도 유럽을 여행하다 보면 구석구석 경치가 아름다운 곳에 오래된 수도원이 있다. 조용하지만 많은 역사를 담고 있는 관광지다. 특히 프랑스, 이탈리아, 스페인과 같이 로마 천주교회가 융성했던 나라에 가면 쉽게 볼 수 있다. 동방 정교회가 남아 있는 오늘날의 그리스 지역 근방에도 많다. 마치 동양의 경치 좋은 산 깊숙이에 불교 사찰이 많은 것과 닮았다.

서양 최초의 수도원은 안토니우스(Antonius, 주후 251-356)가 세운 것으로 알려져 있다. 안토니우스는 부자였는데, 재산을 다 팔아 가난한 자들에게 주고 빈털터리로 이집트 사막으로 가서 금욕적 삶을 살았다. 세속으로부터 멀리 떨어져 금식과 고행을 일로 삼은 것이다. 그의 세상 부귀와 세상 욕심을 초월한 극단적인 삶은 사람들에게 신선한 충격을 주었다. 많은 사람이 안토니우스를 추종했다. 그런 삶이 하나님을 기쁘시게 하는 선행이라고 여겼다. 수천 명의 사람이 그를 따라 사막으로 들어갔다. 그렇게 수도원이 시작되었다.

시므온(Simeon, 주후 390-459)이라는 수도사는 여러 달 동안 목만 내놓은 채 땅속에 묻혀 살았다. 나중에는 안디옥 근처에서 2미터가 넘는 기둥 꼭대기에 올라가 생활했다. 후에는 20미터나 높이 올라갔다

고 한다. 무려 35년간 기둥에서 내려오지 않고 생활해 '기둥 성자'라
는 별명을 얻었다.

암모운(Abba Ammoun, 주후 4세기)이라는 수도사는 한 번도 옷을 벗거
나 목욕을 하지 않았다고 한다. 비정상적 금욕생활을 하면 죄를 이길
수 있고 거룩해진다고 여긴 것이다. 이렇게 하는 것이 거룩하게 사는
것이라고 생각했다. 그들 무리는 나중에 수도원으로 성장했다. 이런
수도원 운동은 대부분 개별적이고 숨어 지내는 은둔자The Hermit의 삶
이었다.

공동체로서의 수도원은 파코미우스(Pachomius, 주후 290-346)가 대중
화시켰다. 그는 나일강의 테베 지역에 최초의 수도원을 세웠다. 이와
비슷한 수도원이 더 세워졌고 소아시아 지역으로 퍼져 나갔다.

소아시아에서는 바실(Basil, 주후 330-378)이 수도원 운동을 주도했고
기도와 성경 연구 이외에 고아와 소외된 자들을 위한 노동과 봉사를
시행함으로 공리적 방향으로 발전했다. 오늘날의 그리스와 터키 지역
에는 100개의 수도원이 융성했다고 한다. 이런 것들은 주로 동방 지역
에서 생겨난 수도원이었다.

서방에서도 주후 362년 마르틴(Martin, 주후 315-397)이 지금의 프랑
스 지방에 서방 최초의 수도원을 세웠다. 이 수도원은 브리튼까지 전
파되었다. 니니안(Ninian, 주후 360-432)은 로마를 방문하고 브리튼으로
돌아올 때 지금의 프랑스 지역을 통과하면서 마르틴의 수도원을 탐방
했다. 그는 잉글랜드에 수도원을 세웠다. 그 후 스코틀랜드에 복음을
전했고 수도원 설립에도 영향을 주었다.

중세를 관통하는 서방 기독교 수도원의 시초는 베네딕트(Benedictus
Nursiae, 주후 480-547) 수도원이다. 베네딕트 수도원의 특징은 금욕과

고행이 아니다. 베네딕트는 극단적 금욕을 피하고 질서와 규범이 지켜지는 범위 내에서 지혜로운 수도생활을 강조했다. 두 끼니의 식사를 인정하고 과일과 채소를 허락했다. 당시 수도원의 분위기로는 획기적인 변화였다. 보통 사람의 일상생활에 상당히 가까이 접근한 것이다. 본래 베네딕트는 이탈리아 누르시아에서 태어났고 20세가 되어 수도사가 되었다. 동굴에서 생활하며 금욕생활을 했다. 많은 사람이 그를 존경하며 따랐다. 나중에 그는 몬테카지노Monte Cassino 수도원을 지어 서양에서 가장 보편적으로 인정되는 수도원을 만들었다.

수도원은 유럽 곳곳으로 퍼져 나갔고 여러 형태로 발전해 갔다. 중세 천 년 동안 수도원은 인기리에 성장했다. 중세 후기에는 자녀가 수도원에 가서 성직자가 되는 것을 최고의 성공으로 여기기까지 했다. 수도원은 병자를 데려다 치료하고, 황무지를 개간하여 농사를 짓고,

/ 제2차 세계대전으로 파괴되었다가 재건된 몬테카지노 수도원의 현재 모습

성경을 필사하고, 신학을 연구하고, 책을 보관하고 편찬하기도 했다. 세속에 사는 신자들은 수도원이 자신들의 더러운 삶을 깨끗하게 해줄 것이라고 기대했다. 수도원은 속세를 대리해 고행을 하는 보상으로 인식되었다.

그렇다면 이 수도원의 삶이 오늘날도 필요할까? 복잡한 삶을 떠나 조용하고 단순한 삶을 동경하는 사람이 있을 수도 있다. 하지만 과연 예수님도 수도원의 삶을 원하셨을까? 죄를 이길 수 있는 최고의 방법이 세속의 삶을 피하는 것일까? 본래 수도원 정신은 죄 많은 세상으로부터 탈출해 거룩한 삶을 추구하는 것이 맞다. 사람들은 수도원에 가면 거룩한 사람이 될 거라고 기대했다. 하지만 정말 그럴 수 있었을까?

깊은 산 속이나 사막 한가운데 살면서 고행을 한다고 거룩하게 되는 것이 아니다. 인간의 죄는 밖에서 안으로 들어가는 것이 아니라 안에서 밖으로 나오는 것이기 때문이다. 수도원은 죄 많은 세상의 대안 역할을 한 것도 사실이지만, 오히려 많은 문제의 온상이기도 했다. 수도사들 마음속에는 이미 탐욕이 도사리고 있었다. 수도원에 산다고 더 거룩해지지 않았다.

예수님은 제자들을 위해 이렇게 기도했다. "내가 비옵는 것은 그들을 세상에서 데려가시기를 위함이 아니요 다만 악에 빠지지 않게 보전하시기를 위함이니이다 내가 세상에 속하지 아니함같이 그들도 세상에 속하지 아니하였사옵나이다 그들을 진리로 거룩하게 하옵소서 아버지의 말씀은 진리니이다"(요 17:15-17).

예수님은 성도가 세상 안에 살지만, 세상에 속하지 않기를 원하셨다. 예수님을 따르는 것은 세상에 살면서 가정과 사회와 국가를 위해 예수님의 말씀을 따라 순종하며 사는 것이다. 더구나 예수님은 재산을 팔아 가난한 자들에게 나눠주고 일상에서 예수님을 따르라고 하셨지, 고행하라고 하지 않으셨다. 우리를 거룩하게 하는 것은 환경이 아니라 그리스도의 말씀이다.

주후 571-632년
## | 이슬람은 평화의 종교가 아니다

/ 사우디아라비아 메디나의 모스크 문에 새겨진 무함마드의 이름

이슬람교는 7세기에 아라비아 반도에서 시작된 종교로, 창시자는 무함마드(Muhammad, 주후 571-632)다. 그는 구약성경에 나오는 아브라함의 아들 이스마엘의 자손이다.

성경은 이스마엘이 큰 민족을 이루게 될 것이라고 약속했지만(창 21:18), 언약의 복은 사라가 낳은 이삭에게 돌아간다(창 17:19). 큰 민족이 되는 것(창 17:20) 자체는 복이 아니다. 이스마엘은 광야에 살면서 활 쏘는 자 곧 사냥꾼이 되었고, 그의 후손은 싸움을 잘하고 전쟁에 능력 있는 민족으로 성장했다.

무함마드는 삼촌의 무역 일을 도와 여러 나라를 돌아다녔다. 그러면서 유대교와 기독교를 비롯해 많은 종교를 경험한 후 이슬람교를 창시했다. 이슬람교는 유대교와 기독교를 섞어 놓은 '짝퉁 종교'다.

주후 622년, 무함마드는 자기 고향 메카의 박해를 피해 북쪽으로

320킬로미터 떨어진 메디나Medina로 거처를 옮겼다. 이슬람교는 이때
를 원년으로 삼아 헤지라Hegira라고 이름 붙이고, 'A.H. 1년'으로 표시
하기 시작했다. 'A.H.'는 '헤지라의 연도'Anno Hegirae라는 뜻으로, '헤지
라 이후 1년째'라는 뜻이다. '헤지라'는 '이민' 혹은 '이주'라는 말이다.
이렇게 시작된 이슬람교는 놀라운 속도로 번성해 지금은 큰 세력의
종교가 되었다.

　무함마드는 메디나에서 왕이 되어 자기가 만든 교리를 사람들에게
가르쳤다. 그것이 이슬람 경전 '꾸란'이다. 이슬람 교인이 그를 존경한
이유는 그가 이스마엘 자손답게 전쟁에서 싸움을 잘했기 때문이다.
무함마드는 자신을 따르지 않는 유대인 800명을 참수해 죽였다. 꾸란
은 그렇게 해도 된다고 가르쳤다. 그의 추종자들도 죽음을 두려워하
지 않고 싸웠다. 무함마드는 자신을 박해하고 죽이려 했던 메카를 공
격하여 마침내 점령했다.

/ 성 소피아 성당에 걸려 있는
알라라고 쓰여진 방패

　그는 '모든 사람의 운명은 알
라가 미리 정해 놓으셨다'고 가
르쳤다. 그러니 죽음을 두려워
할 필요가 없었다. 더구나 선지
자 무함마드를 위해 자기 생명
을 바치는 사람은 하늘에서 큰
상을 받게 된다고 가르쳤다. 죽
음을 두려워하지 않는 전진만
있을 뿐이었다. 무함마드의 교
리를 받아들이지 않으면 칼로
위협하며 개종을 강요했다. 무

함마드는 '칼은 천국 문의 열쇠'라고 가르쳤다. '이 세상에는 알라만이 신이시고, 무함마드는 그의 선지자'라고 점령 지역에 전파했다. 이렇게 무함마드는 단숨에 아라비아 반도 전체를 손아귀에 넣었다.

이슬람교는 평화의 종교라는 인상을 준다. 하지만 경전과 역사를 보면 그 반대라는 것을 알 수 있다. '이슬람'의 뜻은 '(알라의 뜻에) 항복하다'이다. 이렇게 꾸란에 항복하도록 처음 네 명의 이슬람교 지도자들은 서로 죽이는 피의 전쟁을 했다. 이슬람교를 평화의 종교라고 선전하는 것은 옳지 않다. 그들은 자신들의 세력이 강할 때는 평화를 내세우지만, 힘이 약할 때는 전쟁을 벌인다. 그것이 바로 '지하드'다. 지금도 이슬람 국가에 내전과 전쟁이 끊이지 않는 것은 바로 이런 이슬람교의 특징 때문이다.

꾸란에는 이슬람 교인이 지켜야 하는 중요한 다섯 가지가 적혀 있다. 첫째, 샤하다Shahadah, 믿음이다. 그들은 '알라 이외의 신은 없고 무함마드는 그분의 예언자입니다'라는 말을 어린아이 때부터 가르치고 외우고 특별한 행사 때 반드시 읊조린다. 둘째, 살라Salah, 기도이다. 이들은 날마다 다섯 번 알라에게 기도한다. 세계 어디에 있든지 시간이 되면 메카를 향해 엎드린다. 일곱 살이 되면 기도하는 법을 배우고 열 살이 되면 스스로 다섯 번 매일 기도해야 한다. 셋째, 자카트Zakat, 베풂이다. 이슬람 교인은 해마다 자기 돈의 일부를 도움을 필요로 하는 사람에게 나누어 준다. 선행을 하는 것이다. 넷째, 사움Saum, 금식이다. 이슬람 교인은 일 년에 한 달 동안 금식한다. 이것을 '라마단'이라고 한다. 이 기간에는 해가 뜨기 전과 해가 진 뒤에만 음식을 먹고 마실 수 있다. 굶주려 사는 가난한 사람들의 처지를 기억한다는 뜻이다. 다섯째, 하지Haji, 순례이다. 이슬람 교인이라면 일생에 한 번은 메카에

가 보아야 한다. 그래야 천국에 갈 수 있다.

이슬람교는 처음부터 윤리적 문제가 많았다. 무함마드는 많은 부인과 첩을 두었다. 여성을 물건처럼 다루고 인격적으로 대우하지 않았다. 그들은 5가지 원리로 잘 살면 천국에 들어간다고 가르치지만, 무함마드를 믿지 않으면 천국에 들어가지 못하고 무서운 심판을 받게 된다고 한다. 과연 인간이 꾸란의 계명을 완벽하게 지킬 수 있을까? 그들은 그것이 불가능하다는 것을 왜 모를까?

꾸란에는 예수님을 '선지자 중의 한 사람' 혹은 '알라의 대리자', '알라의 말씀'이라고 말한다. 그렇지만 예수님을 하나님의 아들이요 세상의 구원자로 믿지 않고 십자가의 대속적 죽음을 인정하지 않는다. 무함마드가 예수님보다 더 높은 선지자이고 위대하기 때문에 그가 모든 문제를 해결해 준다고 믿는다.

우리 가까이까지 다가온 이슬람교는 결코 평화의 종교가 아니다. 전쟁의 종교임을 기억해야 한다.

주후 632-732년
## | 유럽을 공격한 이슬람교, 세계를 위협한다

주후 632년, 무함마드는 메카와 아라비아 반도를 점령한 후 얼마 지나지 않아 죽었다. 그가 죽은 후 이슬람 세력은 약화될 것 같았지만 오히려 더 멀리 퍼져 나갔다.

무함마드의 친구 아부 바크르(Abu Bakr, 주후 573-634)가 이슬람교의 후계자가 되었다. 그를 '칼리프'Caliph라 부른다. '칼리프'는 '계승자, 후계자' 혹은 '청지기'라는 뜻이다. 칼리프는 대부분 전쟁을 통해 이슬람교를 확장했다. 그는 지금의 이라크 지역인 바그다드까지 영토를 넓혀 수도로 정하고 크고 아름다운 도시를 만들었다(주후 661년). 이 바그다드를 중심으로 펼쳐진 무슬림의 이야기가 '아라비안 나이트'이다.

이슬람교는 북아프리카와 비잔티움제국, 페르시아제국, 동남아시아까지 계속 퍼졌다. 대부분 기독교 국가였는데 이슬람교로 바뀌었다. 주후 8세기에는 지중해와 대서양, 그리고 아프리카와 유럽을 잇는 지브롤터 해협을 건너 스페인을 점령했고 피레네 산맥을 넘어 프랑스 남부까지 진격했다. 다행히 샤를 마르텔이 그들의 폭주를 막아 내면서 유럽의 이슬람화는 막을 수 있었다(주후 732년).

/ 성지순례자로 가득한 메카

지금도 사우디아라비아에 있는 메카에는 성지순례를 하는 수백 만 명의 무슬림으로 붐빈다. 성지순례를 마치고 온 사람을 '핫지'Hadji라고 불러 준다. '순례한 자'라는 뜻으로, 영광스런 메달과 같은 것이다.

자기 이름 뒤에 핫지를 붙여 부르며 자랑스럽고 영광스럽게 사용한다.

우리가 분명히 짚고 넘어가야 할 문제가 있다. 이슬람교는 기독교의 '짝퉁'이며 유사품이고, 가장 강력한 이단이라는 사실이다. 이슬람교는 기독교의 기본 교리인 성경의 권위와 본질, 하나님의 본성과 인간의 죄, 그리스도와 구원에 대한 진리를 부인하고 왜곡한다.

첫째, 성경의 권위를 무너뜨린다. 이슬람은 무함마드가 전해 준 꾸란만이 유일한 최종적 계시라고 믿는다. 그들은 성경의 본래 내용이 유대인과 기독교인에 의해 훼손되었다고 억지 주장을 한다.

둘째, 하나님의 아버지 됨을 거부한다. 이슬람은 100개의 구슬이 엮인 염주 같은 것으로 하나님에 대한 99가지 이름을 매일 반복해 부르며 기도한다. 큰 구슬 한 개는 '알라'이고, 나머지는 알라에 대한 다양한 이름인데, 여기에는 '하나님 아버지'라는 호칭이 없다. 이슬람의 신은 주인Master의 의미만 있을 뿐이다. 그러나 하나님은 우리의 아버지이시다. 우리를 죄에서 구하시려고 그의 아들 그리스도를 보내셨다. 당신의 아들을 믿는 자들을 입양하시어 '아빠 아버지'라 부를 수 있게 하신 은혜와 사랑이 풍성하신 분이다.

셋째, 삼위일체 하나님을 믿지 않는다. 그들은 기독교의 삼위일체 교리가 논리적이지 않다고 거부한다. 심지어 삼위일체를 '성부와 성모(마리아)와 예수'로 오해하기도 한다.

넷째, 원죄와 은혜의 교리를 믿지 않는다. 아담은 그저 개인적으로 죄를 지었고 용서받고 끝났다고 믿는다. 인간에게는 원죄가 없다고 가르친다. 이런 생각은 5세기 이단으로 판명된 펠라기우스와 다르지 않다. 무슬림들 역시 그리스도의 십자가 대속을 믿지 않기 때문에 선행으로 구원받을 수 있다고 믿는다. 인간을 구원의 대상이 아니라, 구원의 주체로 보는 것이다. 무슬림은 다섯 가지 종교적 원리를 따르려고 열심히 노력한다. 종교적 열심에 게으르면 상을 받지 못할 것이라는 두려움으로 산다. 알라의 뜻에 불순종하면 벌을 받기에 불안함 속에 떠는 어리석은 영혼이다.

현재 지구상에 사는 사람들 다섯 명 가운데 한 명은 무슬림이다. 주후 2013년 기준 약 16억 명(22.9%)이 무슬림 교인이라고 하니 그 세력이 대단하다. 한국에도 20만 명이 넘는 무슬림 교인이 있다. 그들은 대부분 외국인이지만 이슬람교에 대한 한국 사람의 생각도 점점 바뀌고 있다. 어린이들을 대상으로 한 책이나 문화 매체에서 이슬람교를 평화의 종교로 미화하고 있다. 이런 때에 기독교인은 정신을 차리고 이슬람교에 대해 정확하게 알고 대처해야 할 것이다.

주후 389-597년
## | 아일랜드와 브리튼 지역에 복음이 전해지다

잉글랜드에 본격적으로 복음이 전해진 것은 패트릭(Patrick, 주후 389-461)이라는 청년을 통해서이다. 패트릭의 아버지는 교회의 부제였다. 당시 성직자는 혼인할 수 있었다.

패트릭은 아일랜드와의 전쟁 중에 포로로 잡혀갔다. 당시 나이가 16세였다. 그곳에서 6년 동안 노예로 돼지 기르는 일을 했다. 비참한 생활은 패트릭의 마음을 송두리째 바꾸어 놓았다. 패트릭은 하나님께 자신의 죄를 뉘우치고 회개했으며 밤낮 가리지 않고 기도했다. 어느 날 패트릭은 꿈에서 음성을 들었다. "자, 보아라. 배가 하나 준비되었단다."

음성을 듣고 바닷가로 뛰어나가 보니 정말로 배가 하나 있었다. 패트릭은 뒤를 돌아볼 틈도 없이 그 배를 타고 탈출했다. 잉글랜드로 가려 했지만 배는 넓은 바다를 헤매다가 결국 지금의 프랑스 한 섬에 도착했다. 그는 섬에 있는 수도원에서 5년 동안 살았다. 패트릭은 신기하게도 비참한 노예 생활을 했던 아일랜드가 자꾸만 생각났다.

잉글랜드로 돌아온 어느 날, 그는 꿈을 꾸었다. 아일랜드에서 온 누군가가 많은 편지를 손에 들고 있었다. 패트릭은 그중에 하나를 집어 읽었다. 편지의 제목은 '아일랜드의 목소리'였다. 편지를 읽고 있는데 한 목소리가 들렸다. "와서 우리를 도와주세요." 그 외침은 패트릭의 마음 깊숙이 박혔다. 그러고는 잠에서 깼다.

그 후 패트릭은 고향을 떠나 아일랜드로 복음을 전하러 떠났다. 그곳에서 30년 동안 선교를 했고 많은 교회를 세웠다. 패트릭은 주후 435년 아일랜드 교회의 주교가 되었다. 그의 전도 방법은 종족의 우두머리를 개종시키는 것이었다. 부족장이 종교를 바꾸면 백성도 따랐다. 패트릭은 부족장에게 전도했고 성공했다. 아일랜드는 패트릭의 전도로 복음화되었다. 지금도 아일랜드에는 패트릭이 죽은 3월 17일을 국가 공휴일로 정해 기념한다. 패트릭은 '아일랜드의 사도'라 불린다.

그 후 핀니안(Finnian, 주후 495-583)은 아일랜드의 수도원을 발전시켰다. 그는 수도원에서 복음을 전했고 학문에도 관심을 가졌다. 그렇게 수도원에 학교가 세워졌다.

/스코틀랜드의 아이오나 수도원

핀니안의 제자 콜룸바(Columba, 주후 521-597)는 주후 568년 스코틀랜드로 건너가 선교했다. 스코틀랜드의 아이오나Iona 섬에 12명의 수도사들과 수도원을 만들어 복음을 전했다. 이렇게 아일랜드에서 시작된 선교의 끈은 7세기에 다시 잉글랜드 북부지역으로 이어졌다.

아이오나 수도원의 수도사 아이단(Aidan of Lindisfarne, 주후 ?-651)은 잉글랜드 북부지역에서 선교 활동을 했다. 그는 가난한 자들을 돌보고 복음을 전하며 많은 사람에게 감동을 주었다. 북잉글랜드에 복음이 융성했다.

잉글랜드 남쪽에도 복음이 전파되었다. 그레고리우스 1세가 잉글랜드로 파송한 40명의 수도사 덕분이다. 그들은 잉글랜드의 남부 지방 켄트를 중심으로 선교했다. 켄트의 왕 에텔베르트(Ethelbert, 주후 560-616)의 부인은 프랑크 왕국의 공주였는데 이미 그리스도인이었다. 기독교에 대해 어느 정도 알고 있었던 에텔베르트 왕은 주후 597년 부활절에 세례를 받았다. 놀라운 변화였다. 그해 성탄절에는 시민 1만 명이 모두 세례를 받아 기독교인이 되었다.

이렇게 잉글랜드에는 북쪽을 중심으로 한 토착 기독교와 남쪽의 교황청의 지배를 받는 기독교가 함께 공존했다. 그러다가 잉글랜드 토착교회와 로마교회 사이에 갈등이 생겼다. 부활절 날짜, 수도사의 머리 깎는 방법, 세례의 방법, 교황의 권위에 대해 두 교회가 다른 생각을 가지고 있었다. 나중에 잉글랜드 토착교회는 결국 로마교회의 제도를 따르기로 결정했다. 이유는 로마교회에 베드로의 후계자인 교황이 있고, 그가 천국의 열쇠를 가지고 있다고 믿었기 때문이다. 만약 나중에 천국에 가게 되면 베드로가 문을 안 열어 줄지도 모른다는 불안 때문에 그렇게 결정했다는 이야기가 있다.

이렇게 잉글랜드 교회는 주후 1534년 헨리 8세가 수장령을 발표하며 관계를 끊을 때까지 로마교회 아래 있었다.

주후 650-754년
| 때가 차매 유럽 북부에서 복음을 받아들였다

프랑크 왕국의 클로비스가 그리스도인이 되고 영토를 북쪽으로 확장하면서 라인강 하류 삼각주에 위치한 저지대에도 복음이 전파되었다. 저지대는 지금의 벨기에와 네덜란드, 독일 중북부지역을 말한다.

주후 650년경 프랑크의 왕궁에서 금세공 일을 하던 엘리기우스 (Eligius, 주후 588-659)가 회심한 후 노예들을 해방시키며 복음을 전했다. 후에 프랑스 북쪽 누아용의 교회에서 목사가 되었다. 누아용은 약 천년 후 유명한 장 칼뱅(J. Calvin)이 태어난 도시이다. 엘리기우스는 지금의 네덜란드 지역에까지 가서 복음을 전했지만 열매가 없었다.

네덜란드 지역에 복음을 전한 두 번째 선교사는 엘리기우스와 같은 시기에 활동한 아만두스(Amandus, 주후 584-675)이다. 그의 선교로 마스트리히트Maastricht에서 한 명의 열매가 있었는데, 그의 이름은 바포 (Bavo, 주후 622-659)다.

프랑크 왕국 선교사의 사역은 성공적이지 못했다. 저지대 부족들은 복음에 문을 꽉 닫고 있었다. 특히 북쪽 지방의 프리슬란트 사람들은 좀처럼 마음 문을 열지 않았다. 사실 저지대 사람은 프랑크 민족을 좋아하지 않았다. 칼과 창으로 자신들을 공격한 나라의 선교사를 좋아할 리가 없었다.

저지대 선교는 섬나라 잉글랜드로부터 시작되었다. 주후 690년경 잉글랜드의 사제 윌프리드(Wilfrid, 주후 633-709)가 탄 배가 우연히 지금의 네덜란드 프리슬란트 해안에 좌초되면서 한겨울을 지냈다. 그곳에서 왕 알드히슬(Aldgisl)에게 복음을 전했지만, 큰 열매는 없었다.

또 한 명의 잉글랜드 선교사가 저지대에 나타났다. 윌리브로드(Willibrord, 주후 658-739)는 지금의 네덜란드 중부지역인 위트레흐트 Utrecht에서 선교했다. 하지만 프리슬란트의 새 왕 라트보트(Radbod)는 잉글랜드 선교사를 신뢰하지 않았다. 라트보트는 군대를 이끌고 프랑크 왕국과 싸워 위트레흐트를 점령했다. 결국 윌리브로드는 지금의 룩셈부르크로 피난을 갔다. 북쪽 선교는 여전히 어렵고 문이 굳게 닫혔다.

때가 차매 유럽 북부 저지대의 네덜란드와 중부 내륙의 독일이 복음을 받아들였다. 주후 716년 보니파키우스가 잉글랜드로부터 위트레흐트에 와서 복음을 전했다. 보니파키우스의 사역은 성공적이었다. 또 라트보트왕도 세례를 받겠다고 결심했다. 그러나 세례식은 이루어지지 않았다. 라트보트가 세례 단에 발을 하나 들여놓고 보니파키우스에게 물었다고 한다.

"선교사님! 제가 죽어 천국에 가면 제 조상들을 만날 수 있을까요?"

보니파키우스는 고개를 가로저으며 솔직하게 대답했다.

"그럴 가능성이 별로 없습니다."

라트보트는 얼굴에 수심이 가득하더니, 들여놓았던 발을 슬며시 빼며 세례를 받지 않겠다고 말했다. 그는 천국에 가서 불쌍하게 죽은 그리스도인을 만나느니, 차라리 지옥에서 용감하게 살다 죽은 자랑스러운 조상들과 함께 살겠다고 생각했다. 신앙이 없었던 것이다.

보니파키우스는 독일 작센 지역으로 가서 복음을 전했다. 주후

718년 로마 교황은 그에게 성 유물을 하사하면서 다음과 같은 편지로 위로했다.

"당신은 이방인들에게 하나님 나라를 섬겨야 한다고 전해야 합니다. 우리 주 예수 그리스도의 이름으로 진리를 확신 있게 전해야 합니다. 당신은 진실과 사랑과 근신함으로 성경을 이방인들의 마음에 새겨야 합니다. 물론 그들의 수준을 생각하면서 지혜롭게 전해야 합니다."

/ 천둥의 신 토르의 거대한 참나무를 찍어 내는 보니파키우스

보니파키우스는 열심히 복음을 전했다. 어떤 지역에서는 게르만인들이 섬기는 천둥의 신 '토르'의 거대한 참나무를 잘라 버렸다. 토르는 잠잠했다. 그것을 본 게르만인 수천 명이 기독교를 받아들이고 세례를 받고 개종했다. 놀라운 일이 아닐 수 없다.

나중에 보니파키우스는 마인츠의 주교가 되었다. 후대 역사가들은 보니파키우스를 '독일인의 사도'라고 불렀다. 지금의 독일 기독교인은 보니파키우스의 선교로 예수님을 믿게 되었으니, 그에게 감사해야 할 것이다.

주후 754년 어느 날 보니파키우스는 프리스란트 종족이 불쌍하다는 생각이 들었다. 보니파키우스는 프리스란트 지역으로 돌아가 죽음을 무릅쓰고 복음을 전했다. 그랬더니 놀라운 일이 일어났다. 많은 사람이 예수를 믿겠다며 세례를 받게 되었다. 하나님의 때가 있었던 것이다. 정말 기쁜 날이었다.

그런데 세례식을 앞두고 아주 슬픈 일이 발생했다. 보니파키우스는 네덜란드의 독쿰Dokkum에서 폭력배들의 공격을 받아 순교하고 말았다. 그는 이렇게 외쳤다고 한다.

"싸우지 마십시오! 하나님은 악을 악으로 갚지 말라고 하셨습니다. 내가 늘 바라던 그날이 왔습니다. 하나님을 소망하십시오. 그분이 여러분의 영혼을 구원할 것입니다."

보니파키우스의 시신은 독일로 옮겨졌다. 그가 죽을 때 가지고 있던 책 한 권이 도서관에 보존되어 있다. 책에는 칼이 뚫고 통과한 자국이 선명하게 남아 있다. 보니파키우스가 그 책으로 자신의 머리를 방어했던 것이다. 칼이 책을 뚫고 머리를 찔렀다. 보니파키우스를 연구한 여러 학자들이 이구동성으로 이야기하는 것이 있다. "유럽에 선교

한 사람 가운데 보니파키우스처럼 훌륭한 사람이 없을 것이다." 지금
도 독쿰에 가면 그의 이름을 붙인 교회를 볼 수 있다.

주후 747-814년
## | 또 다시 국가가 교회 위에 서다

샤를마뉴(Charle Magne, 주후 740-814)는 프랑스어로 '위대한 샤를'이라
는 뜻이다. 지금도 유럽 사람은 샤를마뉴를 카이사르나 나폴레옹과
같은 위대한 왕으로 칭송한다. 할아버지 샤를 마르텔이 프랑크 왕국
의 땅을 넓히더니 아버지 페팽(주후 768)이 그 세력을 더 크게 했고, 샤
를마뉴는 온 유럽을 통일(주후 800)해 가장 넓은 땅을 다스리는 제국의
왕이 되었다. 당시 수도는 현재 독일의 서쪽에 위치한 아켄이었다.

　주후 800년 12월 24일 크리스마스 이브, 성 베드로 성당에는 역사
적 사건이 진행되고 있었다. 샤를은 이례적으로 로마인 복장을 하고
미사에 참석했다. 게르만 사람이 로마인의 옷을 입었으니 얼마나 어
색했을까! 교황이 집례하는 성찬에 참여한 후 샤를은 교황 앞에 무릎
을 꿇었다. 교황은 준비된 왕관을 샤를의 머리에 씌웠다. 샤를이 '샤를
마뉴'가 되는 순간이었다. 모두 그를 향해 "샤를마뉴여, 영원하라!" 하
고 외쳤다.

　샤를마뉴는 교회의 보호자를 자처했다. 여러 게르만족이 교회나 수
도원을 약탈하고 그리스도인을 핍박하기 일쑤였는데, 샤를마뉴는 그
들을 칼로 굴복시키고 교회를 보호했다. 교회는 샤를마뉴를 좋아하고
그에게 감사했다. 교회는 샤를마뉴의 덕을 많이 보았다.

　하지만 역사가 언제나 그랬듯, 교회가 국가로부터 덕을 얻을 때는

/ 교황 레오 3세가 샤를마뉴에게 왕관을 씌워 주며 기름을 붓는 모습

동시에 손해도 보았다. 샤를마뉴는 신앙을 힘으로 강요했다. 한번은
4,500여 명의 전쟁 포로에게 세례를 베풀었다. 세례를 거절하면 가차
없이 죽였다(주후 782). 또 사순절을 엄격하게 시행했다. 부활절 전 40
일 동안 모든 백성이 금식해야 했다. 지금의 이슬람교 라마단을 연상
시킨다. 이 전통 때문에 후에 카니발Carnival이라는 축제가 생겨났다. 금
식이 시작되면 40일 동안 고기를 먹을 수 없었기 때문에 사순절이 시
작되기 전 한 주 동안 고기와 술을 실컷 먹고 마시며 즐기는 축제가
바로 카니발이다. 공무원은 주일과 기독교 명절에 반드시 예배에 출
석해야 했다. 이방 제사장과 점쟁이를 체포해 옥에 가두며 핍박했다.

샤를마뉴는 신앙을 '성령의 법'으로 다스려야 한다는 것을 몰랐다. 그는 '국가의 법'으로 신앙의 문제를 결정하려 했다. 결국 2년 후 이 법은 폐지되었다.

물론 국가는 교회와 신앙과 관련한 긍정적인 것들도 많이 만들었다. 예를 들어 교회와 수도원에게 학교를 만들라고 명령했다. 이 학교는 노예의 자녀나 자유인의 자녀나 차별을 두어서는 안 되고, 입학금은 무료였다. 또한 귀족이든 평민이든 누구나 같은 책상을 사용하도록 했다. 누구에게나 똑같이 문법과 음악, 수학을 가르쳤다. 현대 공립학교의 기원을 보는 듯하다. 사실 당시에는 이 법이 잘 실행되지는 못했다. 하지만 그 정신은 1300년이 지난 오늘과 크게 다르지 않다.

샤를마뉴는 땅을 넓히고 강력한 권력을 행사했지만, 동시에 문화도 부흥시켰다. 그는 게르만 언어를 사용했지만 라틴어로도 말을 할 수 있었다. 수도원을 중심으로 성경을 베껴 쓴 카롤링 왕조의 독특한 알파벳 모양을 발전시킨 것도 샤를마뉴의 공적이다. 그는 훌륭한 학자들을 청빙해 '아카데미아'를 만들어 재정적으로 지원했다. 특히 당대 최고의 학자로 명성을 떨치던 알쿠이누스(Alcuinus, 주후 735-804)를 초빙해 책임자로 세웠다. 알쿠이누스는 잉글랜드 출신 학자로 라틴어 문자를 더 예쁘고 아름답게 개발해 성경을 필사하도록 했다.

알쿠이누스는 샤를마뉴 아래서 임명받아 활동했지만, 왕에게 조언하는 것을 두려워하지 않았다. 그는 불신자에게 세례를 강제하는 것과 공무원에게 십일조를 요구하는 것은 옳지 않다고 지적했다. 또한 성직자를 전쟁과 관련된 일에 끌어들이지 말 것을 요구하고 성지순례를 강제하는 것도 반대했다. 알쿠이누스는 자신의 역할을 잘 감당했다.

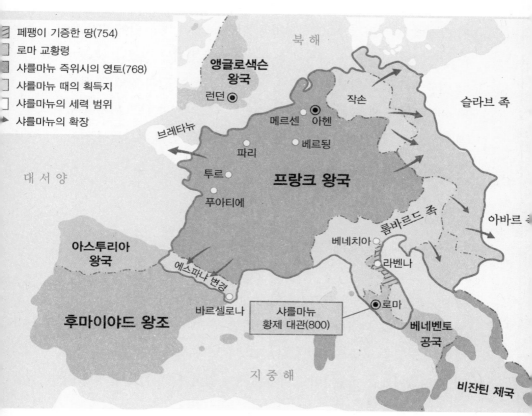

폐팽이 기증한 땅(754)
로마 교황령
샤를마뉴 즉위시의 영토(768)
샤를마뉴 때의 획득지
샤를마뉴의 세력 범위
샤를마뉴의 확장

북 해

앵글로색슨
왕국

런던

작손

슬라브 족

메르센  아헨

브레타뉴

파리

베르됭

대 서 양

투르

프랑크 왕국

푸아티에

롬바르드 족

아바르

베네치아

아스투리아
왕국

에스파냐 변경

라벤나

후마이야드 왕조

바르셀로나

샤를마뉴
황제 대관(800)

로마

베네벤토
공국

지 중 해

비잔틴 제국

/ 프랑크 왕국의 발전

　샤를마뉴는 4명의 아내와 4명의 첩도 두었다. 그도 역시 시대의 사
람이었다. 하지만 교회를 위해 많은 일을 한 것은 사실이다. 샤를마뉴
는 스스로 교회의 지도자라고 생각했다. 교황이 자신에게 왕관을 씌
워 주었지만, 그 후 교황은 왕관을 쓴 샤를마뉴 앞에 머리를 숙여야 했
다. 왜냐하면 샤를마뉴가 교회 안에서 '감독들의 감독'을 자처했기 때
문이다. 황제는 직접 교회의 직분자를 세웠다. 황제가 교황보다 높은
위치에 있음을 분명히 한 것이다.

　오래 전 교황 겔라시우스(Gelasius, 재위 주후 492-496)는 '교회와 국가'

의 관계를 '태양과 달'로 묘사했었다. 달은 태양의 빛을 받아 빛을 낼 수 있는 것처럼 국가도 교회의 은총을 받아야 한다고 믿었다. 샤를마뉴 시대에는 그 반대였다. 황제가 태양이고 교황이 달과 같았다. 샤를마뉴는 로마를 새롭게 회복하고 콘스탄티누스 대제와 같은 위치에 서게 되었다. 이런 교회와 국가와의 관계는 역사의 진행 과정에서 진자 운동을 하며 변화를 거듭했다.

주후 1096-1272년

## | 십자군, 칼과 창으로 예루살렘을 정복하다

중세 로마 천주교회의 그리스도인은 성지순례를 통해 죄의 문제를 해결할 수 있다고 믿었다. 기독교 신자라면 누구나 예루살렘을 한 번쯤 방문하는 것을 영광으로 여겼다. 그러다 보니 성지순례가 유행이었다. 신자들에게는 예수님이 십자가를 지고 걸어가셨다는 슬픔의 길Via Dolorosa을 걸어 보는 것이 소원이었다.

7세기경, 이슬람 군대가 팔레스타나 지방을 점령하고 난 후에도 신자들의 예루살렘 방문은 가능했다. 세계 각지에서 순례자들이 방문하는 것이 예루살렘 주민들의 경제에 큰 도움이 되었다. 그런데 주후 1000년 무렵부터 사라센이슬람제국 사람들을 배경으로 둔 투르크 왕조가 팔레스타나를 지배하면서 성지순례를 금지하기 시작했다. 동방 정교회도 사라센의 등장에 대처할 힘이 없었다. 예루살렘 순례 여행을 떠났던 사람들이 헛고생을 하고 돌아오는 일들이 많아졌다.

동방 정교회 대주교는 주후 1054년 서방의 로마 교황에게 사라센 투르크 민족의 진격을 막아 달라는 요청을 했다. 그러나 교황도 그 문제를 해결할 능력이 없었다. 교황 우르바누스 2세(Urbanus II, 주후 1035-1099)는 동방 정교회의 요청을 받아들여 300명의 성직자들이 참석한 가운데 열린 클레르몽 공의회에서 예루살렘 정복을 호소했다.

그의 요청은 삽시간에 유럽 전 지역으로 퍼져 나갔다. 당장 군중 십자군이 은자 피에르(Pierre l'Ermite, ?-1098)의 선동으로 시작되었다. 예루살렘을 정복하라는 베드로의 환상을 보았다는 피에르의 말을 듣고 수많은 사람이 모여들어 팔레스티나로 향했다. 하지만 군중 십자군은 실패하고 말았다.

정식 십자군은 주후 1096년 프랑크 왕국의 공작 고드프루아(Godefroy de Bouillon, 주후 1060-1100)에 의해 실행되었다. 그는 존경받는 인물이었다. 그를 보고 따라나선 훌륭한 기사들과 귀족들도 많았

/ 제1차 십자군의 예루살렘 점령
에밀 시뇰의 1847년 작품, 브릿지맨 예술 도서관 소장

다. 프랑스, 이탈리아, 독일, 벨기에로부터 사람들이 모여들었다. 무려 6만여 명의 십자군이 준비되었다. 그들은 독일 남부 지방을 거쳐 발칸반도를 통해 콘스탄티노플로 갔다. 거기서 바다를 건너 소아시아로 들어왔다. 당시 소아시아는 이슬람 왕국이 지배하고 있었지만 세력이 분열되어 있어 생각했던 것보다 힘이 약했다.

정말 힘든 적은 이슬람 군대가 아니라 산, 사막, 배고픔, 질병이었다. 십자군은 지금의 터키 남쪽에 위치한 토로스라는 큰 산맥을 넘으면서 많은 군인과 말을 잃었다. 하지만 전력을 가다듬고 주후 1097년 철옹성 안디옥을 점령하고 파죽지세로 예루살렘까지 내려왔다. 그들은 고향을 떠난 지 3년이 지난 주후 1099년 6월 7일 예루살렘이 내려다보이는 언덕에 도착했다. 저 멀리 거룩한 성 예루살렘이 그들을 기다리고 있었다. 그들은 이곳까지 인도한 하나님께 무릎 꿇고 감사하며 기도했다.

하지만 예루살렘성 높이는 15미터이고 두께는 3미터였다. 정복하기 쉽지 않았다. 공성탑을 만들려면 나무가 필요했다. 공성탑은 바퀴가 있어 움직일 수 있고 성 가까이 다가가 높은 성벽을 넘을 수 있는 무기이다. 하지만 이슬람 군대는 예루살렘 주변에 있는 나무를 미리 다 베어 버렸다. 그러나 십자군은 그들이 숨겨 둔 300개의 통나무를 발견했다. 그것으로 두 개의 공성탑을 만들 수 있었다.

십자군은 용감한 고드프루아 공작의 지휘 아래 일사불란하게 예루살렘성을 공격했다. 싸움은 치열했다. 십자군은 빗발치는 화살이 두려워 벌벌 떨었다. 아무도 전방에 서려 하지 않았다. 그때 고드프루아 공작이 용감하게 앞장섰다. 빗발치는 화살의 위협에도 불구하고 공성탑 위에서 담대하게 지휘를 했다.

마침내 공성탑이 성 가까이 접근했고 성벽을 넘어 성문을 열었다. 피비린내 나는 살육이 시작되었다. 삽시간에 예루살렘성은 피바다가 되었다. 십자군이 휘두른 칼에 사라센 군인과 주민이 쓰러졌다. 이때 3만여 명의 사라센과 유대인이 죽었다고 전해진다. 평화의 도시라고 불리던 예루살렘에 평화가 아니라, 전쟁의 피비린내가 진동했다. 하나님의 이름으로 살육이 자행된 무시무시한 전쟁이었다. 과연 이 전쟁이 옳았을까? 하나님도 이 전쟁을 좋아하셨을까? 하나님 나라는 칼과 창이 아니라 성령과 말씀으로 세워지는 것 아니었던가!

이슬람 사원의 초승달이 제거되고 십자가가 세워졌다. 겨우 살아남은 유대인은 시체를 치우는 노동을 했고, 나중에는 노예로 팔렸다. 30명의 노예를 금화 한 닢으로 바꿨다고 한다.

고드프루아는 예루살렘을 정복한 후 하얀 참회의 옷을 입고 3명의 친구와 함께 예수님의 무덤으로 갔다고 한다. 맨발이었다. 고드프루아는 무릎을 꿇고 자신의 죄를 회개하며 하나님께 감격적인 감사기도를 드렸다.

예루살렘을 정복한 십자군은 마침내 발을 펴고 편안한 집에서 잠을 잘 수 있었고 맛있는 음식을 요리해 먹을 수 있었다. 차도 끓여 마시고 양고기 바비큐도 해 먹었다. 예루살렘에 기독교 국가가 세워졌다.

십자군은 고드프루아를 왕으로 세우겠다고 결정했다. 하지만 고드프루아는 예수님이 가시면류관을 쓰신 곳에서 왕이 되어 황금 왕관을 쓰는 것은 옳지 않다고 생각했다. 대신 예수님의 거룩한 무덤을 지키는 수호자Protector라는 이름으로 예루살렘을 다스렸다.

유럽의 그리스도인이 마음 놓고 성지를 순례할 수 있게 되었다. 수십, 수백만 명의 순례자들이 몰려들기 시작했고 도시는 활력을 되찾았다. 십자군은 이제 고향으로 돌아가야 했다. 그들은 수많은 무용담과 성지에서 얻은 이런 저런 성물들을 가지고 고향으로 돌아갔다. 예루살렘에서 가지고 온 돌조각, 흙 한 줌, 요단강 물, 겨자씨, 온갖 것들이 성물이었다. 비싸고 흥미로운 성물도 적지 않았다. 예수님과 관련된 것들이다. 예를 들면 십자가 나무 파편 조각, 예수님 손에 박힌 못, 예수님이 흘린 피, 예수님의 옷 같은 것은 최고의 성물이었고 비쌌다. 그 외에도 성경 속 이야기와 관련된 성물도 있었다. 이런 물건이 진짜인지 가짜인지는 알 수도 없었고 중요하지도 않았다. 그런 것들을 사고 싶은 사람은 충분히 많았다. 유럽 사람들은 돌아온 십자군의 영웅담을 들으며 흥분했다. 성지에서 들고 온 모든 물건은 신비하게 여겨졌다. 그들은 부러워했다. '나도 십자군에 함께 갈걸!' 하고 생각했다.

유럽 국가는 적극적으로 예루살렘 이민을 권장했고 3만여 명의 이주민이 생겼다. 순례자들의 순례 여행길을 보호하기 위한 '보호 기사단'도 생겨났고 예루살렘성을 지키는 '템플 기사단'이 만들어졌다. 이 두 기사단은 무시무시한 엘리트 군인이었다. 요즘 말로 하면 특수전 투요원이다. 하나님 나라를 위한 군사로 자원하는 병사들이었다. 에베소서 6장에 나오는 영적인 완전무장을 진짜 전쟁하는 군인으로 해석한 것이다. 당시 그리스도인은 이렇게 칼과 창으로 예루살렘을 정복한 것이 잘한 일이라고 생각했다. 그것이 하나님의 영광을 위하는 것이라고 여겼다. 하나님도 정말 그렇게 생각하셨을까?

## | 거룩한 성도가 살아가는 모든 땅이 성지다

예루살렘을 빼앗긴 이슬람제국은 충격에 빠졌다. 사라센에게도 예루살렘은 성지였다. 그들은 무함마드가 예루살렘에서 승천했다고 믿는다. 이슬람제국은 빼앗긴 예루살렘을 다시 회복할 만한 힘이 없었다. 시아파와 수니파로 분열되어 힘을 합하지 못했기 때문이다. 사라센의 고질적 알력이었다.

상당 기간 동안 예루살렘은 이슬람교와 기독교가 공존하는 상태가 계속되었다. 하지만 사라센 지도자들 가운데 이마드 앗딘 장기(Imad ad-Din Zengi, 주후 1085-1146)가 팔레스타인 지역을 통일했다. 급기야는 예루살렘 순례길을 막아 버렸다. 물론 아직 예루살렘은 기독교 소유였다. 단지 시리아 지역을 지나는 순례의 길목이 막혀 버린 것이다.

예루살렘 성지순례에 문제가 생기자 교황은 다시 유럽의 그리스도인들을 부추겨 시리아 지역을 평정하도록 선동했다. 그렇게 제2차 십자군 원정(주후 1147-1149)이 시작되었다. 프랑스의 루이 7세(Louis VII le Jeune, 주후 1120-1180)가 아내와 함께 제2차 십자군에 자원했지만, 다마스쿠스에서 퇴각해야 했다. 그 후 한동안 평온했는데, 주후 1187년 이슬람제국 왕 살라딘(Saladin, 주후 1137-1193)이 시리아 모든 지역을 평정하고 세력을 키워 마침내 예루살렘을 점령했다. 살라딘은 성지순례를 금지하지는 않았다. 예루살렘 성지 방문을 허용했다. 하지만 유럽 기독교 국가들은 충격에 휩싸였다.

로마 교황 그레고리우스 8세(Gregorius VIII, 주후 1100-1187)는 제3차 십자군 원정(주후 1189-1192)을 명령했다. 주후 1189년 신성로마제국의 프리드리히 1세(Friedrich I, 주후 1122-1190)가 원정을 나섰다. 그는 용감한 장군이었다. 살라딘은 잠시 긴장했지만 프리드리히 1세가 도중에 물에 빠져 죽는 바람에 원정은 실패로 끝났다. 프랑스의 필리프 2세(Philippe II, 주후 1165-1223)도 동참해 팔레스타인 지역까지 진격했지만 아크레 지역만 탈환 뒤 본국으로 돌아가고 말았다. 그는 본래 열정이 별로 없었다.

제3차 십자군 원정의 최고 영웅은 사자의 심장을 가진 잉글랜드 왕 리처드(Richard the Lionheart, 주후 1157-1199)였다. 그는 풍부한 전투 경험을 가진 자였다. 그의 십자군 원정은 상당히 성공적이었다. 하지만 예루살렘을 코앞에 두고 무슨 이유인지 살라딘과 휴전을 맺고 물러났다. 긴 전쟁으로 두 군대 모두 지쳐 있었기 때문이다. 조건은 이슬람의 예루살렘 통치와 기독교인의 성지순례를 동시에 허용한다는 것이었다.

그 후에도 더 많은 십자군(4-9차까지, 주후 1202-1272) 원정이 있었다. 하지만 성공한 것은 제1차 십자군 원정에 불과했다. 200년에 걸친 길고도 긴 십자군 전쟁은 끝났다.

십자군 원정은 무슨 유익이 있었을까? 안타깝게도 하나님 나라와 관련된 잘못된 신앙만 남겨 주었다. 십자군 원정은 기독교인과 사라센 사이에 큰 적대감을 만들었고 지금까지도 적대감은 사라지지 않고 있다. 십자군 원정이 남긴 나쁜 결과다. 또 한 가지는 기독교인이 유대인을 매우 싫어하고 박해했다는 점이다. 나중에 히틀러가 유대인을 학살하는 사건도 기독교인의 유대인에 대한 적개심과 무관하지 않다. 기독교 역사 가운데 치욕적인 부분이다.

교황들과 주교들 그리고 십자군 원정에 참여한 군인들은 큰 잘못을 저질렀다. 그들은 하나님과 그의 교회와 예수님과 예루살렘을 위해

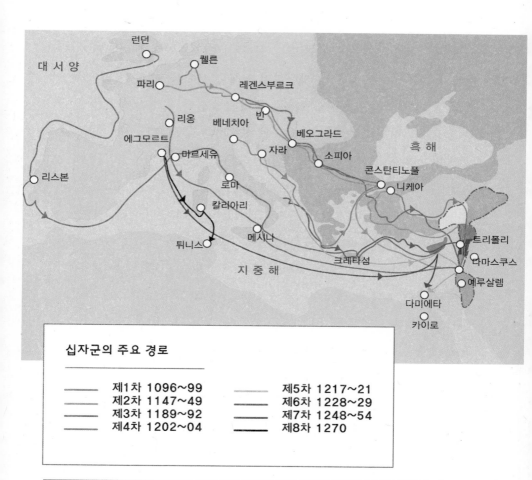

십자군의 주요 경로

| | | | |
|---|---|---|---|
| ——— 제1차 1096~99 | ——— 제5차 1217~21 |
| ——— 제2차 1147~49 | ——— 제6차 1228~29 |
| ——— 제3차 1189~92 | ——— 제7차 1248~54 |
| ——— 제4차 1202~04 | ——— 제8차 1270 |

초기 십자군의 종교적 세력 범위

| | | | |
|---|---|---|---|
| 이슬람교 | 에데사 백령 1098~1268 |
| 로마 천주교회 | 안티오키아 후령 1098~1268 |
| 그리스정교회 | 트리폴리 백령 1102~1268 |
| 십자군 국가의 최대 규모 | 예루살렘 왕국 1099~1187 |
| 라틴제국 1204~61 | 키프로스 왕국 1192~1489 |
| 소아르메니아 왕국 1198~1475 | |

/ 십자군의 주요 경로와 십자군 국가

싸웠다고 주장한다. 하지만 정말 그럴까? 그리스도인에게 허용된 싸움은 육적인 싸움이 아니라 사탄과의 영적 전쟁이다. 이 영적 전투를 위해 '하나님의 전신갑주'(엡 6:10)를 준비해야 한다. 하지만 성지를 탈환하기 위해 생명을 죽이는 전쟁을 벌이는 것은 잘못이다.

성지는 더 이상 예루살렘이 아니다. 물론 중세 로마 천주교회는 예루살렘을 하나님의 성지로 생각했다. 지금도 예루살렘을 성지라고 여기며 성지순례라는 말을 사용한다. 그러나 이 시대의 진정한 성지는 거룩한 성도들이 생활하는 교회와 집, 그리고 학교와 일터일 것이다. 우리는 '성지순례'라는 용어보다는 '교회 역사 탐방'이라는 단어를 더 즐겨 사용해야 한다. 예수님이 태어나고 살았고 고난당하고 죽으신 장소는 특별하게 보이긴 한다. 왠지 거기에 가면 예수님을 가까이 느낄 수 있을 것 같다. 하지만 예배는 장소에 매이지 않는다. 예배는 성령과 진리로 드려야 하기 때문이다(요 4:21-24).

예루살렘만 거룩하고 우리가 살아가는 장소는 거룩하지 않다는 생각은 틀렸다. 중세의 교회가 예루살렘만이 거룩한 땅이라고 생각해 칼과 창으로 사람들을 무자비하게 죽인 것은 분명한 죄이다. 십자군 전쟁을 보면 중세 로마 천주교회의 신앙이 얼마나 잘못된 길로 들어섰는지 알 수 있다. 이렇게 잘못된 길로 들어선 교회가 과연 다시 올바른 길로 돌아올 수 있을까?

물론 십자군 전쟁은 역사적으로 긍정적 결과도 가져왔다. 동양과 서양의 교류가 많아져 무역이 활발해졌다. 그 덕분에 아라비아의 학문과 과학이 유럽에 전파되었다. 또한 유럽 국가들은 이슬람 문화와 학문과 과학을 배웠다. 플라톤 철학의 영향을 많이 받은 유럽의 기독교 사회에 이슬람 국가에서 유행했던 아리스토텔레스의 철학이 수입

되었다. 아리스토텔레스는 정신이 물질에서 나온다고 보았다. 이슬람 문명은 과학적 사고가 발달해 물질의 구조를 분석하고 연구하는 데 앞서 있었다. 또 유럽 사람들이 목욕을 자주 하지 않았지만 사라센은 기도하기 전에 목욕을 즐겼다. 이때 목욕 문화가 서방 유럽에 전해졌다고 한다.

주후 1170-1215년
## | 성경을 읽고 전했다고 이단이 된 발도인

이탈리아 피렌체는 무역의 발달로 돈이 아주 많았다. 중세 유럽의 무역과 금융의 중심이었고 메디치가가 다스렸던 15세기에는 정말 부유했다. 도시 한가운데는 사람들이 붐비고 아이들이 뛰어다니며 놀았다. 가게 주인은 오늘 얼마나 벌었는지 금고를 열어 보고 아주 흡족한 미소를 지으며 바깥을 쳐다보았다.

이런 피렌체 중심가에 남루한 차림을 한 사람들이 걸어 들어왔다. 아이들이 모여들었다. 누굴까? 그들은 십자군 원정을 다녀온 군인들이었다! 그들이 메고 있는 배낭에는 예루살렘에서 가지고 온 성물들이 가득했다. 한때 많은 돈을 주고서라도 성물을 사려는 사람들이 많았다. 그런데 이제 별로 관심이 없다. 이미 교회당에 성물이 많기 때문이다. 가정마다 자그마한 성물을 가지고 있기도 했다. 오랫동안 진행된 십자군 원정에 대한 관심이 식었다.

잠시 후 한 행상이 피렌체 중심에 있는 강 다리를 건넌다. 이 행상은 보통 상인과는 좀 달랐다. 부잣집만 찾아다니는 고급 행상이었다. 행상은 어느 부잣집 문을 두드렸다. 한 여종이 문을 열었다. 행상이 물었다.

"마님 계십니까?"

여종은 문을 열고 그를 친절히 안내했다.

"어서 들어오시지요. 마님이 당신을 기다리고 계십니다."

행상은 귀족 부인의 방에 들어가 정중하게 인사를 했다.

"평안하십니까?"

행상은 부인을 위해 가방을 열어 예쁜 보석들과 값비싼 천들을 보여 주었다. 그 외에도 빛나는 목걸이와 반지도 있었다. 그녀는 몇 개의 아름다운 물건을 샀다. 그러고는 조금 아쉬운 마음으로 행상에게 물었다.

"이게 다인가요?"

행상은 아주 작은 목소리로 속삭이듯 말했다.

"방금 마님께서 사신 것보다 훨씬 더 값진 보물이 있긴 합니다만…."

그러고는 조건을 하나 달았다.

"절대 경찰에 알리지 않겠다고 약속하십시오."

귀족 부인은 너무나 궁금해 신고하지 않겠다고 약속했다. 행상은 말했다.

"제게 아주 값비싼 보물이 있습니다. 이 보물을 가지면 행복을 누리며 천국에 갈 수 있습니다."

행상은 조심스레 감추어 두었던 보물을 꺼냈다. 그것은 바로 성경이었다! 라틴어로 된 것이 아니라, 당대 이탈리아어로 된 성경이다. 행상은 책을 펴 읽었다. 어려운 말이 나오면 설명도 곁들였다. 부인의 표정이 밝아졌다. 행상은 그 표정을 보고 계속 성경을 읽었다. 부인은

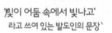

'빛이 어둠 속에서 빛나고'
라고 쓰여 있는 발도인의 문장

성경을 샀다. 사실 이것은 매우 위험한 거래였다. 로마 천주교회는 평신도가 성경을 읽는 것을 금지했기 때문이다.

이 행상은 피터 발도(Petrus Valdes, 주후 1140-1218)를 따르는 소위 발도인Waldensian이다. 피터 발도는 본래 돈이 많은 프랑스 리옹 출신 상인이다. 주후 1170년경 그는 교회의 가난한 사람을 위해 전 재산을 나눠 주고 성경을 읽고 복음을 전하기 시작했다.

피터 발도는 단순하고 가난하며 고귀한 삶을 추구했다. 시간이 지나자 그를 따르는 사람들이 생겨났다. 그들은 라틴어 성경을 모국어로 번역했다. 열심히 성경을 읽었고, 다른 사람에게도 성경을 전했다. 당시로서는 굉장한 일이었다. 평신도는 한 번도 성경을 읽어 본 적이 없기 때문이다. 성경은 사제들의 전유물이었다. 당시 사제들은 평신도는 성경을 읽고 제대로 해석할 수 없다고 보았다.

로마 천주교회의 교황은 발도인과 그들의 사역을 좋아하고 인정했을까? 교황은 주후 1179년 그들을 불러 얘기를 듣고 토론을 벌였다. 같은 해 라테란 공의회는 피터 발도의 생각을 정죄했다. 평신도는 앞으로 주교가 허락한 경우에만 성경을 읽을 수 있고, 그렇지 않으면 집에서 성경을 읽을 수 없다고 분명하게 결정했다. 주교들은 교황의 결정이 너무 약하다고 생각했다. 평신도는 성경을 아예 읽지 못하도록 해야 한다고 생각했던 것이다. 그들은 아무에게도 성경을 읽도록 허락하지 않았다.

하지만 피터 발도는 성경을 번역하고 읽고 전하는 일을 중단하지 않았다. 주후 1184년 교황 루키우스 3세(Lucius III, 주후 1100-1185)는 그를 출교했다. 네 번째 라테란 공의회(주후 1215)는 마침내 발도인을 이단으로 선언했다. 성경을 읽고 전한다고 이단이 된 것이다. 본격적인 박해가 시작되었다는 뜻이다.

발도인은 로마 천주교회의 주요 교리인 화체설과 연옥교리도 비판
했다. 로마 천주교회는 발도인을 잡아 옥에 가두고 심지어 화형에 처
했다. 결국 발도인은 이탈리아 북부 알프스산 깊숙이 도망쳤다. 성경
을 읽고 싶은 사람은 알프스산으로 숨어 들어갔다. 피터 발도의 생각
을 따르는 신자들이 남프랑스, 이탈리아, 프랑스 북동부, 남독일, 그리
고 오스트리아, 폴란드, 보헤미아, 헝가리까지 퍼졌다.

발도인은 영적으로 어두운 중세 시대에 어둠을 밝히는 등잔과 같은
역할을 했다. 이 등불을 끄려던 로마 천주교회는 누구의 뜻을 따른 것
일까? 하나님인가, 아니면 사탄인가?

주후 1182-1226년
| 수도원의 등불이 꺼지다

아시시의 프란치스코(Franciscus, 주후 1182-1226)는 25세에 심각한 중병
에 걸렸다가 변하여 새사람으로 태어났다. 그 후 평생 하나님을 위해
살기로 했다. 프란치스코는 아버지의 많은 재산을 물려받아 편히 살
수 있었지만, 그것을 포기하고 집을 떠났다.

프란치스코는 배낭도 돈도 없이 이 마을 저 마을을 다니면서 설교
했고 헛간에서 잠을 잤다. "너희 전대에 금이나 은이나 동을 가지지
말고 여행을 위하여 배낭이나 두 벌 옷이나 신이나 지팡이를 가지지
말라 이는 일꾼이 자기의 먹을 것 받는 것이 마땅함이라"(마 10:9-10)의
말씀을 문자 그대로 지켰다. 또한 외딴 수도원에서 살지 않고 마을과
시장을 돌아다니며 사람을 만나고 가난하고 병든 자의 친구가 되었

다. 그러면서도 사제 서품은 받지 않으려고 했다.

그에게는 작은 형제들Fratres minores이라 불리는 11명의 동행자들이 있었다. 이들은 짧고 단순한 수도회 규칙을 만들고 독신 서약을 했다. 그리스도의 교훈을 따르는 몸부림이었다. 이들의 열정과 열심과 헌신은 아무도 흉내낼 수 없었다. 프란치스코는 이들을 대동하고 교황청에 들렀다. 교황 인노켄티우스(Innocentius III, 주후 1160-1216)는 감동

/ 수비아코에 휴양 갔을 때의 프란치스코

하여 수도회를 인준했다.

사람들은 작은 형제들의 행위를 존경하고 부러워했다. 이들의 삶은 영적으로 어두운 시대에 하나의 등불 역할을 했다. 후에 클라라(Clara, 주후 1194-1253)가 프란치스코처럼 여성을 위한 수도회를 만들었는데, 이것이 '성 클라라 수도회'이다.

프란치스코 수도회는 교회 역사에서 처음으로 '탁발'을 했다. 탁발은 '밥그릇을 내밀다', '구걸하다'라는 뜻이다. 불교 승려들이 집을 돌며 탁발하는 것과 같은 것이다. 로마 천주교회는 이런 수도사를 좋아하지 않았지만 금지할 방법도 없었다. 프란치스코는 부는 악하고 가난이 최고의 미덕이라고 여겼다.

프란치스코는 자신의 수도회가 변질될까봐 염려했다. 그래서 아예 '가난'을 수도회의 규칙으로 만들었다. 수도사는 헌금, 작은 선물, 유산, 장례와 미사에 대한 사례비 정도는 받았지만, 생계 유지를 위해 필

요한 것 이외의 토지를 소유하지 않았다. 그러나 억지로 가난해지는 것도 쉽지 않았다. 프란치스코 수도회는 기부금을 거부할 수 없었다. 그들은 점점 부자가 되어 갔다.

결국 프란치스코 수도회는 초기의 정신을 잃어버리고 막대한 재산을 소유했다. 그러면서 점점 정신적 힘을 잃게 되었다. 인간이 노력해 빛을 내려고 등불을 켜 보지만 미약할 뿐만 아니라, 곧 소진되고 말았다.

주후 1216년 스페인 출신 도미니크(Dominic de Guzman, 주후 1170-1221)는 프랑스에서 도미니크 수도회를 창립했다. 그가 창립한 수도회는 이단들의 잘못된 교리를 밝혀내고 바른 교리를 증명했다. 특별히 유대인과 무슬림에게 전도하고 선교하려 했다.

도미니크 수도회도 프란치스코 수도회를 본따 빈곤을 실천하는 탁발 수도회로 시작하고 엄격한 수도생활을 강조했다. 하지만 그것은

/ 아시시의 성 프란치스코 성당

도미니크 수도회의 주요 관심사가 아니었
다. 그들은 학문적 탐구에 주로 관심을 가
졌다. 도미니크 수도회는 수도사들을 대
학으로 보내 교육했고 나중에 파리Paris
와 볼로냐Bologna, 옥스퍼드Oxford 등 유럽
굴지의 대학에 교수들을 배출했다. 과거
수도원에서 이루어지던 교육이 새로 생
겨난 대학으로 이동한 것이다. 도미니크
수도회의 대표 학자가 토마스 아퀴나스
(Thomas Aquinas, 주후 1225-1274)이다.

도미니크 수도사들을 부르는 별명이 있
는데, '주님의 개들'Domini canes이다. 듣기

/ 도미니크
엘 그레코의 약 1600년경 작품

에 좀 민망하지만, 교회의 이단을 분별하
고 이교도들의 침입을 막아내는 용감한 '양치기 개들'이라는 뜻이다.
이 수도회의 행동 강령은 세 가지인데, 찬양, 축복, 설교다.

도미니크 수도회는 교황의 허락을 받아 정식으로 활동을 할 수 있
었다. 특별히 로마 천주교회의 종교 재판소를 지원하는 역할을 했다.
스페인의 유대인 박해와 리비아의 무슬림에 대한 십자군 탄압에 가
담했다. 이방인을 개종시키기 위해 일한다고 하면서 그들을 무자비하
게 핍박하는 역할을 한 셈이다. 도미니크 수도회가 가난을 추구한 것
도 엄격한 이단들의 절제된 삶을 이기기 위한 수단에 불과했다. 가난
의 추구는 곧 폐지되었다. 수도회는 얼마 지나지 않아 재산을 축적하
기 시작했다. 물론 탁발 전통도 폐지했다.

중세 수도원의 의미는 무엇이었을까? 중세 종교생활의 중심지는

교회였지만, 경건한 삶은 수도원을 통해 가능하다고 생각했다. 각 시대마다 다양한 형태의 수도원이 생겼다가 사라지곤 했다. 13세기 말에는 6-8개의 큰 공동체들이 각각 20개 정도의 작은 공동체들로 발전하기도 했다. 수도원은 덧없는 세상에서 안정과 불변의 상징이었다.

수도원은 천국으로 들어가는 문이고 땅에 존재하는 작은 천국이었다. 백성은 기도를 많이 하는 사람을 존경했는데, 특별히 기도의 능력이 있는 수도원의 수도사들이 자기들을 위해 기도해 주기를 바랐다. 왕과 귀족은 자기들을 위해 기도해 주기를 바라면서 재산을 수도원에 기증했다. 수도원 재산 기부는 연옥에서 빨리 천국에 갈 수 있는 좋은 방법이었다. 잉글랜드의 어느 한 사람의 부동산 기부서를 읽어 보자!

"이 덧없고 쉬 변하는 세상에서 … 우리가 소유한 가변적이고 일시적인 재산을 영원한 상급과 항구적인 즐거움을 얻는 데 사용하기를 염원하며 … 본인은 이 토지가 세상 끝날까지 일체의 인간적인 용도에서 자유롭게 풀려나 있기를 바라는 뜻에서 이 토지를 우스터의 주교와 수도원 당국에 바친다."

중세의 수도원은 점점 부유해졌다. 수도원장은 영적인 책임을 다하기보다는 늘어난 재산을 관리하는 데 더 많은 시간을 쏟아야 했다. 나아가 일반 사회의 봉건 영주와 동등한 권력을 행사할 수 있게 되었다.

수도사는 육체 노동을 농노에게 맡기고 예배와 교육에만 전념하게 되었다. 그렇게 된 것은 수도사나 수녀로 지원하는 사람들이 주로 부자들과 귀족 가문의 자녀들이었던 것과도 관련이 있었다. 수도원장과 수도사는 탐욕으로 재물에 눈이 멀고 수도원 재산을 자신의 개인적인 출세의 도구로 사용했다. 13세기에 와서는 수도사가 줄어 일하는 사람보다 관리자가 더 많았다. 수도원이 귀족화 되자 점점 쇠퇴하기 시작했다. 중세 시대의 등불 역할을 한 수도원마저 그 빛을 잃어 갔다.

| 새로운 헌신이 시작되다

중세 수도원이 비대해지고 그 기능을 상실하고 있을 때 새로운 형태의 헌신된 삶의 모습이 생겨났다. 네덜란드에서 시작되어 유럽으로 퍼져 나간 경건운동, '공동생활형제단'과 '베긴회'이다. 이 경건운동의 특징은 수도사와 같은 성직자가 아니어도 평신도로서 구별된 종교적 헌신의 삶을 실천할 수 있다는 것이다. 그런 점에서 '평신도 경건운동'이라고 말할 수 있다.

이 경건운동은 수도원에 헌신할 때 의무적으로 해야 하는 종신서약 같은 것을 하지 않아도 되었다. 본인이 원하면 언제든지 공동체를 떠날 수 있다는 것이 장점이자 특징이다. 그들은 자신의 헌신을 진술하기만 하면 공동체에 들어갈 수 있었다. 회칙도 없다. 설립자의 권위도 내세우지 않았다. 교황청을 찾아가 승인을 받을 필요도 없다. 교황청으로부터 성직록, 즉 성직자 직봉을 받기 위한 절차와 조건을 충족하지 않아도 됐다.

공동체의 구성원은 일상 가까이에서 경건의 삶을 영위할 수 있었다. 수도원의 범접 못할 경건의 삶이 보통 사람들의 수준으로 내려온 것이다. 이 움직임은 당시 새로운 모양의 헌신이고 경건운동이었다. 그래서 이 운동을 '새로운 헌신'Devotio Moderna이라 부른다. 이 움직임은 종교개혁의 마중물 역할을 했다.

### 베긴회(Beguines, 13세기 초)

네덜란드 지역에서 시작된 베긴회는 주로 여성들로 이루어졌다. 그들은 수녀원의 맹세 없이도 기도와 헌신의 삶을 살겠다고 다짐하고 공동체를 이루며 살았다. 베긴회는 네덜란드 전역과 벨기에와 프랑스, 심지어 독일의 라인 강변을 따라 퍼져 나갔다.

이들은 그리스도의 사랑으로 약자들을 섬기며 봉사하는 일을 했다. 베긴회는 세상의 풍랑과 좌절을 만난 여성이 손쉽게 찾을 수 있는 영적, 사회적 피난처였다. 수녀원은 부잣집 자제들만 갈 수 있던 분위기였다면, 베긴회는 일반 사람에게 좋은 대안이었다. 세상을 떠나고 싶지만 수녀원에는 갈 수 없고 마을 가까이에서 찾을 수 있는 신앙적 헌신의 대안이었다.

입회는 자신의 삶을 그리스도께 바치겠다고 서약만 하면 됐다. 베

/ 네덜란드 코르트레이크에 있는 베긴회와 성 마르턴 교회

긴회의 가장 핵심 원칙은 '하나님께 헌신'이다. 이러한 종교적 헌신은 사람을 섬기는 것으로 나타났다. 그들의 일상은 자선사업, 베짜기와 수놓기, 그리고 아주 단순한 기도와 묵상이 전부였다. 공부를 할 필요는 없었다.

베긴회는 먹고살기 위한 수단으로 노동을 중요하게 여겼다. 이 부분 역시 일반 수녀원이나 수도원과는 달랐다. 중세에는 영적인 삶을 추구하는 수도사가 생계를 걱정하며 돈을 벌기 위해 노동하는 것은 속되다고 여겼다. 탁발 수도회에서도 노동을 중요하게 생각했지만, 게으르지 않기 위한 노동이었지 노동 자체에 가치를 두지는 않았다. 프란치스코는 노동을 했지만 먹을 것이 돌아오지 않으면 탁발을 하라고 했다. 생계를 위한 노동보다는 차라리 구걸하는 것이 더 거룩하다고 여겼다. 그러나 베긴회는 처음부터 먹고살기 위해 노동을 해야 한다고 했다는 점에서 수도원과 달랐고 보통 사람들의 삶과 크게 다르지 않았다.

베긴회는 가난하고 병든 자와 고아들을 수용하고 그들을 위해 빨래를 하며 밥을 해 먹이는 일을 했다. 베긴회의 섬김을 귀하게 본 사람들이 헌금을 했고 또 건물을 제공하거나 넓은 땅을 기부하기도 했다.

그러나 베긴회는 사회적으로 좋은 평판을 얻지 못했다. 사람들은 여성들이 가정을 떠나 한 공간에 모여 있는 것을 좋아하지 않았다. 로마 천주교회도 베긴회가 자신들의 통제 밖에 있다는 이유로 싫어했다. 물론 베긴회가 정식 수도원과 수녀원의 도움을 조금은 받긴 했지만, 통제 속에 있지는 않았다.

일부 베긴회는 박해를 받기도 했다. 그렇다고 이단으로 몰아붙일 정도는 아니었다. 그들은 신학적 입장을 견지할 것도 없고 정통 신학을 비판하지도 않았다. 완전주의자도 아니고 신비적 새로운 계시를 주장하지도 않았다. 그러나 역사의 흐름 속에서 베긴회의 역할도 점점 줄어들었다. 독일 쾰른 지역에는 160개의 베긴회 공동체에 1,500여 명이 넘는 회원이 있었는데, 나중에는 수녀원으로 통합 운영되었다.

남성들 가운데 베긴회와 동일한 운동을 추구한 사람들도 있었는데, 베가드Beghards라 불렸다.

### 공동생활형제단(Fratres Vitae Communis, 주후 1340-1384년)

베긴회가 여성들을 위한 것이었다면, 공동생활형제단은 남성들 중심이었다. 헤이르트 흐로테(Geert Groote, 주후 1340-1384)가 처음 시작한 이 공동체의 특징은 네 가지로 정리할 수 있다.

첫째, 베긴회와 마찬가지로 수도 회칙이나 구속력이 있는 서약이 없었다. 전통적으로 수도회는 종신헌신을 위한 서약이 필요했고 그 서약은 단체를 엮어 주는 큰 힘이었다. 그런데 형제단은 새로운 형태의 헌신운동이었다. 그들은 로마 천주교회의 승인을 받지 않고 단체를 만들었다. 회원들이 자체적으로 대표자를 선출했다. 일반적인 수도회의 규율과 상관없는 자체 규율을 만들었다. 한자리에 모여 한 목소리로 성경을 낭독했다. 서로 죄를 고백하지만 누구로부터도 훈계와 권징을 받지 않았다. 이런 시도는 당시로서는 파격적이고 혁신적인 것이었다.

둘째, 노동의 목적은 생계였다. 이것 역시 베긴회와 비슷하다. 새로운 헌신운동은 보통 사람들이 생계를 위해 노동하는 것을 거룩하다고 보았다. 생계를 위한 노동이 쉽지는 않았다. 당시 발달하기 시작한 길드일종의 독과점의 시장 지배 때문에 일반 노동자들은 생존하기 힘들었다. 공동생활형제단은 생계를 유지하기 위해 성경 필사와 책 제본을 하는 전문적인 일에 집중했다.

셋째, 성직자와 평신도의 구분 없이 함께 생활했다. 공동생활형제 단을 시작한 헤이르트 흐로테는 하위 성직자였다. 서약과 특권이 사 라지면서 가능한 일이었다. 또 생계를 위한 노동에 힘쓰는 평신도들 이 공동체에 자연스럽게 자신의 역할을 하면서 녹아들었다.

넷째, 중도 노선의 길Via Media을 걸었다. 형제단이 매력적이었던 것 은 어느 한 쪽으로 치우치지 않았다는 점이다. 재산이 없고 권력도 소 유하지 않았고 가난을 미덕으로 추구하거나 재물을 증오하지 않았다. 풍족한 세속 도시 주변에 살면서 세상 속에 끌려가지 않고 조용히 자 신의 신앙을 유지하며 경건하게 살려는 정신은 좋은 반응을 불러 일

/ 네덜란드 공동생활형제단 빈데사임 수도원

으켰다.

그런 점에서 공동생활형제단이란 이름이 그들을 잘 설명해 준다. 이 용어는 '일상생활의 형제단'이라고 번역할 수 있다. 특별하고 구별된 수도원 생활이 아니라, 평범한 일상 속에서 경건한 삶을 추구한 형제단이다. 당시로서는 매우 특이하고 새로운 현대적 운동이었다. '형제단'이라는 이름도 성직자와 평신도를 구분하지 않고 모두 그리스도 안에서 형제자매라는 인식을 가지게 만들었다는 점에서 파격적이었다.

이 공동체는 경건을 연습하면서 내면의 신앙과 개인적 체험을 향한 훈련을 했는데, 그 가운데 '명상'이 있다. 그들은 예수님의 보혈을 생각하며 기도하는 특별한 방법을 고안했다. 개인적인 명상을 통해 하나님과 만나는 신비주의의 한 형태이기도 하다. 그 방법은 나중에 로마 천주교회에도 영향을 주었고 이그나티우스 로욜라(Ignatius Royola, 주후 1491-1556)에게도 영향을 미쳤다.

토마스 아 켐피스(Thomas à Kempis, 주후 1380-1471)도 이들에게 영향을 받아《그리스도를 본받아》Imitatio Dei라는 책을 썼다. 이 책은 수많은 나라 언어로 번역되어 지금도 많은 그리스도인이 개인적인 경건생활을 위해 즐겨 읽고 있다. 그가 말하는 명상은 신비주의적이고 개인주의적인 특징이 있다. 성경의 역사와 문화를 무시하고 개인의 심미적인 신비한 경험만을 강조하기 때문에 성경과 삶을 균형 있게 가르친 종교개혁가들과는 차이가 보인다. 하지만 이 운동은 종교개혁가들에게 직접적인 영향을 미친 새로운 형태의 경건운동이었다는 것만은 분명하다.

주후 1450년

## | 하나님은 교회 개혁을 준비하셨다

중세의 신앙이 미신과 세속으로 변질되었을 때 하나님은 일하기 시작하셨다. 하나님은 교회의 개혁을 위한 또 다른 도구를 준비하고 계셨다. 그중 하나가 인쇄술의 발명과 발달이다.

지금의 독일 마인츠에서 태어난 구텐베르크(J. Gutenberg, 주후 1397-1467)는 금화주조공의 아들로서 스트라스부르에서 인쇄기술을 배워 금속활자를 발명했다. 물론 당시 나무활자 인쇄술이 네덜란드에서 발명되었기 때문에 금속활자 인쇄술의 완성은 시간문제이기도 했다.

마침내 1450년, 42행으로 된 최초의 금속활자로 성경 170본이 인쇄되었다. 총 두 권으로 된 성경은 1,272쪽에 달할 정도로 방대한 크기였다. 현재 48본이 남아 있지만, 완벽한 형태로 보존된 것은 21본에 불과하다.

금속활자의 발명과 인쇄술의 발전은 오늘날 인터넷의 등장과 비교할 수 있을 정도로 대단한 혁명이었다. 그전에는 두 달 동안 한 권의 책을 필사할 수 있었다면, 금속 인쇄기술이 발명된 후에는 일주일에 500권을 찍을 수 있었다. 예전에는 성경이 성직자와 소수 지식인들의 소유였지만, 이제는 누구나 마음만 먹으면 성경을 사서 읽을 수 있게 되었다. 대량 인쇄로 값이 저렴해졌기 때문이다. 주후 1450년에서 1500년까지 유럽 전체에서 인쇄된 책의 숫자는 2천만 권이 넘었다고 한다. 정보의 대폭발이라고 해도 과언이 아니다.

인쇄술의 발달은 교회의 개혁을 가능하게 했다. 주후 1517년 루터가 쓴 95개조 반박문도 처음에는 손으로 쓰였지만, 그것이 대량 인쇄되자 2주 만에 독일 전역에 퍼졌고, 두 달 만에 전 유럽 구석까지 도달했다. 그 외에도 10년 동안 독일에서 출판된 저술 가운데 3분의 1이 루터가 쓴 책이었다고 하니, 인쇄술의 발달은 종교개혁을 가능케 한 중요한 도구였던 셈이다.

그 외 여러 종교개혁가들, 칼뱅이나 부서, 멜랑히톤, 불링거의 책들이 인쇄되고 수많은 사람이 그 책들을 읽고 종교개혁에 가담할 수 있었다. 독일 일부 지역이나, 스위스의 작은 도시에서 이루어진 교회의 개혁이 멀리 잉글랜드에까지 쉽게 영향을 줄 수 있었던 것은 인쇄술의 발달 덕분이다.

금속활자를 누가 먼저 발명했느냐에 대한 여러 이론들이 있다. 어느 주장이 옳은지는 정확히 알 수 없다. 사실 세계 최초의 금속활자 인쇄물은 주후 1337년에 인쇄된 한국의 《직지심경》불조직지심체요절이다. 주후 1972년 파리에서 열린 세계 도서의 해 기념 전시회에 출품되어 세계 최고의 금속활자본으로 공인받았다. 하지만 구텐베르크 금속활

/ 인쇄술의 발달로 대량 인쇄되었던 성경의 현재 모습

자의 발명은 르네상스와 종교개혁에 큰 기여를 했다는 점에서 특별한 역사적 의미를 지닌다.

주후 13-15세기

## | 국가주의의 등장으로 중세 로마교회가 흔들리다

중세 유럽 사회는 안정되었다. 종교와 사회가 한몸처럼 통합되어 갈등이 별로 없었다. 중세 유럽은 여러 나라였지만, 로마 천주교회를 중심으로 보면 마치 큰 하나의 나라 같았다. 아이가 태어나면 신앙과 상관없이 교회에서 유아세례를 받고 교회의 일원이 되었다. 동시에 사회의 일원으로 자동 등록되었다. 교인 시민으로서 특권과 의무도 가졌다.

교회는 막강한 영향력과 힘을 가졌다. 국가가 법과 군대를 가졌다면, 교회에게는 종교 재판소가 있었다. 종교 재판소에서 영적 벌을 받으면 국가나 사회에서도 벌을 받게 되었다. 만약 교회가 공무원 한 명을 종교적 이유로 권징하면 여론의 압력과 파문 때문에 그는 어떤 사회생활도 할 수 없을 정도로 기반이 무너졌다. 사람들은 그와 상종도 하지 않았다. 지금으로서는 상상할 수 없는 일이지만, 그 정도로 교회와 국가가 하나 된 사회였다. 교회는 불완전한 사회 한가운데 우뚝 선 '완전한 사회' 같았다.

그런데 15세기에 이르러 이런 안정이 깨지기 시작했다. 국가주의가 등장하면서 생긴 현상이다. 신성로마제국 황제의 힘이 약해지고 지방 영주들의 영향력이 커졌다. 스페인과 프랑스와 잉글랜드도 점점 로마 천주교회의 간섭으로부터 독립하려 했다. 스페인왕은 교황의 간섭을 받지 않고 자기 나라 성직자를 스스로 임명했다. 예전에는 있을 수 없는 일이었다. 프랑스는 14-15세기에 로마 교황으로부터 독립하였다. 잉글랜드도 1534년 헨리 8세가 로마 천주교회와 단절하고 수장령을 발표하고는 스스로 교회의 최고 머리가 되었다. 이렇게 국가가 교회의 권위로부터 벗어나려는 움직임이 생겨났다. 종교개혁은 이런 국가주의의 등장과 밀접하게 연관이 있다.

거기다 중세 말기에 와서 굳건하던 교황 제도가 약화되었다. 교황의 권위가 땅에 떨어지는 일들이 자꾸만 생겼다. 이런 분위기는 교황청이 로마에서 프랑스 남부의 아비뇽으로 옮겨가면서부터다. 그 기간이 주후 1309-1378년까지 무려 70년 정도 되는데, 이를 가리켜 '교황청의 아비뇽 유수'라고 부른다. 교황은 베드로의 후계자로서 천국의 열쇠를 소유한 영적 권위자로 믿기에 로마에 머물렀다. 그런데 그 공식이 깨지게 된 것이다. 주후 1378년 우여곡절 끝에 교황이 다시 로마로 돌아오지만, 프랑스와 이탈리아가 각각 지지하는 두 명의 교황이 공존하게 되었다. 두 교황은 서로 파문을 선언하며 대립했다. 공의회는 두 명을 모두 폐위하고 새로운 교황을 뽑았다. 그런데 두 교황이 포기하지 않았다. 그러니 세 명의 교황이 동시에 존재하는 참 우스운 상황이 벌어졌다. 주후 1414-1418년 열린 콘스탄츠 공의회 이후 겨우 한 명의 교황으로 정리가 되긴 했다. 그러나 이미 교황의 권위는 땅에 떨어진 후였다. 대신 공의회의 권위가 훨씬 중요해졌다.

그 후에도 교황의 행보는 실망의 연속이었다. 특히 소위 르네상스 교황이라 불리는 자들은 그야말로 형편없었다. 주후 1492년부터 1503년까지 교황이었던 알렉산데르 6세(Alexander VI, 주후 1431-1503)는 돈으로 사람을 매수해 선출되었다. 그는 여러 아내를 두고 자식들을 낳았다. 교황청에서 흥청망청 파티를 하고, 추기경을 독살하기도 했으며, 자신의 딸로부터 자식을 낳기도 했다. 그의 후계자 율리우스 2세(Julius II, 주후 1443-1513)도 방탕하기는 마찬가지였고, 여러 자녀를 낳았다. 다음 교황인 레오 10세(Leo X, 주후 1475-1521)는 성 베드로 성당 건축 기금 마련을 위해 면벌(죄)부를 발행했다. 더 이상 교황은 존경의 대상이 아니었다.

사실 로마 천주교회의 쇠퇴는 예견된 일이었을지 모른다. 그들은 애초에 타락의 길을 가고 있었다. 로마 천주교회는 예수 그리스도께서 교황을 대리자로 세워 교회와 세상을 통치하신다고 믿었다. 교황은 하나님과 사람의 중보자였다. 이런 교리 때문에 로마 천주교회는 교황을 머리로 두고 '교황 〉 추기경 〉 주교 〉 사제 〉 부제'로 이어지는 거대한 계급 조직을 만들었다.

그리고 성직자만 집행할 수 있는 7가지 성사, 곧 '칠대성사'를 만들었다. 곧 영세, 견진, 미사, 고해, 혼인, 서품, 병자 사역이다. 성도는 이 성사를 통해 은혜를 공급받아야 살 수 있으며, 하나님의 은혜는 오직 성직자를 통해서만 공급된다고 가르쳤다. 성사는 성직자의 권위를 절대적으로 만들었다.

성직자는 예배에서 설교하기 위해 성경을 연구할 필요가 없었다. 고대 성인들의 교훈을 5분 정도 읽는 것으로 충분했다. 어떤 성직자는 라틴어를 모르면서 예배 가운데 몇 가지 라틴어 문장만 익혀 사용했다. 이것은 마치 영화나 소설 속에서 마법사가 주문을 거는 것과 비슷했다. 예를 들어 성찬식 때에 성직자가 빵과 포도주를 들고 "호크 에스트 코르푸스"이것은 (내) 몸이니, Hoc est corpus라고 외치면 예수님의 몸과 피로 변한다고 믿게 했다. 열심 있는 신자는 더 많은 은혜를 받기 위해

이 교회 저 교회 옮겨 다니기도 했다. 성찬이 우상숭배가 된 것이다.

　신자는 자신의 고해성사를 통해 죄에 대한 벌을 해결할 수 있지만, 모든 벌을 다 해결할 수는 없다. 남은 벌을 해결하려면 기도, 선행, 고행, 성지순례, 헌금 같은 덕행을 해야 했다. 사제가 그 벌의 종류와 강도를 결정해서 명령할 수 있었다. 또 로마 천주교회는 천국에 '선행 잉여창고'가 있다고 가르쳤다. 어떤 성인은 자신을 구원하고도 남을 만큼 많은 선행을 했기 때문에 그 잉여 선행은 천국창고에 보관된다는 것이다. 그러나 보통 사람은 그 벌을 다 해결하지 못하고 죽는데, 죽고 난 후에도 그 죄책을 해결할 수 있는 방법이 또 하나 있었다. 그것이 연옥교리이다. 기본적으로 세례를 받는 순간 원죄와 그때까지 지은 죄를 용서 받고, 그 후 지은 죄는 고해 성사로 해결하지만, 그것으로도 해결하지 못하는 죄와 벌은 연옥에서 값을 치러야 한다고 가르쳤다. 보통 사람은 수천 년 혹은 수백만 년 동안 벌을 받아야 할 수도 있다고 했다. 이 벌을 줄이기 위해 교황청은 면벌(죄)부를 만들어 돈을 받고 팔았다.

또 로마 천주교회는 마리아숭배와 성인숭배가 만연했다. 심판자 예수님은 좀 무서우니 인자한 마리아에게 부탁하면 예수님에게 대신 전해 줄 것이라는 미신이다. 그러다 마리아를 하늘의 여왕으로까지 숭배한다. 루터가 천둥과 폭풍우가 치는 가운데 자기도 모르게 불렀던 성인이 바로 안나Anna였다. 안나는 마리아의 어머니이다. 안나에게 얘기하면 안나는 딸 마리아에게, 마리아는 아들 예수님에게 얘기해 줄 테니 훨씬 더 편하고 효과는 클 것이라고 기대했다. 그 외에도 각 나라에서는 수많은 성인을 지정해 숭배했다. 나중에는 순례객으로부터 큰 경제적인 이득을 얻게 되니, 거짓에 거짓을 첨가해 엄청난 이야기가

/ 마리아를 통해 그리스도에게로
12-14세기에 코라(Chora) 교회 모자이크

사실로 믿어졌다.

성물숭배도 심각했다. 십자군 전쟁 때 수많은 성물이 수입되었다. 대부분 가짜였지만 큰 값을 치르고 구입한 것이다. 당시 교인들은 성물을 소유하면 복을 받는다고 생각했다. 예수님의 가시 면류관의 가시 몇 개, 사도 요한의 망토, 마리아의 젖가슴에서 흘렀다는 젖, 성 안나의 손가락 등이 그런 것들이다.

성지순례 문제도 심각했다. 교황은 주후 11-13세기 십자군에 참여하는 자에게 모든 벌을 감면해 주었다. 주후 1300년에는 보니파티우스 8세(Bonifatius VIII, 주후 1230-1303)가 100년에 한 번 로마 성지순례를 한 사람들의 모든 벌을 감면해 주었고, 주후 1350년에는 이런 행사를 50년마다 한 번, 주후 1475년에는 25년마다 한 번 실시했다.

중세 로마 천주교회는 국가 위에 군림할 정도로 흥왕했지만, 영적으로는 암흑 속에 있었다 해도 과언이 아니다. 이 모든 부패는 말씀의 암흑기였기에 있을 수 있는 일이었다. 말씀의 빛이 제대로 비치지 않았기 때문이다. 성도들은 라틴어로 기록된 성경Vulgata을 읽을 수 없었다. 성경을 자국어로 번역하지도 못했다. 사제들은 성경을 제대로 가르치지도 않았으니 성도는 영적 양식인 말씀에 무지했다. 로마 천주교회는 전통과 성경을 같은 권위에 두고 자기들이 믿고 싶은 전통만을 따르다 결국 쇠퇴를 맞이했다.

# | 암흑 속에 광명이 일어나다

중세의 영적 어둠 가운데 빛을 비추려는 움직임이 있었다. 광명이 여기저기서 빛났다. 그들은 종교개혁의 선구자들이다.

### 존 위클리프(John Wycliffe, 주후 1324-1384년)

잉글랜드의 옥스퍼드대학 교수였던 존 위클리프는 성경을 잘 알았고 말씀대로 순종하려고 했다. 성경의 잣대로 로마 천주교회에 잘못이 있으면 설교 가운데 지적했다. 그는 교황 제도에 대해 용감하게 반대했다. 그는 교황을 적그리스도라고 할 정도로 강하게 비판했다. 당시 최고 권력을 가진 교황에 대해 이렇게 말할 수 있는 사람은 많지 않았다.

/ 존 위클리프

존 위클리프는 한 나라의 왕은 교황이 임명하는 것이 아니라 하나님의 부름으로 세워진다고 주장했다. 심지어 모든 그리스도인은 성직자를 통하지 않고도 직접 하나님께 나갈 수 있다고 가르쳤다. 교회가 칠대성사로 구원을 보증하는 기구가 아니라고 비판했다. 성만찬에서 빵과 포도주가 실제 예수님의 몸과 피로 변한다는 화체설의 오류를 지적했다. 수도원과 수도사에 대해서도 비판을 아끼지 않았다. 성인숭배와 성물숭배는 성경에 없는 미신이라고 주장했다.

존 위클리프의 업적 가운데 가장 중요한 것은 성경을 자국어, 곧 영어로 번역한 것이다. 로마 천주교회의 고위 성직자들은 존 위클리프를 싫어했다. 캔터베리 대주교가 그를 종교 재판소에 고소했다. 그날 잉글랜드에는 큰 지진이 일어나 회의를 중단해야 했지만, 그는 결국 교수직을 빼앗겼다. 심지어 고위 성직자들은 그를 죽이려 했다.

존 위클리프는 설교하기를 좋아했다. 많은 사람이 그의 설교를 듣고 그가 번역한 성경을 읽었다. 물론 인쇄된 것이 아니라 손으로 베껴 쓴 것이다. 그들은 비밀리에 모여 소리 내며 성경을 읽곤 했는데, 그 때문에 '중얼 걸리는 자들'이라는 의미로 롤라드인Lollards이라고 불렸다. 롤라드인은 로마 천주교회로부터 이단이라고 정죄받아 심한 핍박을 받았다.

그럼에도 시민들은 존 위클리프를 좋아했고 일부 귀족들은 그를 보호해 주었다. 로마 천주교회는 그를 죽일 수 없었고, 그는 평안하게 생을 마감했다. 그런데 그가 죽고 30년이 지나 로마 천주교회는 콘스탄츠 공의회에서 그를 화형하라고 판결했다. 이미 죽어 무덤에 묻힌 뼈를 파내어 화형했다.

**얀 후스**(Johannes Hus, 주후 1369-1415)

지금의 체코 지역인 보헤미아 프라하에 또 다른 존이 있었다. 그곳 발음으로는 얀 후스라고 불렀다.

얀 후스는 주후 1402년 프라하 대학의 총장이 되고부터 모국어로 설교하기 시작했다. 그는 예수님이 겸손하게 나귀 새끼를 타신 것을 비교하면서 스스로 높은 자리에 앉아 있는 교황을 비판했다. 예수님은 제자들의 발을 씻겼지만 교황은 많은 사람에게 자신의 발에 입을 맞추도록 한다고 지적했다.

당시 잉글랜드와 보헤미아 왕국은 사이가 아주 좋았다. 잉글랜드의 왕 리처드 2세(Richard II, 주후, 1367-1400)가 보헤미아 왕의 여동생과 혼인했기 때문이다. 그러다 보니 보헤미아 젊은이들이 잉글랜드에 유학을 가는 일이 잦았고, 그곳에서 존 위클리프의 가르침을 받았다. 그들은 고국으로 돌아와 존 위클리프를 얀 후스에게 소개했다. 얀 후스는 주후 1398년 존 위클리프의 책 다섯 권을 필사했다. 존 위클리프의 책은 얀 후스에게 큰 가르침과 위로를 주었다.

얀 후스는 《교회에 대하여》De Ecclesia라는 책에 이렇게 썼다. "그리스도인은 성경 밖에서 일어나는 성인의 말이 아니라 전체 성경의 진리를 믿어야 한다. 또 그리스도인은 교황의 교서를 무조건 믿을 것이 아니다. 물론 성경에 근거한 것이라면 괜찮지만 말이다. 하나님은 속일 수 없고 속지도 않으신다. 그러나 교황은 속일 수 있고 속을 수도 있다."

얀 후스는 로마 천주교회가 보편적, 사도적 교회라고 생각하지 않았다. 로마 천주교회는 교황과 추기경들의 교회였다. 이렇게 얀 후스가 비판적인 글을 쓰고 설교할 수 있었던 것은 왕과 귀족들의 지지 때문이기도 했다.

로마 천주교회는 프라하시에 성례를 행하지 못하도록 벌을 내리고 얀 후스에게는 콘스탄츠 공의회에 출석하도록 명령했다. 당시 보헤미아는 신성로마제국에 속했기 때문에 황제 지기스문트Sigismund는 그의 안전을 약속했다. 그러나 약속은 거짓이었다. 콘스탄츠로 간 그는 옥에 구금되어 1415년 거짓 기소로 화형 당하고 말았다. 이세벨 왕비가 나봇에게 거짓 증인을 세워 죽인 것처럼, 로마 천주교회는 거짓 증인을 세워 얀 후스가 자신이 네 번째 하나님이라고 말했다고 증언하게 했다. 악한 자들이다.

얀 후스의 46번째 생일, 그는 '이단 중의 괴수'라고 써 붙인 모자를 머리에 쓰고 나무 기둥에 묶였다. 얀 후스는 이렇게 말했다고 한다. "나의 구원자는 이마에 가시 면류관을 쓰셨다!" 그리고 사도신경을 큰 소리로 외고 숨을 거두었다.

얀 후스가 콘스탄츠에서 순교한 후 프라하의 시민들은 교황에 분노하며 시위를 했다. 그들은 교황 편 군대와 전쟁을 벌여 주후 1420년 승리했다. 마침내 그들은 자신들의 신앙을 이어갈 수 있었다. 그들을 후스인Hussites이라고 부른다. 후스인은 교회를 개혁하며 새롭게 바꾸어 갔다. 그들은 성찬식에서 로마 천주교회와 달리 빵과 포도주를 교인 모두에게 나눠 주었다.

얀 후스는 살아 있을 때 이런 말을 했다고 한다. "너희가 지금은 이 거위보헤미아 언어로 후스는 거위라는 뜻이다를 구워 먹을지 모르나, 앞으로 백 년 후에는 너희가 조용히 시킬 수 없는 노래를 부르는 백조가 나타나리라."

그의 말대로 백 년이 지난 후 루터가 등장했다. 루터교회는 루터를 종종 백조로 묘사한다. 루터는 주후 1519년 로마 천주교회의 대표 요한 액Johann Eck과 '교황과 공의회의 무오사상'에 대해 논쟁할 때 얀 후스의 잘못된 재판을 예로 들면서 비판했다. 루터는 주후 1537년 얀 후스의 편지를 출판하면서 다음과 같은 말을 썼다.

"만약 얀 후스 같은 사람이 이단이라면 해 아래 그 어느 누구도 참 그리스도인이라고 부를 사람이 없을 것입니다."

/ 얀 후스의 화형
존 폭스의 책 ≪순교 사화≫의 삽화

탐욕에 눈이 멀어 빛을 잃다, 중세교회

PART            4

개혁은 칼이 아니라 말씀으로,
# 루터와 츠빙글리

주후 1483-1516년

| 루터의 삶이 기쁨으로 뒤바뀌다

루터는 주후 1483년 11월 10일 독일의 아이스레벤Eisleben이라는 자
그마한 시골에서 태어났다. 그가 태어난 다음 날이 성 마르티누스
(Martinus)를 기념하는 날이라 부모는 루터를 '마르틴'Martin이라고 불렀
다. 루터는 고향에서 조금 떨어진 만스펠트와 막덴부르크, 아이저나흐
에서 고전어 학교를 다녔다. 그는 12세가 되었을 때 라틴어를 유창하
게 말하고 읽고 쓸 수 있었다.

　루터는 주후 1501년, 17세에 법관이 되기 위해 고향에서 그리 멀지
않은 에르푸르트대학에서 공부했다. 그러다가 주후 1505년 5월, 인생
에 전환점이 되는 경험을 한다. 그날은 무시무시한 폭풍으로 비가 억
수같이 쏟아지던 날이었다. 에르푸르트로 가고 있는데 두려움이 밀려
와 어쩔 줄을 몰랐다. 루터는 얼마 전 아주 친한 친구를 잃었다. 인간
의 죄에 대한 하나님의 진노와 죽음이 무서웠다. 자신도 친구처럼 죽

을 것 같았다. 죽음의 공포가 몰려왔다. 하나님이 자기를 심판하시는 것 같았다. 루터는 두려워 소리치며 기도했다. "도와주세요! 성 안나시여! 제가 수도사가 되겠습니다."

그해 7월 16일 루터는 아우구스티누스 수도원으로 들어갔다. 그로부터 1년 후 주후 1506년 예비심사 기간이 끝나고 루터는 정식 수도사가 되었다. 다음 해에는 사제로 임명되었다.

루터는 수도원에 들어와 사제가 되면 근심이 해결될 것이라고 생각했다. 그러나 그렇지가 않았다. 루터는 여전히 '어떻게 내가 하나님의 은혜를 얻을 수 있을까?' 고민했다. 금식과 고행을 하고 스스로 자기 몸을 매로 때리기도 했다. 루터는 죄를 벌하시는 하나님의 진노가 너무나 두려웠다.

주임사제였던 요한 폰 슈타우피츠(Johann von Staupitz, 주후 1460-1524)는 루터에게 로마로 성지순례를 떠날 것을 권유했다. 1510-1511년 사이에 루터는 로마를 방문했다. 성 베드로의 계단을 무릎으로 오르며 기도했지만 루터의 고민은 더 커졌다. 루터가 본 로마는 전혀 거룩하지 않았다. 에르푸르트보다 훨씬 더 죄가 많은 곳이었다. 루터는 크게 실망하고 돌아왔다.

/마르틴 루터

주후 1512년, 주임사제는 루터를 신설된 비텐베르크 대학으로 보냈다. 그곳에서 루터는 성경 박사학위를 받고 시편과 로마서, 갈라디아서를 연구해 가르쳤다. 그러면서 그는 성경에서 서서히 진리의 빛을 발견했다. 지금까지 그는 시편 31편 1절의 "주의 공의로 나를 건지소서"라는 말씀으로 전혀 위로를 받지 못했다. 하나님은 늘 화를 내시고 벌주시는 분이라고 생각한 것이다. 그런데 로마서 1장 17절을 읽으면서 복음을 깨닫게 되었다. "복음에는 하나님의 의가 나타나서 믿음으로 믿음에 이르게 하나니 기록된 바 오직 의인은 믿음으로 말미암아 살리라 함과 같으니라." 루터가 성경을 읽고 연구하고 묵상하고 가르쳤을 때 성령님이 그의 마음을 움직이고 평안을 주셨다. 하나님의 은혜를 얻는 길은 선행이나 고행이 아니라 믿음이라는 것을 깨달았다.

루터는 그제야 '하나님의 의'가 무엇인지 알게 되었다. 하나님의 의는 심판하시는 의가 아니라 죄인을 구원하시는 의였다. 이것이야말로 진정한 복음이다. 우리는 사람의 의가 아니라 하나님의 의로써만 구원받을 수 있다. 사람의 행위로는 의를 쌓을 수 없다. 오직 하나님께서 사람에게 의를 주셔야만 한다. 그것은 하나님의 전적인 은혜다.

루터의 삶은 바뀌었다. 고뇌와 슬픔이 아니라 기쁨과 행복으로 변했다. 루터는 율법이 아니라 이제 복음으로 회개하여 새 사람이 되었다. 그렇다고 루터가 로마 천주교회를 떠나 새로운 교회를 만들겠다고 생각한 것은 아니다. 그런 생각은 꿈에도 없었다.

주후 1517년

# | 작은 촛불이 유럽을 불태우다

하나님은 루터를 교회 개혁을 위해 사용하고 계셨다. 하나님의 조용한 부르심이 있었다.

루터는 평일에 학생을 가르치고 또 성직자로서 고해성사를 베풀었다. 그런데 어느 날부터 사람들이 루터에게 고해성사를 하러 오지 않았다. 이상해서 알아보니 사람들이 요한 테첼(Johann Tetzel, 주후 1465-1519)이 팔고 있는 면벌부를 샀기 때문이다. 면죄부라고도 부르지만, 죄를 면하는 것이 아니라 벌을 면하는 것이기에 면벌부라고 부르는 것이 옳다.

사람들은 더 이상 고해성사를 할 필요가 없었다. 교황의 도장이 찍힌 면벌부를 비싼 돈을 주고 사면 그만이었다. 면벌부 제도는 비성경적 대속교리였지만, 로마 천주교회에는 아주 오래된 전통이었다.

면벌부는 십자군 전쟁 때 남발되었다. 교황 우르바누스 2세는 예루살렘을 사라센 세력으로부터 해방시켜 준 모든 군인에게 면벌부를 주겠다고 약속했다. 자신이 직접 십자군에 참여하지 않아도 돈을 주고 사람을 고용해 보내면 면벌부를 받을 수 있었다. 로마 천주교회는 하나님의 은혜를 돈으로 살 수 있다고 가르쳤다. 그러면서 교황은 돈이 필요할 때면 면벌부를 만들어 팔았다. 면벌부는 누이 좋고 매부 좋은 제도였다.

르네상스 교황 레오 10세는 오래되고 낡은 성 베드로 성당을 다시 짓고 있었기 때문에(주후 1406-1526년) 많은 돈이 필요했다. 그때 그의 음흉한 계획을 도운 사람이 알브레흐트(Albrecht, 주후 1490-1545)라는 젊은이였다. 그는 주후 1514년 마인츠의 대주교와 선제후신성로마제국 황제를 선정하는 선거인단가 되고 주후 1518년에는 추기경에 오른다. 그는 돈으로 성직을 매수한 삯꾼 사제였다.

그러나 알브레흐트는 땅 부자였지만 현금은 없었다. 그래서 거액의 빚이 있었다. 레오 10세는 알브레흐트가 면벌부를 팔아 그 빚을 갚을 수 있도록 도왔다. 대신 면벌부를 판 금액의 절반을 차지했다.

알브레흐트는 이 일을 사제 요한 테첼에게 시켰다. 요한 테첼은 알브레흐트의 땅을 돌며 사람들에게 면벌부를 팔았다. 바로 루터가 일하고 있던 지역 옆이었다. 요한 테첼은 면벌부를 팔며 순회 설교를 했다.

"당신들이 가진 돈을 낭비하는 동안 당신의 죽은 친척들이 연옥에서 고통으로 신음하는 소리가 들리지 않는가? 금고 안에 동전 한 닢이 떨어질 때 한 영혼이 연옥에서 뛰어오른다."

/ 면벌부는 사탄의 작품임을 나타내는 그림

요한 테첼은 달콤한 설교와 네 명의 여행 연주단을 동원해 사람들의 마음을 끌었다. 알브레흐트는 요한 테첼의 열정적 활동 덕분에 돈을 많이 벌어들이고 레오 10세도 성 베드로 성당을 완성할 수 있었다. 성 베드로 성당의 시스티나 채플 천장에는 미켈란젤로의 그림이 그려졌다.

루터는 면벌부 판매 소식을 듣고 참을 수 없었다. 우리가 믿고 회개할 수 있음은 하나님의 은혜인데, 그것을 명목으로 금전적 이익을 취하는 행위는 참으로 분노할 일이었다. 루터는 고뇌하며 기도했다. 그러다가 당시 신학적인 토론을 위해 대자보를 붙이곤 했던 방법을 생각해 냈다.

주후 1517년 10월 31일, 루터는 95개의 논제를 대자보에 라틴어로 써서 비텐베르크 교회 정문에 붙였다. 교회의 잘못된 교리와 가르침을 적어 보니 95개나 되었다. 의도적으로 그날을 택한 것은 다음 날 11월 1일 만성절All Saint's Day에 많은 사람이 교회로 모여들기 때문이었다. 비텐베르크 교회에는 수많은 성인의 유물이 전시되어 있었기 때문에 많은 신자가 모여들었다. 그들은 당연히 루터의 95개조 논제를 읽었다.

사실 루터가 이렇게 한 것은 종교개혁이나 혁명을 일으킬 생각이 있어서가 아니었다. 단지 주변에 있는 사제들과 토론을 하고 싶었던 것이다. 그런데 정작 루터가 원했던 토론은 일어나지 않았다. 대신 그의 95개 논제는 수많은 사람의 입에서 입으로 전해지며 한 달 만에 독일 전역에 퍼지게 되었다. 당시 발달하기 시작한 인쇄술의 도움도 받았다. 95개조 논제를 독일어로 번역 인쇄하자 독일은 물론 유럽 구석까지 전해졌다.

95개 논제에는 교황제도, 면벌부, 지금까지 잘못 행해진 교회의 문제들을 지적하고 나섰기 때문에 교회 지도자들은 마음이 불편했다. 로마 교황이 알게 되기까지는 긴 시간이 필요하지 않았다.

이때까지만 해도 이 작은 촛불이 유럽 전체를 불태울 것이라고는 아무도 생각하지 못했다. 루터 자신도 예상하지 않았던 일이다. 하나님이 일하고 계셨다. 사람이 계획해서 일어난 것이 아니다. 하나님은 여러 수단과 사람을 사용하셔서 그 일을 시작하신 것이다. 이 사건은 엄청난 결과를 불러왔다. 교회의 역사를 바꾸었고 세계 역사의 전환점이 되었다.


## | 루터에게서 복음의 빛을 발견하다

교황 레오 10세는 루터로부터 시작된 논쟁이 곧 수그러들 것이라고 생각했다. 어느 술 취한 독일인의 횡설수설이라고 여겼다. 이런 생각은 완벽한 오판이었다.

루터의 이런 주장은 인간적 감정에 따른 것이 아니었다. 그는 책상 앞에 앉아 성경과 역사를 열심히 읽고 연구했고, 그러다가 교황제도가 성경의 진리에 어긋나고 크게 잘못됐다는 사실을 알게 되었을 뿐이다. 그는 교회의 최종 권위는 교황이 아니라 성경이어야 한다는 것을 확신했다. 성경을 가지고 교회의 잘못된 교리와 질서에 대해 글을 쓰기 시작했다. 95개조 논제에서 거론했던 것보다 훨씬 더 상세하고도 분명하게 교황제도의 오류를 파헤쳤다. 그 영향력은 생각보다 대단했다.

루터는 주후 1519년 라이프치히에서 비텐베르크 신학교 출신 동료인 요한 폰 에크(Johann. von Eck, 주후 1486-1543)와 논쟁을 벌였다. 이 논쟁의 요점은 면벌부가 아니라 교황의 권위이다. 요한 폰 에크는 교회, 곧 교황의 권위를 변론했다. 그는 루터를 잉글랜드의 존 위클리프와 프라하의 얀 후스의 생각과 같다고 주장하면서 이단으로 몰았다. 루터는 참을 수 없었다. 그는 교황과 공의회의 결정이 성경 위에 있을 수 없다고 반박했다. 오히려 성경적으로 보면 '두 요한'이 옳았다고 주장했다. 오직 성경만이 최종적 권위를 가진다고 말했다. 너무나 지당한 말이지만, 당시에는 받아들이기 어려운 주장이었다.

　루터가 자신의 견해를 포기하지 않자 교황청은 1520년 6월 15일 '주여 일어나소서'Exsurge Domine라고 하는 파문서를 만들어 발표했다. 그곳에는 루터의 41개의 죄를 다뤘다. 그리고 그를 멧돼지라고 비난했다. 루터를 보호하고 도와주는 사람과 도시는 무서운 벌을 받게 될 것이라는 위협도 함께 발표했다. 그해 10월에는 루터의 책을 공개적으로 불태웠다. 이런 상황에서 루터는 어떻게 할 수 있었을까? 교황에게 굴복해야 했을까? 만약 그가 교회의 최고 권위자라면 그렇게 했을 것이다. 그러나 루터는 교회의 왕은 교황이 아니라 예수 그리스도이심을 믿고 알았다.

　성령 하나님은 루터와 함께 계시며 도우셨다. 루터는 날이 갈수록 하나님의 말씀이 더 분명하게 보였다. 주후 1520년 12월 10일 루터는 비텐베르크 교회 바깥에서 자신이 가르치는 학생과 함께 교황이 보낸 파문서와 법전을 불태워 버렸다. 그는 교황을 적그리스도라고 응수했다. 루터는 더 이상 로마 천주교회의 사제가 아니다. 주후 1521년 1월 3일, 로마 천주교회는 루터를 최종 파문했다.

　당시 루터의 책은 최고의 인기를 끌고 있었다. 많은 사람이 루터를 통해 복음의 빛을 발견한 것이다. 그들은 루터의 가르침을 통해 교회의 교리와 질서가 잘못되었다는 것을 깨달았다. 각 나라의 영주들도 루터를 지지하기 시작했다. 심지어 신앙이 좀 부족한 인문주의자들도 루터를 따랐다. 네덜란드 공동생활형제단도 루터 편에 섰다. 에라스뮈스의 책을 출판했던 바젤의 출판사 사장은 루터의 라틴어 책을 번역 출판하여 외국으로 보내는 일을 자원했다. 주후 1520년에 출판된

/ 교황의 파문서와 교회법전을 불태우는 루터
  카를 아스펄린 작품

루터의 세 권의 책은 교회 개혁뿐만 아니라 정치적 개혁에도 영향을
미쳤다. 심지어 신성로마제국의 제국 기사단이 루터의 편을 들기 시
작했다. 보헤미야 지역 사람들도 루터를 지지했다. 당대 최고의 화
가로 알려진 알브레히트 뒤러(Albrecht Dürer, 주후 1471-1528)도 루터 편
이었다.

　작센의 선제후 지혜자 프리드리히(Friedrich der Weise, 주후 1463-1525)
는 루터를 참 좋아했다. 신성로마제국의 법에 따르면 교회에서 파문
된 사람은 지체 없이 지역에서도 추방되어야 했지만, 그렇게 할 수 없
었다. 프리드리히는 루터를 보호했다. 그는 신성로마제국의 황제, 곧
자신의 조카 카를 5세(Karl IV, 주후 1500-1558)에게 회의를 열어 이 문제

를 해결하도록 부추겼다. 카를 5세는 아직 젊었다. 스페인과 네덜란드 지역의 왕도 겸했다. 황제는 교황이 출교시킨 루터에게 벌을 내려야 했지만 많은 독일의 영주들이 루터를 지지하고 있었기 때문에 마음대로 할 수 없었다. 황제는 프랑스와 전쟁 중  이었고 이슬람 투르크 군대가 유럽 동남부로 침입해 와 여간 골치 아픈 게 아니었다. 독일 영주들의 지원이 절대적으로 필요했다. 황제는 가능한 루터를 설득해 교회도 안정시키고 정치적으로도 평화를 찾고 싶었다. 루터는 이제 정원을 어지럽히다 곧 사라져 버릴 '한 마리 멧돼지'가 아니라, 얀 후스가 예언한 것처럼 '우아한 백조'가 되어 있었다.

/ 루터와 우아한 백조

주후 1521년

## | 로마교회는 루터를 버렸지만 개혁은 멈추지 않았다

카를 5세는 주후 1521년 4월 18일, 보름스에서 제국회의를 열었다. 루터를 설득할 참이었다. 루터의 친구들은 보름스에 가지 말라고 말렸다. 얀 후스처럼 잡혀 죽을 것이라고 걱정했다. 프리드리히는 루터의 생명을 철저하게 보호해 줄 것을 황제에게 약속받았다. 그는 100년 전 얀 후스의 사건을 알고 있었기에 이 부분을 확실히 했다.

루터가 보름스로 향해 여행을 떠났다. 그 여행은 마치 개선행진 같았다. 루터가 지나가는 도시마다 사람들이 환호하며 존경을 표했다.

거리에 늘어선 사람들이 보름스로 가는 루터를 환호했다. 에르푸르트를 통과할 때는 대학생들이 나와서 황제를 환영하듯 루터를 반겼다. 루터는 이미 영웅이었다. 교황의 특사였던 기롤라모 알레안드로(Girolamo Aleandro, 주후 1480-1542) 추기경이 교황에게 보낸 편지에 이렇게 적혀 있었다고 한다. "온 나라가 난리가 아닙니다. 열 명 중에 아홉 명은 '루터'를 외치고 있습니다. 나머지 한 명은 루터가 무슨 말을 하는지 상관없지만 함께 소리치고 있습니다."

　루터는 안전하게 보름스에 도착했다. 주후 1521년 4월 17일 수요일 오후 4시, 회의에는 황제와 교황이 보낸 추기경, 위정자들, 많은 사제들이 함께했다. 루터 앞에는 자신이 쓴 20여 권의 책이 놓여 있었다. 추기경이 루터를 심문했다. 그는 루터에게 책의 내용을 취소할 것을 요구했다. 루터는 자신이 그 책을 썼다는 것을 분명히 했지만, 그 내용을 철회할 것인지 말 것인지 대답할 수 없다고 했다. 루터도 인간이었다. 그는 두렵고 떨렸다. 하루 뒤에 답을 하게 해 달라고 요청했다. 그

/ 보름스 제국회의에 참석한 루터
안톤 폰 베르너의 1877년 작품

날 밤 루터는 하나님께 간절히 기도했다.

"하나님! 많은 왕과 통치자 앞에서 성경이 유일한 진리라고 증언하게 해 주십시오."

루터는 다시 힘을 얻었다.

다음 날 시작된 회의장에 루터가 당당하게 걸어 들어왔다. 루터는 200여 명이 넘는 위정자들 앞에서 자신의 신앙을 조목조목 변호했다. 자신이 쓴 책의 내용을 설명하고 "내가 말을 잘못하였으면 그 잘못한 것을 증언하라"(요 18:23)는 예수님의 말씀을 인용했다. 마지막으로 루터는 이렇게 말했다.

"나는 성경과 하나님의 말씀에 의해 사로잡힌 양심으로 그 어떤 것도 취소할 수 없고 하지도 않을 것입니다. 왜냐하면 그것은 나의 신앙 양심에 반하는 것이기 때문입니다."

그리고 루터는 이렇게 기도했다.

"여기 내가 서 있습니다. 나는 다른 어떤 것도 할 수 없습니다. 하나님, 나를 도와주소서. 아멘!"

루터는 이 진술이 무엇을 의미하는지 잘 알았다. 루터는 이 말 때문에 화형을 당할 수도 있었다. 그는 그 힘든 고뇌와 시험을 이겨 냈다. 루터는 살아 계신 하나님과 성경에 의지해 자신의 신앙을 굽히지 않았다.

보름스 제국회의는 루터의 사상을 이단으로 정죄하고 책을 불사르고 루터를 보호하지 말 것을 결정했다. 루터를 제국의 무법자로 선언하고 그에게 빵도 물도 은신처도 제공하지 못하도록 명령했다. 황제는 그 결정을 선제후들이 퇴장한 후 발표했다. 반쪽짜리 결정이었다. 황제의 결정에 동의하지 않는 선제후들은 그 결정에 따르지 않았다. 그럴 필요가 없었다. 황제의 칙령은 루터가 죽을 때까지 취소되지 않았다. 이렇게 교황과 황제가 루터를 싫어하고 추방하려 했지만, 루터의 교회 개혁을 멈추게 할 수는 없었다. 루터는 하나님을 부인하지 않았고 하나님도 루터를 버리지 않으셨다. 루터는 4월 25일 집으로 향했다.

주후 1522-1524년

## | 복음을 선물하다

루터가 깊은 숲속을 지날 때였다. 갑자기 산적 떼가 나타나 공격했고, 루터를 납치해 어디론가 끌고 갔다. 사람들은 루터가 교황이나 황제가 보낸 자객들에 의해 제거되었을 것이라고 생각했다.

/바르트부르크성

그런데 루터는 죽지 않고 살아 있었다. 알고 보니 루터는 프리드리히 3세가 보낸 사람에 의해 바르트부르크성에 이름을 바꾸고 안전하게 피신해 있었다. 이 성은 루터가 어릴 때 공부했던 아이저나흐에서 멀지 않은 요새다. 루터는 그곳에서 조용한 시간을 보낼 수 있었다. 주후 1522년에는 헬라어 성경을 독일어로 번역하기도 했다. 정말 엄청난 일이었다. 그때까지만 해도 독일어로 된 성경이 없었다. 처음에는 신약성경을 5천 부를 찍었는데 2개월 만에 다 팔렸다. 그 후 독일어 성경은 12년 동안 20만 부가 인쇄되었다. 그가 번역한 루터 성경은 독일 민족에게 언어적 일치감과 그 언어 속에 흐르는 정신적 통일을 선물했을 뿐만 아니라, 복음 그 자체를 선물한 것이다. 역사적으로도 루

루터가 작업했던 방

터 성경은 독일어 표준을 만들었다고 평가될 뿐만 아니라, 신학적으로는 그리스도에게 초점이 맞춰지고 더 나아가 오직 은혜와 믿음으로 복을 얻을 수 있다는 것을 보여 주었다고 평가된다. 구약성경 번역도 시작했지만 12년이나 걸렸다. 주후 1534년, 드디어 독일어로 번역된 신구약 성경이 출판되었다.

종교개혁 당시 여러 곳에서 자국어로 성경을 번역하기 시작했다. 주후 1526년에는 잉글랜드의 윌리엄 틴데일(William Tyndale)이 신약성경을 영어로 번역했고, 같은 해에 네덜란드 리스벨트(Liesveld)가 자국어로 성경을 번역했다. 주후 1529년에는 취리히 성경이 번역되고 주후 1535년에는 윌리엄 틴데일이 구약성경 번역까지 마쳐 신구약 영어 성경이 출판되었다. 올리베탕(Olivetan)이 스위스 뇌샤텔에서 주후 1535년에 출판한 성경(칼뱅이 서문을 씀)도 있는데, 그것은 후에 칼뱅이 교정해서 출판한 제네바 성경(Geneva Bible, 주후 1560)이 된다.

루터는 주후 1520년 세 권의 책을 썼다. 8월에는 《독일 그리스도인 귀족들에게 그리스도교 상태의 개선에 관해 고함》이, 10월에는 《교회의 바벨론 포로에 대한 서곡》이, 11월에는 《그리스도인의 자유》가 출간됐다. 수많은 사람이 루터의 책을 사서 읽었다. 이 책들은 종교개혁을 가속화시켰다.《독일 그리스도인 귀족들에게 그리스도교 상태의 개선에 관해 고함》의 내용은 교황권에 대한 도전이었다. 그는 이 책에서 로마 천주교회에 대해 크게 세 가지 한계를 지적하고 개혁을 부르짖었다. 첫째 한계는 교회의 권위가 정부보다 우위에 있는 것이었다. 교회가 국가 관리를 임명하는 권한과 교황의 발에 입 맞추는 관습을 폐지할 것을 주장했다. 둘째는 교황만이 성경을 해석할 능력이 있다고 가르치는 것이었다. 셋째는 교황권이 교회의 공의회보다 우위에 있다는 것이었다. 그래서 교황의 성직 파문권과 로마 성지순례 전통을 폐지하자고 부르짖었다.

《교회의 바벨론 포로에 대한 서곡》은 교회가 칠대성사 교리에 의해 감금되고 교리는 성직자의 권력을 행사하는 수단으로 오용됨을 지적했다. 루터는 세 가지 교회의 영적 유수를 지적했다. 첫째는 미사를 희생제사라고 본 것이다. 미사는 우리가 하나님께 희생제사를 드리는 것이 아니라 하나님이 우리에게 그리스도의 희생제사를 은혜로 주시는 것이다. 둘째는 빵만 주고 포도주는 주지 않은 것이다. 셋째는 화체설이다. 루터는 미사가 인간의 선행이 아니라 하나님의 선행이라고 주장했다.

《그리스도인의 자유》는 자유한 그리스도인이 섬김의 종이 되어야 함을 강조했다. 그 외에도 루터의 설교집은 인기였다. 특별히 교회의 지도자들이 많은 도움을 받았다.

또 루터는 노래를 좋아해 많은 성가곡을 만들어 교회에서 가르치고 예배 시간에 불렀다. 주후 1524년에는 비텐베르크 교회에서 찬송가를 처음 만들어 부르기 시작했다. 물론 루터가 직접 지은 찬송가였다. 루터의 교회에서 음악은 매우 중요했다. 이렇게 시작된 교회 음악은 200

년이 지난 후 요한 제바스티안 바흐(J. S. Bach, 주후 1685-1750)에게서 그 절정에 이른다. 루터는 독일인뿐만 아니라 당대 여러 나라 사람들에게 매우 중요한 인물이 되었다.

주후 1521-1525년
## | 개혁은 혁명이 아니다

루터가 바르트부르크성에 숨어 지내는 동안 세상 밖은 난리가 아니었다. 주후 1521년경부터 비텐베르크 대학의 교수였고 루터의 지지자였던 안드레아스(Andreas von Karlstadt, 주후 1486-1541)가 극단적 교회 개혁을 시도했다.

안드레아스는 소위 예언자들과 어울리며 성경보다는 사람의 내면에 있는 성령의 소리에 귀를 기울이며 따랐다. 그는 기존 모든 교회 질서를 거부했다. 유아세례를 폐지하고 회중교회 형태를 취했다. 그는 교회 개혁을 혁명으로 오해했다. 루터가 쓴《그리스도인의 자유》를 오해하고 잘못 적용한 것이다.

그들은 성상숭배는 우상숭배라며 교회 성상을 모조리 파괴했다. 성상의 코가 떨어져 나가고, 손이 부러졌다. 제단을 헐고 창문을 깨뜨렸다. 성도는 누구나 하나님께 바로 나아갈 수 있는 만인제사장직을 가지고 있다는 루터의 말을 듣고 교회의 직분을 다 버렸다. 그리스도 안에서 유대인이나 헬라인이나, 종이나 자유인이나, 남자나 여자나 차별이 없다(갈 3:28)는 말씀을 글자 그대로 적용해 사회의 기존 질서를 거부하고 평등한 이상사회를 부르짖었다. 심지어 성직자를 끌어내 폭행하고 죽이기까지 했다. 안드레아스는 두 개의 박사학위를 반납했다.

사제직을 내려놓은 것이다. 그는 평범한 농민 복장을 하고 예배를 인도했다. 이런 폭동은 독일 여러 지역에 산발적으로 일어났고 점점 세력이 커졌다. 나중에는 걷잡을 수 없는 지경에 이르렀다.

루터의 제자였던 토마스 뮌처(Thomas Müntzer, 주후 1489-1525) 목사도 이 흐름에 한몫했다. 토마스 뮌처는 루터의 교회 개혁을 왜곡해 혁명을 설교했다. 루터는 폭도로 변해 물건을 부수고 집에 불을 지르고 사람을 죽이는 신자들을 보고 진정시키려 목소리를 높였지만 허사였다. 그들은 점점 더 과격해졌다. 토마스 뮌처는 폭력혁명을 하나님의 심판의 도구라고 합리화했다.

주후 1525년부터 정치, 경제, 사회적 이유로 억압받던 농민들이 마침내 반란을 일으켰다. 30만 명의 농민들이 참여한 대규모의 농민혁명이었다. 당시 농민들은 사회적으로 매우 어려운 처지에 있었다. 과도한 세금을 내야 했다. 사냥을 한다든가, 고기를 잡거나 나무를 자르는 일도 마음대로 할 수 없었다. 피땀 흘려 농사지어 놓으면 귀족들이 사냥을 한다고 밀밭에서 말을 타고 달리며 엉망으로 만들어 놓기가

/ 농민혁명12개의 원칙의 겉표지 그림

일쑤였다. 결혼을 하려면 영주의 허락을 받아야 하고 세금까지 내야 했다. 부모님이 돌아가셔도 세금을 내야 했다. 이런 어처구니없는 일들이 일어나고 있었으니 농민의 분노는 극에 달했다.

봉기한 농민군은 '12개의 원칙'을 정했다. 그 내용을 보면 이렇다. '성직자를 뽑거나 해임시킬 권리

는 마을 공동체가 갖는다. 십일조는 필요한 만큼의 월급을 성직자에게 주고 나머지는 공동체를 위해 사용한다. 농노제도를 폐지한다. 사망세금을 폐지한다. 그동안 빼앗겼던 권리를 되돌려 준다. 올바른 법 집행과 행정을 요구한다. …' 이 원칙은 두 달 만에 2만 5천부나 인쇄되었고 농민봉기를 부추겼다.

루터는 농민의 고통과 슬픔을 이해했지만 그들이 사용한 폭력적 혁명에는 반대했다. 농민혁명을 결사적으로 막았다. 루터는 주후 1525년 도둑질하고 사람을 죽이는 농민 혁명군에 대해 공개적으로 비난하는 글을 썼다. 영주들에게 농민을 진압하도록 요청했다. 결국 1525년 5월 15일 프랑켄하우젠 싸움에서 농민군이 패배함으로 농민혁명은 실패로 끝이 났다.

정치, 경제, 사회적 요인으로 억압받던 농민들이 종교개혁의 흐름에 편승해 폭동을 일으킨 것은 본래 종교개혁가들이 바란 것이 아니다. 세상의 악은 폭력적 혁명으로 바꿀 수 없다. 종교개혁은 혁명이 아니다. 혁명은 교회 개혁과 다르다.

주후 1524-1525년
## | 경건은 가정에서 증명되어야 한다

루터는 그의 인생에 아주 중요한 이별과 만남을 경험했다. 첫째는 인문주의자 에라스뮈스(D. Erasmus, 주후 1466-1536)와의 이별이고 둘째는 혼인으로 이끈 한 여인과의 만남이다.

종교개혁가는 14-16세기 르네상스 휴머니즘의 영향 아래 있었다. 르네상스 휴머니즘은 종교개혁과 함께 당대를 이끌었던 대표적인 사상이다. 르네상스 휴머니즘은 종교개혁가에게 많은 영향을 주었고, 종교 개혁은 휴머니즘에 자양분을 제공했다고 볼 수 있다. 스콜라주의가 학자들의 논쟁에 머물렀다면 휴머니즘은 인문학을 융성케 했는데, 학문의 원전을 읽도록 함으로써 고대 그리스-로마 문명에 생기를 불어넣고 재탄생시켰다. 르네상스 휴머니즘은 고대 근원으로 돌아가 그리스어와 히브리어로 성경과 신학 책을 읽도록 부추겼다. 더 나아가 인간의 위대함을 다시 발견했다.

이 르네상스 휴머니즘을 대표하는 인물이 바로 인문주의자 에라스뮈스다. 그는 로마 천주교회의 교리적 오류와 교황권의 오용을 비판했다. 하지만 그는 루터의 종교개혁 속으로 들어오지 않았다. 에라스뮈스는 인문주의자답게 루터를 《자유의지론》De libero arbitrio diatribe sive collatio을 통해 비판했다. 루터도 주후 1525년 12월 《사슬에 묶인 의지》 De servo arbitrio를 통해 에라스뮈스를 비판했다. 인간은 타락 후 선과 악을 택할 수 있는 자유가 없다면서, 에라스뮈스의 자유의지론을 거절한 것이다. 주후 1526년 에라스뮈스가 재 반박했지만, 더 이상 논쟁이 계속되지는 않았다. 결국 루터는 당대 최고의 인문주의자 에라스뮈스와 이별할 수밖에 없었다.

주후 1525년에는 루터에게 이별로 인한 슬픔만 있었던 것은 아니다. 그에겐 만남의 위로도 있었다. 루터는 42세에 16살이나 어린 카타리나(Katharina von Bora, 주후 1499-1552)와 혼인했다. 카타리나는 마차에 실린 냄새나는 생선 통 안에 몰래 숨어 수녀원을 탈출했다. 루터는 탈출한 수녀들을 보호해 주고 있었다. 나중에 대부분의 수녀들은 결혼을 했지만, 카타리나만 혼자였다.

카타리나가 루터를 좋아했지만 루터는 결혼할 마음이 없었다고 한다. 루터는 자신의 목숨이 위태로운데 결혼해 무거운 짐을 아내와 가족에게 지워주고 싶지 않았던 것이다. 그러나 카타리나의 끈질긴 구애 끝에 루터는 마침내 결혼했다. 당시 루터 주변에 있던 사람들은 놀랐다. 당연히 루터의 결혼을 반대했다. 루터와 절교한 사람도 있었다고 한다. 그만큼 당시 성직자의 결혼은 금기였다.

루터의 결혼은 종교개혁이 가정과 사회에 어떤 영향을 미쳤는지를 보여 주는 좋은 예이다. 결혼이 종교개혁과 무슨 상관일까? 루터의 결혼은 가정이 얼마나 중요한지를 재발견케 했다. 중세의 성직자는 모두 독신서약을 해야 했다. 가정을 꾸리지 않고 혼자 사는 것이 가장 고상한 영적 삶이라고 가르쳤다. 종교개혁가들은 로

/ 루터의 아내 카타리나

마 천주교회의 사제 독신제도를 비성경적이라고 비판했다.

루터는 그의 책 《그리스도인 귀족에게 고함》에서 독신제도의 잘못을 예리하게 찾아냈다. 독신제도는 하나님의 법이 아니라, 교황의 법일 뿐이라고 지적했다. 교황이 '먹지 말라, 마시지 말라, 살찌지 말라'라고 명령할 수 없는 것처럼 독신을 강제할 수 없다고 했다.

루터와 카타리나는 6명의 자녀를 낳고 또 6명의 아이를 입양해 키웠다. 루터는 가정에서 성경을 읽고 찬송을 부르며 기도했다. 그것이 가정에서의 경건생활이 되고 오늘날 '가정 경건회' 혹은 '가정예배'라

는 형태로 이어졌다. 루터는 또 아이들을 신앙교육하기 위해 '소요리 문답'을 만들었다. 아이들에게 성경을 잘 가르치기 위해 특별히 만든 교재였다. 루터는 가난한 집안의 아이들을 위한 공립학교를 세우자고 주장하기도 했다. 그는 언약의 자녀들에 대해 관심을 많이 보였다. 루터를 따라 다른 종교개혁가들도 결혼하고 가정을 이루며 살았다. 수도원의 경건은 가정에서 증명되고 실행되어야 했다.

주후 1525-1555년
## | 독일 종교개혁이 완성되다

루터의 인기와 영향력이 조금씩 식었지만 하나님은 계속해서 종교개혁을 이어 가셨다. 신성로마제국, 곧 지금의 독일 지역에 있던 여러 영주들이 루터를 든든히 지켜 주었다.

그들은 스스로 로마 천주교회를 떠나 교회 개혁을 선택했다. 당시 독일 지역 수도원 최고 책임자인 알브레히트(Albrecht von Preußen, 주후 1490-1568)가 주후 1525년부터 종교개혁 편에 서기 시작했다. 같은 해 선제후 프리드리히 3세의 동생이며 계승자인 굳센자 요한(Johann der Beständige, 주후 1468-1532)이 종교개혁을 지지했다. 개신교를 작센의 국교로 결정한 것이다. 주후 1524년부터 헤센의 담력자 필립(Philip der Großmütige, 주후 1504-1569)도 개신교를 택했다. 브라운슈바이크-뤼네부르크(Braunschweig-Lüneburg) 공작, 고백자 에른스트(Ernst der Bekenner, 주후 1497-1546)와 독일 북부와 중부지역의 몇몇 작은 영주들도 다른 제국 도시들처럼 종교개혁을 선택했다.

주후 1524년 새로 선출된 교황 클레멘스 7세(Clemens VII, 주후 1478-

1534)는 로마 천주교회를 지지하는 영주들을 모아 동맹을 결성하고 개신교 영주들을 압박했다. 그러자 루터를 지지하는 개신교 영주들도 힘을 결집해 동맹을 맺고 대항했다. 신성로마제국의 황제 입장에서는 제국이 둘로 나누어지게 생긴 것이다.

이 문제를 해결하기 위해 황제는 제2차 슈파이어 제국회의를 개최했다. 거기에 참석한 제국의원 400명은 로마 천주교회를 지지했다. 하지만 소수이지만 19명의 제국위원들은 강력히 항의했다. 이때 '항의하다'protest라는 말에서 개신교도를 뜻하는 '프로테스탄트'protestant라는 이름이 생겨났다.

그 이후 주후 1530년에 소집된 아우크스부르크 공의회에 제출된 개신교회 신앙고백이 '아우크스부르크 신앙고백'이다. 루터의 후계자 멜란히톤(Melanchthon, 주후 1497-1560)이 작성한 것이다. 독일 남부지역 일부가 츠빙글리를 지지해 동의하지 않았지만, 개신교 선제후들은 함께 뭉쳐 '슈마르칼덴 동맹'을 맺고(주후 1531) 카를 5세와 대항해 싸우기로 했다. 그러면서 아우크스부르크 신앙고백에 서명함으로 어느 정도 일치된 신앙고백을 가지게 되었다.

남부로부터 밀어닥친 이슬람 군대의 위협 때문에 신성로마제국의 황제 필립 2세는 개신교회와 화의를 청하기에 이른다. 그것이 주후 1532년 있었던 '뉘른베르크 종교화의'이다. 이 화의를 통해 로마 천주교회는 더 이상 개신교회를 핍박하지 않는다고 결정했다. 개신교회는 정치적으로 든든한 지지대를 얻게 되었다.

그 후 개신교회와 로마 천주교회의 대화는 계속되었다. 하게나우 종교회의(주후 1540), 보름스 종교회의(주후 1540/41), 레겐스부르크 종교회의(주후 1541)…. 하지만 멜란히톤과 로마 천주교회 추기경이 아무

/ 종교개혁 분포지도

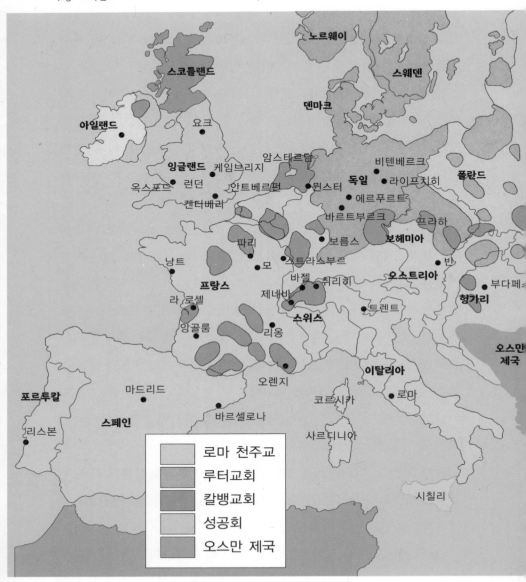

노르웨이

스코틀랜드

스웨덴

덴마크

아일랜드

요크

암스테르담

비텐베르크

폴란드

잉글랜드 케임브리지

옥스포드 런던

안트베르펀 뮌스터

독일 라이프치히

캔터베리

에르푸르트

바르트부르크

프라하

파리

보름스

보헤미아

낭트

모 스트라스부르

반

프랑스

바젤 취리히

오스트리아

라 로셸

제네바

부다페

앙골룸

리옹

스위스

트렌트

헝가리

오렌지

이탈리아

포르투칼

마드리드

코르시카

로마

오스만
제국

리스본

스페인

바르셀로나

사르디니아

시칠리

| | 로마 천주교 |
|---|---|
| | 루터교회 |
| | 칼뱅교회 |
| | 성공회 |
| | 오스만 제국 |

리 대화를 해도 이들의 의견 일치는 불가능하다는 것만 보여 주었다. 결국 주후 1555년 9월 25일 '아우크스부르크 종교화의'에 이르게 되었고 독일 종교개혁은 정치적으로 일단 마무리되었다.

이후 시민들의 종교는 그 지역의 통치자가 결정했다. 그전에는 무조건 로마 천주교회의 신앙을 가져야 했지만, 이제는 영주가 개신교회를 결정하면 개신교 신앙을 가질 수 있게 된 것이다. 시민들은 자신에게 맞는 지역으로 이사하면 종교적 이유로 핍박을 받지 않을 수 있었다. 물론 개신교 신앙이 완전히 인정되기까지는 주후 1648년까지 기다려야 했다.

마침내 종교개혁은 독일 지역에서 승리했다. 개인이 자신의 신앙을 선택할 수 있었던 것이 아니기 때문에 아직도 가야할 길이 멀지만 말이다.

루터의 종교개혁은 주후 1540년 직후 독일 지역의 65개 도시 가운데 50개의 지지를 얻었고 33개 도시는 종교를 완전히 개신교회로 바꾸었다. 그래서 신성로마제국의 황제가 개신교 출신이 될 가능성도 있었다.

스웨덴은 주후 1527년, 덴마크는 주후 1537년에 개신교회를 공식적으로 채택했다. 그 뒤를 이어 노르웨이와 핀란드도 점차 종교개혁 신앙을 받아들이게 되었다. 무엇보다 가장 영향력이 컸던 곳은 네덜란드였다. 주후 1540년까지 루터의 책이 무려 40권이나 네덜란드어로 번역이 되었다. 당시 프랑스어로 16권, 영어로 8권 번역된 것과 비교하면 굉장했다고 볼 수 있다.

황제 카를 5세의 개신교 핍박은 만만치 않았다. 루터의 책을 번역했다는 이유로 네덜란드의 두 수도사는 화형을 당했다. 그때가 주후

1523년이었다. 그 뒤에도 수많은 사람이 순교했다. 루터는 박해가 참 교회의 특징이라고 보았다. 순교는 성공적인 삶을 살았다는 증거라고 했다. 실패가 아니라 복음의 진리가 보여 주는 복이라고 생각했다.

주후 1516-1519년

## | 츠빙글리, 복음으로 교회를 개혁하다

주후 1484년 1월 1일 스위스의 작은 도시 빌트하우스에 츠빙글리 (Ulrich Zwingli, 주후 1484-1531)가 태어났다. 루터보다 7주 늦게 태어나 한 살이 어렸다. 마을 이장이었던 아버지는 일찍 돌아가시고, 교회 예비 사제였던 삼촌이 츠빙글리를 열 살까지 양육했다.

/츠빙글리
한스 아스페르의 1547년 작품

츠빙글리는 비엔나와 바젤에서 공부한 후 글라루스에서 목사가 되었다. 한때 그는 프랑스로 파병된 병사를 돌보는 종군 사제로 일하기도 했다. 그러나 스위스 용병의 처참한 실상과 비인격적 대우를 보면서 전쟁에 환멸을 느낀 그는 종군 목사직을 그만두고 아인지델른에서 목회했다(주후 1516-1518). 그곳에서 츠빙글리는 성인숭배와 마리아숭배에 충격을 받았다. 그들은 마리아 동상을 신령하게 여기며 섬기고 있었다.

츠빙글리는 교회에서 오직 그리스도만이 구원자이고 예배의 대상임을 설교했다.

츠빙글리는 바젤에 종종 들러 에라스뮈스와 친분을 쌓았다. 에라스뮈스는 히브리어와 헬라어 박사였다. 그는 바젤대학에서 가르치며 수천 개의 헬라어 성경 사본을 비교 분석해 라틴어 본문이 병기된 헬라어 신약성경을 출판했다(주후 1516). 중세 천 년 동안 라틴어 성경밖에 없었는데, 헬라어로 된 성경을 읽을 수 있게 된 것이다. 이는 역사적으로 굉장히 의미가 깊었다. 이런 작품이 나오게 된 것은 르네상스 휴머니즘 덕이다. 헬라어 성경의 출판은 종교개혁에 불을 붙였다. 루터가 독일어로 번역할 때 사용한 헬라어 성경이 바로 에라스뮈스가 출판한 것이었다.

츠빙글리는 에라스뮈스가 편집한 헬라어 신약성경을 읽고 새로운 세계를 만난 기분이었다. 그는 바울서신을 손으로 모두 베껴 썼다. 그러다가 신약성경을 헬라어로 송두리째 다 외워 버렸다. 정말 대단하다! 또 초대교회 교부들의 글을 읽으며 성경 언저리에 빼곡히 메모를 했다. 츠빙글리는 점점 로마 천주교회의 교황제도, 연옥교리, 사제들의 독신제도 등 수많은 전통에 대해 의심을 품기 시작했다.

독일에 요한 테첼이 있었다면 스위스에서는 잠존Samson이라는 인물이 면벌부를 팔았다. 잠존은 돈을 받고 면벌부를 줄 때

/ 취리히 시내 중심에 위치한 그로스뮌스터 교회

하늘을 응시하며 "그들이 (연옥에서 천국으로) 날아가고 있다"며 쇼를 했다. 순진한 신자들은 그 말을 그대로 믿었다. 츠빙글리는 도저히 참을 수 없었다. 성경에서 발견한 대속의 복음을 전하고픈 불타는 욕망이 용솟음쳤다.

츠빙글리는 주후 1519년 1월 1일 취리히교회의 목사로 청빙받았다. 거기서 그는 그동안 해 오던 스콜라적 주제설교를 버리고 마태복음 1장 1절부터 강해설교를 시작했다. 설교란 성도의 귀를 즐겁게 하는 것이 아니라 하나님의 복음 자체를 선포하는 것이라고 생각했다. 신약성경을 다 강해하는 데 6년이 걸렸다. 구약성경도 설교했다.

처음에는 교인들이 이런 설교에 익숙하지 않아 힘들어 했다. 그도 그럴 것이 당시 중세 로마 천주교회는 예배 시간에 설교를 아주 짧게 했다. 그러다 보니 신자들은 하나님께서 행하신 일에 대한 지식이 없었고, 신앙은 미신으로 전락하기 일쑤였다. 츠빙글리는 설교 시간에 헬라어 성경을 펴고 한 절씩 읽고 해석하며 설교했다. 물론 모국어로 분명하고 알아듣기 쉽게 설교했다. 신자들은 곧 복음의 핵심을 듣고 마음에 자유와 평강을 얻기 시작했다. 그들은 비로소 하나님과 그분이 행하신 일을 알고 구원의 기쁨과 감사의 삶을 살 수 있었다.

또한 츠빙글리는 로마 천주교회의 잘못된 교리와 규칙, 사람이 고안해 만든 많은 교회의 전통들을 과감하게 폐지했다. 예를 들면 사순절 기간에 고기나 소시지를 금식하는 규칙을 없앴다. 이런 규칙은 신앙에 도움이 되지 않고 오히려 신앙의 자유를 억압하고 복음을 억누른다고 본 것이다. 그는 성경만이 그리스도인의 삶과 교회의 유일한 법이라고 설교했다. 교인들은 잘못된 교리와 규칙에 억눌려 지내다가 그리스도 안에서 자유를 만끽하며 즐거워했다.

츠빙글리는 예배당의 제단을 제거하고 미사를 폐지했으며 오르간 연주도 중단했다. 그는 음악 애호가였기에 쉽지 않은 결정이었다. 이 점에서는 츠빙글리가 루터보다 훨씬 과격했다. 오직 하나님의 말씀만이 예배 가운데 우뚝 서기를 바랐다. 다만 성상들을 파괴하지는 않았다. 물론 성상숭배는 금지했다. 또한 시민들의 삶에 있어 적절하지 않은 옷이나 과도한 사치를 금지하는 법을 만들었다. 가난한 자를 위한 기금을 만들고 교육에 신경을 쓰기 시작했다.

츠빙글리는 사제의 독신주의가 성경의 가르침과 어긋난다고 보고 폐지했다. 주후 1522년 츠빙글리는 11명의 목사들과 '사제들의 결혼을 허용하거나 최소한 결혼을 묵인할 것을 촉구하는 청원서'를 만들어 서명해 로마 교황에게 보냈다. 대단한 도전이었다. 로마 천주교회는 콧방귀를 끼며 받아들이지 않았다. 그럼에도 불구하고 츠빙글리는 주후 1524년 안나 라인하르트(Anna Reinhart, 주후 1487-1538)와 결혼했고, 자녀를 4명이나 낳아 행복한 가정을 이루었다. 루터 때도 그랬듯이 성직자가 결혼을 한 것은 파격 그 자체였다. 그것은 가정이 소중하다는 것을 보여 준 중요한 개혁이었다는 것을 기억해야 한다.

예배당은 차고 넘쳐 예배 시간을 조정해야 할 정도였다. 금이나 은, 보석과 실크 옷을 가진 사람들은 팔아서 가난한 자를 구제했다. 욕, 저주하는 말, 술, 도박이 근절되었다. 간음과 성매매가 금지되고, 퇴폐적인 댄스 사교장이 사라졌다. 이런 일은 단순히 시정부가 법으로 강제했기 때문이 아니라 츠빙글리의 설교를 들은 성도들이 자발적으로 순종했기 때문에 가능했다.

츠빙글리는 교회를 개혁하기 위해 먼저 신학교를 세웠다. 주후 1522년에 시작한 이 신학교는 학생들에게 원어로 성경을 가르쳤다.

히브리어 교수가 히브리어로 된 구약성경 한 장을 읽고 해석한 다음 츠빙글리가 구약성경의 헬라어 역본70인역과 교부들의 글을 비교하며 해석을 하는 식으로 진행했다. 신약성경은 당연히 헬라어 성경으로 가르쳤다. 마지막으로 설교를 작성하면 취리히 목사들이 평가했다. 최고의 신학수업이었다. 츠빙글리는 이 학교를 '선지학교'라고 불렀다. 하나님의 말씀을 선포하고 가르치는 선지자와 같은 일꾼을 양성하는 학교였기 때문이다.

츠빙글리는 루터의 책을 읽으며 큰 도움을 받았다. 그렇다고 루터를 따라하지는 않았다. 모든 면에서 성경으로 교회를 개혁하려는 점은 같았다. 하지만 꼭 한 가지가 일치하지 않았다. 성찬에 관한 문제였다. 루터는 예수 그리스도가 성찬상의 빵과 포도주에 함께하신다고 주장했다. 츠빙글리는 빵과 포도주는 그저 예수님을 상징할 뿐이라고 했다. 두 사람은 주후 1529년 가을 마르부르크 성에서 만나 열띤 토론을 벌였다. 토론은 나흘 동안 이어졌지만 결국 둘은 서로의 의견을 인정하지 못하고 헤어졌다. 개혁가들은 당시 로마 천주교회의 공격에 맞서기 위해 서로 힘을 합쳐 도와야 할 처지였는데 그러지 못했다.

주후 1519-1523년
## | 스위스 취리히가 종교개혁의 도시가 되다

콘스탄츠의 로마 천주교회의 주교는 츠빙글리가 하는 일이 마음에 들지 않았다. 그렇다고 그를 잡아넣거나 막을 수도 없었다. 취리히시의 회가 츠빙글리의 교회 개혁을 절대적으로 지지했기 때문이다.

1523년 취리히 시의회는 지금까지 한 번도 해 본 적이 없는 특별한 일을 계획했다. 그것은 대토론회를 여는 것이었다. 츠빙글리와 로마 천주교회 대표들이 모여 토론을 하면 시의회가 듣고 옳은 쪽을 택하기로 했다. 시의회는 토론의 기준과 규칙을 정했다. 토론의 진행과 판단의 기준은 오직 성경이었다. 전통이나 교황의 말 혹은 관습에 호소할 수 없었다.

츠빙글리는 토론할 주제를 정리했다. 잘못된 교리와 전통 등 지적하고픈 것이 한두 가지가 아니었다. 무려 67개나 되었다. 주후 1523년 1월 29일, 로마 천주교회의 주교와 츠빙글리가 초청을 받았다. 하지만 주교는 오지 않았다. 대신 대리인 한 사람을 보냈다. 결과는 어떻게 되었을까? 츠빙글리는 오전 내내 600여 명의 참석자에게 궁금한 67개 논제에 대해 성경으로 조목조목 설명했다. 주교의 대리인은 꿀 먹은 벙어리처럼 아무런 반론도 제기하지 못했다. 그는 전통과 관습과 교회법에 대해서는 잘 알았지만, 성경은 잘 몰랐기 때문이다.

시의회가 잠시 토론한 후 시장이 나와 결과를 발표했다.

"우리 시의 목사, 츠빙글리는 지금까지 선포한 하나님의 복음을 그대로 계속 설교해 줄 것을 부탁합니다. 동시에 취리히의 다른 목사들도 츠빙글리와 동일한 설교를 해야 합니다."

취리히는 종교개혁 도시가 되었다.

츠빙글리가 제시한 67개의 논제는 어떤 내용이 담겼을까?


1.   교회의 확증(허락)을 받지 않은 복음은 무효라고 말하는 사람은 누구나 하나님께 죄를 범하는 것이고 하나님을 모욕하는 것이다.

17.   그리스도는 유일하고 영원한 최고의 사제이시다. 그러므로 스스로 최고의 사제라고 하는 사람은 그리스도의 영광과 권능에 대적하고 이를 내던지는 자이다.

18. 자신을 희생으로 드린 그리스도는 모든 믿는 자의 죄를 위해 드린 영원토록 확실하고 확고한 희생이시다. 따라서 미사는 희생제사가 아니라, 희생제사를 다시 생각하게 하는 것이며, 그리스도께서 우리에게 계시하신 구원의 보증일 뿐이다.

28. 하나님께서 허락하셨거나 금하지 않으신 모든 것은 옳다. 그러므로 결혼은 모든 인간에게 허락된 것이다.

57. 성경은 이 세상의 삶 이후의 연옥에 대하여 아무것도 말하고 있지 않다.

/ 츠빙글리의 죽음
칼 야우스린(Karl Jauslin)의 작품

취리히에서 시작된 종교개혁은 스위스 여러 주로 퍼져 나갔다. 샤프하우젠과 바젤도 로마 천주교회와 관계를 끊고 종교개혁으로 돌아섰다. 나중에는 베른에서 제네바까지 퍼져 나갔다. 제네바에는 기욤 파렐이라는 불같은 목사가 있었다. 나중에 칼뱅이 여기에서 종교개혁을 이끌었다.

주후 1529년 스위스에 전쟁이 일어났다. 카펠 전투다. 개신교를 따르던 취리히와 로마 천주교회를 따르는 다른 주와의 싸움이었다. 주후 1531년 취리히는 카펠 전투에서 패하고 츠빙글리도 이 전쟁에서 죽었다. 전쟁에 패한 취리히는 앞으로 절대로 다른 주에 개신교회를 세우지 않겠다고 약속해야 했다.

츠빙글리의 뒤를 이어 불링거(H. Bullinger, 주후 1504-1575)가 주후 1531-1575년까지 개혁을 이어 갔다.

주후 1525-1526년
| 극단적 종교개혁의 실패, 재세례파

츠빙글리는 로마 천주교회와의 싸움을 성공적으로 이끌었지만 교회 내부의 공격에 어려움을 겪어야 했다. 교인들 가운데 츠빙글리의 종교개혁에 불평하는 사람이 생겨났다. 그들은 성상들이 교회와 길거리에 버젓이 서 있는데 왜 당장 치우지 않고 그냥 두는 것인지 이해하지 못했다. 교인들은 '그렇다면 내가 저 우상들을 망치로 깨 버리지 뭐!' 했다. 그러나 츠빙글리는 이렇게 말했다.

"성상들을 제거하는 것은 좋습니다. 그러나 우리는 시 정부의 결정을 존중하며 따라야 하니 기다립시다. 말씀과 기도로 자유하고 성상을 우상으로 예배하지 않는다면 좀 기다려도 해는 없을 것입니다."

그들은 츠빙글리의 그런 태도가 마음에 들지 않았다. 사람들은 그를 비난했다. '실망이다! 우리가 믿던 츠빙글리 목사가 이 정도밖에 되지 않는 거야?', '츠빙글리 목사는 교회의 모든 아이에게 유아세례를 주잖아? 성경에는 유아세례를 주라는 얘기가 없어. 세례는 믿음을 스스로 고백하는 자에게만 줘야 하는 것 아닌가? 유아세례는 잘못된 거야! 무효야! 어른이 되면 다시 세례를 받아야 해!', '츠빙글리는 반쪽짜리 개혁가야! 시 정부를 너무 의지하잖아? 하나님만 의지해야 하는 것 아닌가? 교회가 정부의 시녀란 말인가?' 그들은 츠빙글리의 종교개혁에 불만이 이만저만이 아니었다.

그런 교회 내 불만분자들은 세력을 형성하더니 급기야 교회를 떠나 자신들의 교회를 세웠다. 이것이 주후 1525년 취리히에 최초로 등장한 재세례파Anabaptists 교회다. 그들은 로마 천주교회에서 영세를 받은 사람들이 개신교회에서 참 신앙을 고백하면 다시 세례를 베풀어야 한다고 주장했다.

그들은 교회를 극단적으로 개혁하려 했다. 순수하고 완전한 교회를 만들려 했다. 그들은 츠빙글리의 설교를 비난하고 그의 지도에 순종하지 않았다. 츠빙글리가 아무리 말씀을 가지고 가르쳐도 그의 권위를 떠나 자기들 마음대로 생각했다. 그럴수록 그들은 더 멀리 떠났다.

/ 취리히 시의회는 세례논쟁을 펼친 후 재세례파를 정죄했다(1525).

재세례파 교인은 츠빙글리의 영적 권위뿐만 아니라, 시 정부의 권위에도 불복했다. 그들은 자신들이 가장 거룩하고 순수한 교회라고 자랑했다.

취리히 시정부는 재세

례파를 용납할 수 없었다. 그들이 시정부의 권위를 인정하지 않았기 때문이다. 취리히 시정부는 재세례파 그리스도인을 아주 엄하게 다루었다. 재세례파 지도자들을 파문하고 시에서 쫓아내 버렸다. 만약 다시 재세례파 사상을 전하면 사형을 시키겠다고 경고했다. 그런데 주후 1526년 펠릭스 만츠(Felix Mantz, 주후 1493-1527) 목사가 경고를 무시하고 다시 취리히로 돌아와 사람들에게 자신의 교리를 가르쳤다. 다음 해 시정부는 그를 체포해 경고했던 것처럼 사형에 처했다. 사회를 무질서하게 만들었다는 죄목이었다. 펠릭스 만츠는 재세례파의 첫 번째 순교자가 되었다. 재세례파는 핍박을 받아도 수그러들지 않고 오히려 내부적으로 더 똘똘 뭉쳐 자신들이 옳다고 확신했다. 그러나 핍박이 계속되자 더 이상 견디기 힘들어 다른 곳으로 이주했다.

취리히 정부가 펠릭스 만츠를 죽이고 재세례파를 핍박한 것은 잘못이다. 신앙 때문에 사람을 죽이고 핍박하는 것은 옳지 않다. 그러나 16세기 분위기에서는 이런 일들이 자주 있었다. 더구나 교회와 국가가 오늘날처럼 분리되어 있지 않고 밀접하게 연결되어 있었던 것을 고려해 본다면 그리 이상한 일은 아니었다.

# PART 5

피고 지고 다시 피어나는 꽃처럼,
# 칼뱅과 그 후

PART

__5

주후 1455-1532년

| 칼뱅, 종교개혁의 거대한 물줄기를 타고 흐르다

/자크 르페브르

프랑스에도 종교개혁의 선구자들이 있었다. 자크 르페브르(Jacques Lefevre d'Estaples, 주후 1455-1536)는 이탈리아에서 인문학을 공부한 유학파로, 파리대학에서 교수로 활동을 한 경건하고 학식이 높은 학자이자 성직자였다.

자크 르페브르는 루터보다 이른 시기에 성경을 읽고 복음의 핵심을 발견했으며 그 복음을 전했다. 또한 로마 천주교회의 오류를 지적했다. 그는 주후 1509년에 시편 본문비평과 주석을 출판했다. 모든 시편이 그리스도를 증거하고 있음을 발견한 것이다. 또한 주후 1512년에는 바울 서신에 대한 주석을 발간했다. 오직 하나님만이 믿음으로 말미암는 의를 주시고 오직 은혜로 영생을 주신다고 설교했다.

그의 제자 중에는 시골 출신으로 건장하고 붉은 수염을 기른 한 젊은이가 있다. 그 학생은 활동적이고 두려움이 없고 민첩하며 말을 아주 잘했다. 그의 이름은 기욤 파렐(Guillaume Farel, 주후 1489-1565)이다. 자크 르페브르는 어느 날 기욤 파렐에게 이렇게 말했다고 한다. "모든 것은 하나님의 은혜일뿐일세!" 기욤 파렐은 그 말을 듣는 순간 거듭났다. 그는 하나님의 말씀을 열심히 전하는 종교개혁가가 되었다. 후에 스위스로 망명을 가서 여러 도시에 복음을 전했고 특별히 제네바의 목회자로서 칼뱅을 초빙하는 데 결정적인 역할을 했다.

/기욤 파렐

파리에서 그리 멀지 않은 모Meaux에는 브리소네(G. Briçonnet, 주후 1472-1534)라는 주교가 종교 개혁적 메시지로 설교하곤 했다. 그는 이신칭의를 교인들에게 가르쳤다. 브리소네는 파리 궁궐에서 당시 프랑수아 1세(François I, 주후 1494-1547)의 누이 마르그리트(Marguerite de Navarre, 주후 1492-1549)를 개종시켰다. 마르그리트는 프랑수아 1세에게 개신교인을 핍박하지 못하도록 압력을 넣었다.

자크 르페브르는 브리소네와 함께 모에 모여 신약성경을 프랑스어로 번역하기도 했다(주후 1523). 기욤 파렐은 번역된 프랑스어 성경으로 사람들에게 복음을 열심히 전도했다. 당시 사람들은 성경을 읽고 진리를 발견하면 "모의 우물을 마셨습니까?"라고 묻곤 했다고 한다. 여기에서 힘을 합쳐 일한 사람들을 '모 서클'이라 불렀다.

하지만 프랑스의 개신교 박해는 서서히 그러나 강력하게 진행되었다. 로마 천주교회가 프랑수아 1세를 자기편으로 만들 수 있었기 때문이다. 결국 자크 르페브르는 파리 소르본대학에서 쫓겨났다. 주후 1525년 그의 책은 판금되고 신약성경 번역본은 불태워졌다. 루터의 책들도 불태워졌다. 자크 르페브르는 종교개혁 편에 선 스트라스부르로 피난을 갔다. 스페인 북부지역인 나바르 왕국으로 시집가 왕비가 된 마르그리트 밑에서 은신처를 찾기도 했다.

그러나 그는 핍박과 고난 가운데서도 종교개혁 신앙을 포기하지 않았다. 자크 르페브르는 비밀리에 성경을 출판해 판매하고 루터의 책을 읽으며 복음을 전했다. 이렇게 프랑스 안에도 종교 개혁의 분위기는 무르익고 있었다.

이런 분위기 가운데 주후 1523년, 프랑스 북쪽 작은 도시 누아용에서 장 칼뱅(Jean Calvin, 주후 1509-1564)이라는 14세 아이가 파리로 유학을 왔다.

칼뱅은 라 마르슈대학에서 인문학과 고전어를 공부했다. 이곳에서 그는 마튀랭 코르디에(Mathurin Cordier, 주후 1479-1564)라는 훌륭한 선생에게 라틴어와 프랑스어를 배웠다. 잘 배웠다. 무엇보다도 공부하는 방법을 배운 것이 가장 큰 수확이었다. 칼뱅은 후에 《데살로니가 주석》을 마튀랭 코르디에에게 헌정했다.

라 마르슈대학에서 3년간의 공부를 마친 칼뱅은, 주후 1528년 음침하고 더럽기로 소문난 몽테규대학에 입학했다. 이곳은 에라스뮈스와 이그나티우스 데 로욜라(Ignatius de Royola, 주후 1491-1556)도 공부한 학교이다. 칼뱅은 존 마이어(John Mair)로부터 당시 이단으로 분류된 존 위클리프와 얀 후스, 루터에 대해 배웠다. 칼뱅은 종교개혁 신앙을 맞보기 시작했다.

주후 1530년에는 오를레앙대학에서 법학을 공부했다. 그곳에서 칼뱅은 루터의 신앙을 따르는 독일 출신 멜키오르 볼마르(Melchior Wolmar, 주후 1497-1560) 교수를 통해 그리스어를 배웠다. 그 덕분에 신약성경을 그리스어로 직접 읽을 수 있었다. 칼뱅은 후에《고린도후서 주석》을 멜키오르 볼마르에게 바쳤다.

칼뱅은 1년이 지난 후 프랑스 부르쥬로 떠났다. 그곳은 브리소네로부터 개신교로 개종한 마르그리트가 다스리고 있었는데, 그녀가 멜키오르 볼마르를 초청하자 그를 따라간 것이다. 칼뱅은 그곳에서 열두 살짜리 한 소년을 만났다. 바로 테오도레 베자(Theodore Beza, 주후 1519-1605)였다. 후에 칼뱅이 죽은 후 제네바교회를 목회하게 될 소년이다. 이곳에서 칼뱅은 주후 1532년 법학박사 학위를 받았다. 칼뱅은 이렇게 종교개혁의 거대한 물줄기를 타고 흘러가고 있었다.

주후 1533-1536년

## | 예수 그리스도의 종이자 공개수배자가 되다

칼뱅은 언제, 어떻게 개신교 신앙을 갖게 되었을까? 그의 회심은 루터와 달리 어느 한 순간 이루어진 것이 아니었다.

칼뱅은 아주 잘나가는 인문주의자였다. 그는 파리에서 르네상스 휴머니즘의 유명인들과 친분을 가지며 그들의 수준에까지 이르렀다. 그때 하나님은 칼뱅을 다듬으셨다. 특별한 회심의 사건은 없었다. 칼뱅은《시편 주석》에서 스스로 갑작스런 회심을 했다고 표현했다. 점차 세상을 보는 눈이 달라진 것이다.

그는 더 이상 시골뜨기가 아니었다. 종교 개혁자들의 책과 고대 훌륭한 신학자들의 책을 읽으며 당대의 실력자들과 토론할 수 있는 수준을 갖추었다. 과거와 현재를 연결하며 대화할 수 있는 몇 안 되는 학자로 성장했다. 또한 성경을 히브리어와 그리스어 원문으로 읽을 수 있었다. 그리고 어느 날 잘못된 로마 천주교회의 교리와 관습을 볼 수 있는 안목을 가지게 되었다. 그는 모든 것을 성경에 기초해 생각하고 판단했다. 놀라운 변화다.

/장 칼뱅
네덜란드 카타레리너 콘벤트 소장

칼뱅이 신앙적으로 종교개혁 입장으로 변했다는 것을 보여 주는 사건이 있었다. 주후 1533년 11월 1일 만성절이었다. 이날 칼뱅의 친구 니콜라스 콥(Nicolas Cop, 주후 1501-1540)이 파리왕립대학의 학장으로 임명되어 취임 연설을 했는데, 그 내용이 문제가 되었다. 니콜라스 콥은 몽테규대학 시절부터 칼뱅과 가까이 지내던 절친한 친구다. 그의 연설문을 칼뱅이 작성했다고 전해진다. 연설문의 내용은 거룩한 로마 천주교회를 칭송하는 것이 아니라, 마태복음 5장 3절에 근거해 복음과 하나님이 값없이 주시는 은혜를 설명했다. 즉 칼뱅은 니콜라스 콥의 입을 빌려 복음을 전한 것이다. 그의 연설문은 이렇게 시작한다.

"우리가 율법을 완전하게 지켰기 때문에 하나님께서 우리를 받으시는 것이 아닙니다. 예수 그리스도의 약속 때문에 우리를 받으십니다. 만일 이 부분에 의심이 있다면 경건한 삶은 불가능하고 지옥에 가게 될 것입니다."

로마 천주교회는 왕에게 학장의 처벌을 요구했고, 왕은 재판을 위해 두 사람을 소환했다. 하지만 그들은 모두 친구의 도움으로 파리를 탈출했다.

칼뱅이 파리에 머물 때 거주했던 하숙집은 경건한 신자 에티엔 (Etienne de la Forge)의 집이었다. 에티엔의 집에는 신앙 때문에 핍박을 피해 도망 온 사람들로 가득했다. 그 가정은 죽음을 무릅쓰고 복음에 목숨을 건 자들을 도왔다. 그곳에 머물면서 칼뱅은 자크 르페브르, 루터, 츠빙글리의 책들을 읽었다. 그리스어와 히브리어로 성경을 읽고 연구했다. 하나님은 이런 과정 가운데 칼뱅의 마음에 말씀하고 계셨다.

도도했던 인문주의자 칼뱅은 자신의 무지와 죄를 인정하는 것이 쉽지 않았다. 하지만 어느 날부터인가 칼뱅은 자신이 얼마나 잘못된 길을 걸어왔으며 진흙 같은 구덩이에서 허우적대고 있었는지를 보게 되었다. 그는 이렇게 고백한다.

"내가 깊이 빠져 있던 비참한 모습, 아니 그 이상으로 영원한 죽음의 위협을 큰 두려움과 떨림으로 바라보게 되었을 때, 신음과 통곡 속에서 과거의 삶을 회개하며 즉시 나 자신을 그분의 길에 다 드리는 일 외에 아무것도 할 수 없었습니다."

칼뱅은 더 이상 인문주의자가 아니었다. 친구 니콜라스 콥의 취임 연설 이후 모든 것이 달라졌다. 칼뱅은 예수 그리스도의 종이자 공개 수배자가 되었다.

그 후 칼뱅은 루이 뒤 틸레(Louis du Tillet)의 집에 피신해 있으면서 개인 도서관을 이용할 수 있는 특권을 가졌다. 루이 뒤 틸레는 자크 르페브르의 제자였다. 그 집에는 4천여 권의 책을 보관하고 있는 도서관이 있었다. 칼뱅은 독서에 집중했고《기독교 강요》의 밑그림을 그릴 수 있었다.

경찰의 추격은 점점 포위망을 좁혀 왔다. 칼뱅은 이제 더 이상 파리에 머물 수 없게 되었다. 잡히면 목숨을 유지하기 어려웠다. 그런 와중에 칼뱅은 누군가를 만나기로 약속을 했다. 스페인 출신으로 독일에서 살다가 프랑스로 넘어온 인문주의 신학자이며 의사였다. 그는 칼뱅과 동갑내기인데 삼위일체 하나님을 믿지 않았으며, 칼뱅과 토론하고 싶어 했다. 그의 이름은 세르베투스(M. Servetus, 주후 1509-1553)였다. 그러나 그는 끝내 약속 장소에 나타나지 않았다. 19년 후 칼뱅은 제네바에서 세르베투스를 만나지만, 좋지 않은 결과를 낳게 된다.

주후 1534년 10월 18일, 프랑스 파리와 여러 큰 도시에 대자보가 나붙었다. 그 내용은 로마 천주교회의 미사를 우상숭배라고 노골적으로 비판하는 내용이었다. 교황과 로마 천주교회 성직자들을 짐승과 살인자라고 비난했다. 이 대자보는 왕궁의 침실 옷장 서랍에서도 발견되었다. 스위스로 망명간 기욤 파렐이 만들어 붙였다는 소문도 돌았다. 문체는 상당히 강하고 도전적이었다.

프랑수아 1세는 분노했다. 수많은 개신교인을 잡아들여 고문하고 화형했다. 죄 없는 개신교인이 매 맞고 칼에 죽었다. 주후 1534년 11월부터 1535년 5월 사이에 파리에서만 24명의 개신교인이 산채로 화형을 당했다. 여기에 칼뱅의 친구도 있었다. 이것을 '벽보 사건'Affaire des Placards이라고 부른다.

주후 1535년 1월 칼뱅은 친구 루이 뒤 틸레와 함께 경찰의 추격을 피해 독일 쪽을 향해 말을 타고 달렸다. 살을 에는 추위는 감당하기 어려웠다. 이미 수많은 프랑스 개신교인이 스트라스부르에 모여 있었다. 그러나 거기도 체포의 손길이 미치고 있어 칼뱅은 더 남쪽으로 내려갔다. 스위스 바젤에서 에라스뮈스를 만났다. 칼뱅은 바젤에 머물면서 1년 동안 연구에 몰두할 수 있었다. 그곳에서 니콜라스 콥과 마르그리트의 궁정 설교가를 만나 프랑스의 개신교인에 대한 박해가 얼마나 잔인하고 끔찍한지 소상하게 들었다. 칼뱅의 하숙집 주인 에티엔도 화형 당해 죽었다는 소식을 들었다. 사탄은 진리를 무너뜨리려 온갖 발악을 하고 있었다. 칼뱅의 마음은 슬픔으로 한없이 무너져 내렸다.

칼뱅은 억울하게 핍박받고 고통 속에 있는 개신교인을 위해 뭔가 해야겠다는 결심을 했다. 비밀 결사대를 조직했을까? 그리스도인은 그런 방법으로 하나님 나라를 이룰 수 없다. 칼뱅은 자신이 가장 잘할 수 있는 방법을 생각했다. 그것은 개신교인이 믿는 신앙이 이단이 아니라 성경 말씀에 기초한 진리임을 설명하며 변호하는 것이었다. 그 결과물이 바로 《기독교 강요》이다. 이 책은 주후 1535년 바젤에서 시작해 주후 1536년 3월 출판되었다.

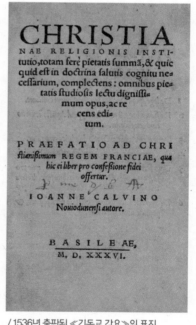

/ 1536년 출판된 《기독교 강요》의 표지

## | 모든 일이 하나님의 크신 섭리 속에 있다

주후 1536년, 프랑수아 1세가 개신교 박해를 6개월 동안 중단하는 쿠시 칙령을 내렸을 때 칼뱅은 고향 프랑스를 방문하여 파리를 돌아본후 다시 본격적으로 망명생활을 하기 위해 조국을 떠났다. 칼뱅은 스위스 바젤에 가서 책을 읽고 연구하며 글을 쓰고 싶었다. 그가 할 수 있는일은 그것뿐이라고 여겼다. 아니면 스트라스부르로 가는 것도 좋겠다고 생각했다. 모든 것이 불확실했다. 상황에 따라 결정해야 했다.

스트라스부르는 파리에서 동쪽으로 가야 한다. 그런데 그때 프랑수아 1세와 신성로마제국의 황제 카를 5세가 전쟁 중이었다. 두 나라는늘 원수처럼 지냈다. 길목마다 군인들이 지키고 있었다. 칼뱅은 남동생과 누이를 데리고 남쪽으로 내려가 제네바를 거쳐 길을 돌아가기로했다. 프랑스 남쪽으로 내려와 리옹을 지나 스위스를 통과해 바젤이나 스트라스부르로 갈 계획이었다. 한참이나 우회하는 길이지만 방법이 없었다.

칼뱅은 깊고 험하고 가파른 알프스 산길을 걸어 제네바에 도착했다. 스위스 로잔까지 가려 했지만 어두워지기 시작해 조그마한 여관을 찾았다. 제네바에서 하룻밤 자고 떠나려 했던 칼뱅의 계획은 어떻게 되었을까?

제네바는 종교개혁을 선택한 지 몇 달 되지 않았다. 마침 칼뱅이 제네바에 도착했다는 소식을 제네바교회의 목사 기욤 파렐이 듣고 칼뱅을 찾아왔다. 그는 이미 칼뱅에 대해 잘 알고 있었다. 칼뱅은《기독교강요》를 통해 유명해져 있었다. 기욤 파렐은 칼뱅처럼 성경에 해박하고 훌륭한 자가 제네바교회에 필요하다고 생각하고 있었다. 그는 제네바교회의 개혁에 진이 빠져 있던 참이었는데, 칼뱅의 소식을 듣고 제네바교회를 위한 적임자를 만날 수 있다는 기대감에 차 있었다.

두 사람은 모두 프랑스 출신으로 피난민 신세였다. 둘 다 초면이었다. 서로 뭐라고 인사를 했을까? 프랑스 말로 인사를 했을 것이다. 기욤 파렐은 마음속에 품고 있던 것을 주저하지 않고 칼뱅에게 말했다.

"칼뱅 선생님, 우리 제네바교회를 맡아 목회해 주십시오!"

/ 칼뱅이 사역했던 제네바 성 베드로 성당의 현대 모습

칼뱅은 교회에서 설교를 해본 적도 없고 목회는 생각지도 못했다. 더구나 칼뱅은 책을 읽으며 연구와 집필 활동을 하기 위해 바젤로 가고 있는 중이었다. 그런 와중에 교회 목사직을 요청받으니 어처구니가 없었다. 칼뱅은 기욤 파렐의 요청을 단박에 거절했다. 하지만 기욤 파렐은 물러서지 않았다. 이 정도에 포기할 사람이 아니었다. 그는 말했다.

"전능하신 하나님의 이름으로 선포합니다. 만일 당신이 우리와 함께 주님의 일 하는 것을 거절한다면 당신의 연구는 위선이 될 것입니다. 하나님은 당신을 저주하실 것입니다. 당신은 당신 자신만을 생각하고 그리스도를 위하지 않습니다."

칼뱅은 망치로 머리를 맞은 듯했다. 그는 나중에 이날의 일을 "마치 하나님이 높은 곳에서 손을 뻗어 꼼짝 못하게 붙잡는 것 같았다"고 회고했다.

칼뱅은 기욤 파렐의 강권에 자기도 모르게 목사직 요청을 수락하고 말았다. 그렇게 칼뱅은 제네바교회의 목사로 일하게 되었다. 하나님의 섭리는 참 신기하다. 그 섭리를 인간은 다 이해할 수 없다. 사람의 계획을 뛰어넘어 일하시는 하나님의 섭리를 찬양하게 된다.

주후 1536년 9월, 로만 호수에 위치한 도시 로잔에서 큰 공개 토론회가 열렸다. 이 토론회의 결과에 따라 로잔시가 개신교 신앙을 택할지, 아니면 로마 천주교회 신앙을 그대로 유지할지를 결정할 것이다. 그곳에 기욤 파렐과 칼뱅이 함께 갔다. 로잔교회에서는 피에르 비레(Pierre Viret, 주후 1511-1572)가 목회를 하고 있었다. 기욤 파렐과 피에르 비레가 토론자로 나섰고 174명의 로마 천주교회 사제 가운데 네 명이 토론회에 참석했다. 수많은 사람이 이 공개토론을 들으려고 모여들었다.

하루는 성찬식의 떡과 포도주가 어떻게 실제 예수님의 살과 피로 변하는지에 대해 로마 천주교회 사제가 교회 교부들을 언급하며 주장했다. 그 자리에서 조용히 듣기만 하던 칼뱅이 벌떡 일어났다. 칼뱅은 이미 파리에서 공부할 때 교부들의 글을 많이 읽었다. 그는 로마 천주교회 사제들이 언급한 내용 가운데 무엇이 잘못되었는지, 교부들의 이름과 책 내용을 정확하게 인용하면서 반박했다. 키프리아누스, 테르툴리아누스, 크리소스토무스, 아우구스티누스 등들이 했던 말을 인용했다.

듣고 있던 청중들은 깜짝 놀라 그를 쳐다보았다. 로마 천주교회 사제들은 한 마디도 대답할 수 없었다. 칼뱅의 반론을 듣던 한 사제가 그 자리에서 개신교 신앙으로 개종했다. 많은 청중도 칼뱅의 설명에 감동을 받았다. 그 후 사제 120명과 수사 80명이 로마 천주교 신앙에서 종교개혁 신앙으로 돌아왔다. 칼뱅의 하나님에 대한 성경 지식과 지혜가 놀라웠다.

## | 프랑스 출신 목사 3명이 제네바에서 추방되다

칼뱅은 제네바교회를 위해 신앙고백과 교회 질서를 제정해 실시했다. 칼뱅과 동료 목회자들이 개혁한 것은 성찬, 시편 찬송, 요리문답, 혼인, 이렇게 네 영역이었다. 칼뱅은 그것을 시의회에 제출했고 시의회는 검토 후 모든 시민이 서약하도록 했다.

시의회는 다른 것은 허락했지만 성찬에 관한 것은 거절했다. 칼뱅은 성찬의 횟수와 참여 자격 결정은 시의회가 아니라 교회의 권한이라고 보았다. 게다가 제네바는 이미 정치적으로 교회의 종교개혁을 결정했으니 교회는 영적인 일만 하고 시의회는 행정적인 일을 하도록 한 것이다. 그러나 이는 허용되지 않았다. 시의회는 여전히 교회의 영적 다스림을 정치적 다스림과 분리하지 않았다. 이것은 당시 역사적 상황으로 쉽지 않은 일이었다.

그러나 성찬 외의 영역에 대해서는 개혁이 이루어졌다. 그중 눈에 띄는 것이 시편 찬송이다. 칼뱅은 예배에서 성가대 찬양을 없애고 온 회중이 시편을 찬송하도록 했다. 물론 가사도 라틴어가 아니라 일상 언어였다. 오늘날 예배에서 회중 찬양이 가능한 것은 종교개혁가들

덕택이다.

교회 개혁은 결코 쉽지 않았다. 시민들 중에는 불평하는 사람들도 있었고, 신앙과 규범을 올무로 생각하고 싫어하는 자유분방하고 방탕한 자유주의자들도 있었다.

네덜란드 출신 개종자 카롤리(Pierre Caroli, 주후 1480-1550)는 로잔에서 목회를 하고 있었다. 카롤리는 명석한 학식을 소유했고 박사학위도 있었다. 그는 한때 방탕한 생활을 한 적도 있었는데, 기욤 파렐과 피에르 비레로부터 혼나기도 했다. 그는 늘 교만했다. 피에르 비레보다 자신이 더 나은 대우를 받아야 한다고 주장하기도 했다. 나중에는 칼뱅이 삼위일체 교리를 믿지 않는다고 터무니없는 소문을 퍼트렸다. 사람들이 의심의 눈초리로 칼뱅을 바라보자 로잔 시의회가 나서 조사를 했다. 칼뱅의 교리는 아무런 문제가 없었다. 나중에 베른 의회는 카롤리의 부도덕한 행실을 이유로 목사직에서 제명을 결정했다. 카롤리는 로마 천주교회로 돌아가 버렸다.

주후 1538년 2월 칼뱅에게 불리한 일이 진행되고 있었다. 교회 개혁에 반대하는 행정장관 4명이 선출되었다. 이들이 중심이 된 200인 의회는 목사가 가진 성찬 금지 권한을 없앴다. 목사는 설교만 하고 교회 행정은 시의회의 권한이라고 못박았다. 그뿐만 아니라 베른 시의회가 제네바교회에게 요구한 것이 있었다. 로마 천주교회의 몇 가지 관습을 다시 받아들이는 것이었다. 성찬에서 무교병을 사용하는 것과 교회 절기(성탄절, 부활절, 승천일, 오순절)를 다시 예전처럼 성일로 성대히 지키자는 것이었다. 제네바 시의회는 목사들과 의논도 하지 않고 일방적으로 그것을 결정해 버렸다. 기욤 파렐과 칼뱅, 그리고 시각 장애인 쿠로(Elie Courault) 목사가 시의회에 강력하게 항의했지만 소용이 없었다. 오히려 시민들 가운데 반대자들이 나서서 프랑스 출신 3명의 목사에게 모욕적인 욕설을 퍼부으며 주먹과 몽둥이로 폭력을 휘두르기도 했다.

어느 부활절 주일이었다. 칼뱅과 목사들은 성찬을 시행하지 않았다. 시의회가 죄인도 성찬에 마구 참석할 수 있도록 했기 때문이다. 칼뱅은 설교단에서 제네바 시의회의 결정이 잘못되었다고 강력하게 설교했다. 그러자 성질 급한 폭력배들이 칼뱅을 죽이겠다고 앞으로 달려 나갔다. 말리지 않았다면 칼뱅은 아마 죽었을 것이다.

다음 날 시의회는 3명의 목사를 추방했다. 그들은 3일 안에 제네바를 떠나야 했다. 칼뱅과 기욤 파렐은 취리히 종교회의에서 항변했다. 취리히는 제네바에 대표단을 보내 3명의 목사직을 다시 회복시킬 것을 제안했지만 제네바는 거절했다. 아무런 힘이 없는 3명의 프랑스 난민 목사들은 터벅터벅 바젤로 향했다. 주후 1538년 5월 말이었다.


## | 엄한 권징은 부작용이 따른다는 것을 깨닫다

바젤에 머문 지 얼마 되지 않아 기욤 파렐은 뉴샤텔교회의 청빙을 받아 떠났다. 칼뱅도 7월에 프랑스 스트라스부르의 한 난민 교회로부터 청빙을 받았다. 하지만 그는 요청을 거절했다. 칼뱅은 아직 제네바에서의 충격에서 벗어나지 못해 교회를 돌볼 힘이 없었다. 그뿐만 아니라 칼뱅은 바젤에서 흑사병에 걸린 기욤 파렐의 조카를 돌봐야 했다.

그러나 칼뱅은 기욤 파렐 조카의 장례를 치르고 난 후 스트라스부르 난민 교회의 청빙을 받아들였다. 칼뱅을 초청한 사람은 부서(M.

Bucer, 주후 1491-1551)라는 유명한 종교개혁가였다. 부서는 칼뱅에 대해 잘 알고 있었다.

/ 부서

칼뱅은 스트라스부르에서 3년 동안 참 행복한 시간을 보냈다. 그곳의 시장은 야콥 쉬투름(Jacob Sturm, 주후 1489-1553)인데 종교개혁을 지지했다. 교회는 복음을 선포하고 성례를 바르게 시행했다. 주중에는 요리문답을 가르쳤다. 출교의 마지막 권한은 시의회가 가졌지만, 교회는 권징을 행할 수 있고 가정 심방도 했다. 칼뱅은 주후 1538년 9월 8일부터 프랑스 난민 교회에서 프랑스어로 설교를 했다. 그들은 가난했지만 신앙은 부자였다. 예배는 은혜로 가득했다. 칼뱅은 폭도나 싸움 혹은 고함소리나 창문으로 던지는 돌을 걱정하지 않아도 되는 스트라스부르의 평화를 맘껏 누렸다.

생활은 당분간 부서의 집에서 했다. 난민교회를 목회하고 있는 터라 제대로 생활비를 받지 못했을뿐더러 시의회가 생활비를 약속했지만 제때 나오지 않았다. 부서는 이미 엘리자베스와 결혼 해 여섯 명의 자녀를 두었다. 신앙 때문에 박해를 피해 도망 온 사람들이 부서의 집에 머물곤 했다. 부서의 집은 '의로운 숙소'라 불렸다. 부서는 사람의 관계를 중요시하는 평화의 사역자였다. 칼뱅도 나중에 집을 얻었을 때는 학생들을 하숙시켰다.

칼뱅은 제네바에서 교회 개혁을 서두른 것을 후회했다. 본질의 문제가 아니면 목소리를 높이지 않기로 다짐했다. 칼뱅은 부서로부터 관용을 배웠다. 너무 엄한 권징의 부작용을 알게 되었다. 예배 순서와 내용은 부서가 사용하는 것을 눈여겨보았다. 이미 프랑스 난민교회는 10년 전부터 자국의 언어로 시편 찬송을 부르고 있었다. 칼뱅은 시편 찬송을 힘차게 부르는 성도들의 모습을 보며 매료되어 빠져 들어갔다. 주후 1539년 칼뱅은 18편의 시편 찬송과 곡조를 붙인 사도신경을 담은 찬송가를 클레멩 마로(Clement Marot, 주후 1496-1544)의 시편과 함께 출판했다.

그 외에도 칼뱅은 유럽 최고의 중등과정인 스트라스부르의 김나지움에서 성경을 가르쳤다. 그리고 그곳에서 《기독교 강요》를 개정해 출판했다. 라틴어로 썼지만 다시 프랑스어로도 인쇄했다. 칼뱅의 프랑스어 실력은 아주 훌륭했다. 주후 1539년 10월에는 《로마서 주석》이 출판되고 예배에 관한 책도 썼다. 나중에는 성찬에 관한 조그마한 책도 프랑스어로 출판했다. 일반 성도들이 읽을 수 있도록 하기 위해서였다.

한편 부서와 기욤 파렐은 칼뱅이 혼자 사는 것을 안쓰러워했다. 칼뱅도 부서의 결혼생활을 옆에서 부러워했다. 하지만 아내를 찾는 것이 쉽지 않았다. 그러던 중 칼뱅은 자신이 목회하고 있던 피난민 중에 이들레뜨(Idelette van Buren, 주후 1505-1549)라는 여자를 눈여겨봤다. 네덜란드 출신 기혼 여자로 어린 두 자녀를 두었다. 남편이 흑사병에 걸려 죽은 후 외롭고 어렵게 살고 있었다. 본래 재세례파에 속했지만 개종하고 칼뱅이 전하는 개혁신앙을 받아들인 경건한 여자였다. 칼뱅은 주후

/ 이들레뜨

1540년 8월, 기욤 파렐 목사의 주례로 이들레뜨와 결혼식을 올렸다.

이들레뜨는 신혼 때부터 남편과 많은 시간을 보낼 수 없을 정도로 바빴다. 손님 치르는 것도 힘든데 하숙집 가정부의 거친 입담은 그녀를 힘들게 했다. 그러나 그녀는 불평하지 않고 인내했다. 병자들을 찾아 돌보고 슬픔에 처한 사람들을 위로하며 남편의 목회를 도왔다. 부인의 충만한 사랑을 받으며 칼뱅은 행복한 삶을 누렸다. 하지만 결혼생활은 쉽지 않았다. 부부 둘 다 몸이 약해 자주 아팠다. 그렇게 9년을 서로에게 만족하며 하나님께서 주시는 만큼의 복된 삶을 살아갔다.


## | 칼뱅, 제네바로 복귀하다

제네바교회는 네 명의 새로운 목사가 사역했다. 그들은 시의회의 꼭두각시노릇만 했다. 제네바의 사악한 자들은 마음대로 도시를 장악하고 주물렀다. 목사들은 아무런 영적 조치도 취하지 않았다. 이렇게 제네바가 영적으로 침체 상태에 들어갔을 때 사탄이 틈을 탔다.

사돌레토(J. Sadoleto, 주후 1477-1547)라는 주교 겸 추기경이 제네바 시의회에 공개적으로 종교개혁을 포기하고 로마 천주교회로 다시 돌아오라는 편지를 보냈다. 그때가 주후 1539년 4월, 칼뱅이 제네바를 떠난 지 꼭 1년이 되는 때였다. 제네바 사람들은 그 편지에 어떻게 대답해야 할지 몰랐다. 제네바시는 편지를 그대로 베껴 써 스트라스부르에 머물고 있는 칼뱅에게 보냈다. 이 문제를 해결할 수 있는 사람은 칼뱅밖에 없다고 생각한 것이다.

칼뱅은 그 편지를 읽고 의로운 분노가 치솟아 가만히 있을 수가 없었다. 9월에 칼뱅은 꼬박 엿새 동안이나 시간을 들여 1만 5천 개의 단어가 담긴 긴 편지를 써 사돌레토에게 보냈다. 사돌레토는 칼뱅의 성경적 반론에 그 어떤 대답도 보낼 수 없었다. 칼뱅은 제네바에서 추방되었지만 제네바교회와 성도들을 향한 사랑은 남아 있었다.

그 후 제네바에서는 변화의 움직임이 감지되기 시작했다. 칼뱅을 반대하는 자들이 쫓겨나고 칼뱅의 지지자들이 행정관이 된 것이다. 칼뱅을 쫓아냈던 두 명은 제네바시를 베른으로 넘기려는 공모를 하다가 죽었고 다른 두 명은 도망갔다. 제네바는 정치적으로 칼뱅의 종교개혁을 지지하는 분위기로 반전되었다.

제네바교회는 칼뱅을 다시 목사로 청빙하길 원했다. 칼뱅의 지지자들은 주후 1540년 3월 칼뱅에게 편지를 써 돌아오기를 요청했다. 하지만 칼뱅의 마음은 쉬 움직이지 않았다. 로잔에 있던 피에르 비레도 공기 좋고 물 좋은 제네바로 어서 돌아오라고, 고통과 비탄과 슬픔 속에 빠진 교회를 다시 일으켜 세워 달라고 계속 칼뱅을 설득했지만 효과가 없었다. 칼뱅은 상처가 아직도 아물지 않았는지 초청에 응하지 않았다.

/칼뱅

제네바 시의회는 총회를 열어 주후 1540년 10월 정식으로 칼뱅을 제네바의 목사로 초청했다. 제네바 시의회에서 보낸 특사가 청빙서를 가지고 당시 보름스 제국회의에 참석하고 있는 칼뱅에게 전달했다. 동시에 제네바시는 베른과 취리히 의회에도 칼뱅을 설득해 줄 것을 요청했다. 제네바 시의회는 애가 달았다. 시민들을 동원해 칼뱅에게 편지를 써 마음을 돌리도록 노력했다. 하지만 스트라스부르 시의회는 칼뱅이 제네바로 가는 것에 반대했다. 그들은 유능한 칼뱅을 빼앗기고 싶지 않았다. 칼뱅을 가운데 두고 줄다리기가 팽팽했다.

칼뱅은 제네바교회의 청빙을 매몰차게 거절할 수 없었다. 깊은 고민에 빠졌다. 하나님의 소명과 교회를 향한 책임 때문에 마냥 편안한 생활을 즐길 수 없었다. 두려움이 몰려왔다. 칼뱅은 너무 고민한 나머지 차라리 죽고 싶을 정도였다고 한다. 그러는 동안 칼뱅의 마음은 점점 제네바로 향하고 있었다. 10월 쯤 칼뱅이 기욤 파렐에게 보낸 편지 내용을 보면 그것을 알 수 있다.

"저는 하나님께 바쳐진 희생제물처럼 나의 심장을 하나님께 드립니다. 주님! 나는 나의 심장을 당신께 즉시 그리고 순결하게 바칩니다."

칼뱅의 신앙을 표시할 때 손 위에 심장이 놓인 그림을 많이 쓰는데, 바로 이 편지글 때문이다.

스트라스부르 의회는 제국회의에 참석하고 있는 칼뱅을 소환해 제네바로 가도록 허락했다. 대신 스트라스부르 시민권을 그대로 유지하고 생활비도 계속 지불하겠다고 결정했다. 칼뱅은 시민권을 감사히 받고 생활비는 사양했다. 그렇게 칼뱅은 주후 1541년 다시 제네바로 돌아왔다. 9월 13일 제네바에 도착한 칼뱅은 시민들의 열렬한 환호를 받았다. 이렇게 새로 시작된 칼뱅의 제네바 종교개혁은 교회 역사뿐만 아니라, 세계 역사도 바꾸어 놓는 엄청난 영향을 미치게 된다.

## | 법과 질서를 성경의 토대 위에 세우다

제네바 시의회는 칼뱅을 위해 교회 가까이 집 한 채를 마련했다. 푸른 호수가 내려다보이는 작은 정원도 있었다. 검은 벨벳으로 만든 고급 외투 한 벌도 선물했다. 칼뱅의 아내와 딸 주디스를 데려오도록 말 2마리가 끄는 마차와 전령을 스트라스부르로 보냈다. 칼뱅을 초빙하기 위해 극진히 대우했다.

칼뱅은 제네바 시의회로부터 매달 500플로린의 월급과, 12부대의 밀, 포도주 2통을 받았다. 밀은 일주일에 빵 1,200개를 만들 수 있고 포도주는 하루에 2병을 마실 수 있는 양이다. 보통 목사보다 좋은 대우다. 제네바 시의회는 수많은 나그네를 대접해야 하는 칼뱅의 상황을 고려해 생활비를 정했다.

칼뱅은 3년 전 실패했던 교회 개혁을 다시 시작했다. 칼뱅은 스트라스부르에서 부서 목사로부터 배운 것을 바탕으로 비본질적인 것에는 유연하게 대처했다. 큰일에 집중하고 사소한 일은 넘어갔다. 사람들로부터 미움을 피하고, 과거의 일은 용서하며, 어떤 경우에도 화를 내지 않으려 노력했다. 제네바로 돌아온 후 첫 번째 집회에서 칼뱅은 터키족이 헝가리를 위협하고 있고, 흑사병이 사람들을 괴롭히며, 프랑스에는 혹독한 핍박이 있으니 전능하신 하나님 앞에 겸손할 것을 설교했다. 3년 전 자신을 추방했던 제네바시에 대한 서운한 얘기는 전혀 하지 않았다.

칼뱅은 제네바로 돌아온 지 2주가 된 때 교회 개혁에 착수했다. '제네바 교회법'을 만들어 소의회에 제출했고, 주후 1541년 11월 20일 통과되었다. 이 교회법은 전 세계 개신교회가 모범으로 삼는 교회 질서다. 칼뱅은 우선 네 가지 직분을 제시했다. 목사, 교사(신학교 교수), 장로, 집사다. 로마 천주교회에는 장로나 집사와 같은 평신도 직분자가 없다. 칼뱅은 일반 성도를 권위 있는 직분자의 위치로 회복시켰다. 이것은 칼뱅 마음대로 정한 것이 아니라 성경의 직분을 되찾은 것이다.

칼뱅은 장로를 교회가 선출해 임명해야 한다고 주장했지만 시의회는 반대했다. 시의회는 장로를 교회가 아니라 시가 임명하는 것으로 바꾸었다. 칼뱅은 비본질적인 것은 양보했다. 당시 교회와 정부가 밀접하게 연결되어 있는 특수한 상황도 고려했다. 교인의 최종 출교 권한은 교회가 아니라 시의회가 가졌다. 그러나 발전도 있었다. 성도가 죄를 계속 범할 경우 교회는 그를 3번 경고한 후 생활의 변화가 보일 때까지 성찬에서 제외시킬 수 있었다.

매 주일 새벽과 오전 9시에 예배를 드렸고, 정오에는 어린이를 위한 요리문답반을 열었고, 오후 3시에는 두 번째 예배를 드렸다. 주중에도 월요일, 수요일, 금요일에 성경 강해가 있었다. 세례는 로마 천주교회에서는 교회당 출입문 근처에서 했지만 제네바교회는 강단 옆에서 했다. 성찬은 교인들이 몇 사람씩 앞으로 나와 성만찬 테이블 앞에서 받았다. 제네바교회는 이제 개신교회로서 자리를 잡아 가고 있었다. 그렇지만 교회법이 만들어졌다고 해서 모든 것이 잘 시행된 것은 아니다. 제네바교회와 시의회가 이 법에 익숙해져 자연스럽게 따르게 되는 데는 14년의 시간이 더 필요했다.

성도들의 신앙이 바르게 서니 교회가 든든히 세워지고 가정과 사회가 힘을 얻게 되었다. 법과 질서도 성경의 토대 위에 결정되고 집행되었다. 칼뱅의 가르침을 받은 시의회는 시민들의 삶을 평화롭고 경건하게 유지하기 위해 법규를 잘 만들어 시행했다. 법을 어기는 사람은 처벌하기도 하지만 지키는 자를 보호하는 역할도 잘했다.

법은 구체적이었다. 예를 들면 음식 찌꺼기나 오물을 거리에 투척하는 것이 금지되었다. 발코니에는 반드시 난간을 만들어 아이들이 떨어지지 않도록 해야 했다. 유모는 아기와 함께 침대에서 잘 수 없고, 집주인은 경찰의 허가 없이 방을 임대할 수 없고, 상인은 정직하게 거래하고 상품을 너무 비싸게 팔아서도 안 됐다. 선거 때가 다가오면 목사는 경건한 사람을 선출해야 할 시민의 의무를 가르쳤고 성도들은 기꺼이 순종했다. 제네바는 이렇게 유럽에서 점점 경건한 종교개혁 도시로 우뚝 서 갔다. 제네바는 알프스 산꼭대기에 우뚝 서 온 세상을 환하게 비추는 거룩한 성 예루살렘과 같았다.

주후 1555-1559년

## | 제네바에서 종교개혁이 꽃을 피우다

종교개혁은 제네바에서 꽃을 피우며 풍성한 열매를 맺었다. 제네바교회는 목사가 18명으로 늘어나면서 점점 성장해 갔다. 방종주의자들은 칼뱅을 방해하고 나섰지만 실패했다. 각국에서 신앙 때문에 피난 온 수많은 난민은 제네바교회에서 안식을 찾고 신앙의 자유를 누렸다. 주후 1561년부터는 교회의 치리회가 출교권까지 가지게 되었다. 오랜 투쟁 끝에 얻어낸 것이다.

스코틀랜드의 종교개혁가 존 녹스(John Knox, 주후 1514-1572)는 제네바에서 3년 동안 머물며 칼뱅과 교류했는데, 후에 "제네바는 사도시대 이후 존재한 가장 완벽한 그리스도의 학교"라고 칭송했다고 한다. 기욤 파렐은 제네바 시를 보면서 "다른 곳에서 첫째가 되는 것보다 제네바에서 꼴찌가 되는 것이 낫다"라고 말했다.

제네바교회 하면 생각나는 것은 '제네바 시편 찬송'이다. 주후 1562년에 《제네바 시편 찬송》이 출판되었다. 음악 교사인 루이 부르주아(Louis Bourgeois, 주후 1510-1559)가 17년 동안 제네바교회 성도들에게 찬양을 가르쳤다. 루이 부르주아는 104개의 시편 찬송의 멜로디를 만들었다. 그의 곡은 '만복의 근원 하나님'이란 제목으로 한국 찬송가 1장에도 실려 있다. 가사는 클레멍 마로와 테오도레 베자가 주로 썼는데 칼뱅이 주도적으로 감독했다. 이것은 그 후 종교개혁을 이어 가는 교회에 소중한 신앙 유산으로 남았다. 지금도 장로교회와 개혁교회들은 이 제네바 시편을 즐겨 부르고 있다. 한국 찬송가 548장 '날 구속하신'이라는 노래는 당시 운율에 맞춘 칼뱅의 노래이다. 안타깝게도 이런 시편 찬송은 한국교회에는 잘 알려지지 않았다. 한국교회가 시편 찬송을 즐겨 부르는 날이 오기를 기대해 본다.

칼뱅은 '제네바 아카데미'를 세웠다. 일종의 고등교육기관이었다. 인구 2만여 명의 도시이며 시민 3분의 1이 난민으로 이루어진 제네바는 대학을 세우기 위해 온 시민이 나섰다. 그때가 주후 1559년 6월 5일이다. 학교 입구 현관에는 히브리어로 "여호와를 경외하는 것이 지식의 근본이거늘"(잠 1:7), 헬라어로 "예수는 하나님으로부터 나와서 우리에게 지혜와 의로움과 거룩함과 구원함이 되셨으니"(고전 1:30), 라틴어로 "오직 위로부터 난 지혜는 첫째 성결하고 다음에 화평하고 관용하고"(약 3:17)라는 성경구절을 써 붙였다.

학장은 테오도레 베자가 맡았다. 그는 실력 있는 저명한 교수들을 불러 모았다. 학교는 처음부터 성공이었다. 학생이 900여 명이나 등록

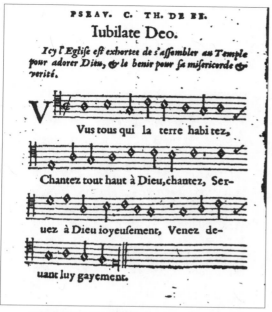

PSEAV. C. TH. DE BE.
Iubilate Deo.

*Icy l'Eglise est exhortee de s'assembler au Temple pour adorer Dieu, & le benir pour sa misericorde & verité.*

V us tous qui la terre habitez,

Chantez tout haut à Dieu, chantez, Ser-

uez à Dieu ioyeusement, Venez de-

uant luy gayement.

/ 제네바 시편 찬송 중 시편 100편

을 했으니 말이다. 유럽 각 나라에서 제네바로 유학을 왔다. 프랑스에서 가장 많은 학생이 몰려왔다. 학부 과정을 마치면 신학, 의학, 법학을 계속 공부할 수 있었다. 제네바 아카데미를 졸업한 사람들 가운데 하이델베르크 요리문답의 공동저자 카스파르 올레비아누스(Kaspar Olevianus, 주후 1536-1587)도 있다. 이 학교에서 배운 자는 다시 자기 조국으로 돌아가 교회를 세웠다. 그들은 본국으로 돌아가 죽음을 무릅쓰고 복음을 전했다.

제네바 아카데미는 점차 번창해서 나중에는 3천여 명의 학생들이 등록할 정도가 되었다. 이 학교가 이렇게 융성할 수 있었던 것은 세계적으로 유명한 지도자 칼뱅의 덕도 있겠지만, 훌륭한 질서를 갖춘 제네바교회와 개혁신앙으로 다스리는 정부가 있었기에 가능했다.

주후 1553년

## | 교회의 무기는 칼이 아니라 말씀이다

주후 1553년 10월 27일 제네
바에 끔찍한 일이 일어났다.
42세의 한 남자가 화형대 위
에서 쇠줄에 묶여 불에 타 죽
어 가고 있었다. 제네바 시의
회가 사형을 집행한 것이다.
화형은 아주 잔인한 처형이
다. 화형당한 자의 이름은 세
르베투스다. 19년 전 칼뱅과
만나기로 하고는 약속 장소
에 나오지 않았던 바로 그였
다. 그는 스페인 출신으로 칼

/ 미카엘 세르베투스

뱅보다 두 살 어렸다. 그의 아버지는 교회 법률 자문관이었고, 동생도
사제이고, 법학, 의학, 신학을 공부했다. 성경을 원문으로 읽을 수 있는
아주 다방면으로 유능한 학자였다.

그는 어릴 때부터 삼위일체 하나님을 믿을 수 없었다. 삼위로 계시
는 하나님이시라면 머리가 셋 달린 괴물이라고 놀렸다. 예수님은 사
람일뿐 하나님이 아니고 성령님을 하나님으로 믿지도 않았다. 그의
불신앙은 거기에 머물지 않았다. 그는 주후 1531년《삼위일체의 잘못
에 관하여》라는 책을 써 출판했다. 개신교회 지도자들은 이 책을 신성
모독이라고 일제히 비판했다. 로마 천주교회조차도 세르베투스를 종

교재판에서 이단으로 정죄하고 화형을 선고했다. 세르베투스는 자신의 이름을 미셸 드 빌뇌브(Michel de Villeneuve)라고 바꾸고 프랑스 남부 리옹에 숨어 살았다. 그러는 동안 지리학을 연구해 세계지도를 편집하고 파리에서 의학을 공부해 폐에서 피가 순환하는 방법을 처음 발견하는 업적을 이루기도 했다. 또 천문학을 공부해 점성술로 미래에 일어날 일을 점치기도 했다. 그는 로마 천주교회의 대주교와 아주 친한 친구이기도 했으니 두 얼굴을 가진 사람이었다.

세르베투스는 리옹에 살면서 자신의 본색을 드러내기 시작했다. 리옹에서 아주 가까운 제네바의 칼뱅에게 무려 30통의 편지를 써 가며 논쟁을 시도했다. 명석한 그는 학문의 힘으로 칼뱅을 공격했다. 그래도 성이 차지 않아 제네바에 몰래 숨어들어 왔다. 칼뱅은 그 사실을 알고 시의회에 알렸다. 그는 온 유럽 교회가 이단으로 수배하고 있는 위험인물이었다. 제네바시는 그를 당장 체포했다. 칼뱅은 그가 주장한 이단적 교리 39가지를 고소했다. 재판은 두 달 반이나 계속되었다. 당시 제네바 시 재판부는 상당부분 칼뱅을 싫어하는 자유방임주의자들이었다. 그들은 칼뱅에게 불리하게, 곧 세르베투스에게 유리하게 판결할 가능성도 있었다.

세르베투스는 칼뱅을 향해 욕설을 퍼부었다. "범죄자, 살인자, 비열한 놈, 거짓말쟁이, 어리석은 난장이…." 세르베투스는 삼위일체를 거부할 뿐만 아니라, 성선설을 주장하고, 유아세례를 거부하고, 인간은 자력으로 구원받을 수 있다고 주장했다. 신성로마제국의 법에 따르면 삼위일체 하나님을 거부하는 자는 사형이었다. 제네바 시의회는 세르베투스 사건을 어떻게 해야 할지 스위스의 네 도시에 있는 교회와 의회에 자문을 구하기로 했다. 물론 칼뱅은 세르베투스의 화형을 반대했다. 취리히, 베른, 바젤, 샤프하우젠에서 온 대답은 화형이었다. 자유방종주의자들은 네 도시의 자문을 무시할 수 없었다. 그들은 할 수 없이 만장일치로 세르베투스의 화형을 결정했다. 이 소식을 들은 칼뱅은 덜 고통스런 참수형을 요구했다. 의회는 그의 요구를 거절했다.

사형 판결 소식을 들은 세르베투스는 미친 사람처럼 소리를 지르며 울부짖었다. 자신의 신념을 바꿀 마음은 전혀 없었다. 칼뱅은 세르베투스를 만나러 옥에 갔다. 칼뱅은 19년 전 파리에서 세르베투스를 만나기 위해 목숨을 걸고 약속 장소에 갔던 일을 기억했다. 하나님의 말씀으로 그를 설득했지만 믿지 않았다. 기욤 파렐 목사도 세르베투스를 방문해 복음을 전했으나 그는 끝까지 자신의 신념을 바꾸지 않았다. 결국 시의회가 사형을 집행했을 때 그의 나이 42세였다.

이 사건 때문에 칼뱅은 지금까지 여러 사람으로부터 살인자라는 비난을 받는다. 사람들은 마치 칼뱅이 세르베투스를 죽인 것으로 오해했다. 그러나 사실은 그렇지 않다. 세르베투스의 사형은 시의회가 집행한 것이다. 칼뱅이 그를 죽인 것이 아니다. 더구나 시의회가 결정한 것이지 제네바교회의 당회가 결정한 것이 아니다. 제네바 시의회가 칼뱅의 말을 듣는 분위기도 아니었다. 칼뱅은 프랑스인에 불과했고 제네바에서는 외부인이었다. 물론 세르베투스의 죽음에 칼뱅이 간접적으로 영향을 준 것은 사실이다. 칼뱅도 사악한 교리를 전하는 세르베투스가 처벌 받는 것이 옳다고 믿었다. 칼뱅도 그 시대의 사람이었다. 잘못된 교리를 믿는다고 죽일 수 있는 당시 분위기를 오늘 우리가 이해하긴 어렵다. 신앙을 강요할 수는 없다. 하나님이 교회에 주신 것은 칼이 아니라 말씀의 검이다.

## | 칼뱅이 생을 마감하다

칼뱅은 수많은 질병으로 고생했지만 불평 한 번 하지 않았다. 칼뱅에게 고통은 자신의 질병이 아니라 가족이었다.

같이 한 집에 살던 남동생 앙투안의 아내가 칼뱅의 집 곱사등이 하인과 간통을 저질렀다(주후 1558). 그 하인은 2년 동안 칼뱅의 값진 물건을 훔치기도 했다. 칼뱅의 정신적 고통은 이루 말할 수 없었다. 또한 아내 이들레뜨의 딸 주디스가 간통죄를 지었다. 칼뱅의 마음은 무너져 내렸다.

칼뱅의 몸은 점점 약해졌다. 주후 1564년 2월 6일 주일 아침, 성 베드로 성전에서 설교하던 중 칼뱅은 심하게 기침을 하기 시작했다. 심상치 않았다. 죽음의 그림자가 드리우고 있었다. 입 안에서 피가 터져 나왔다. 설교를 끝맺지 못하고 내려왔다. 자신의 생을 마감해야 할 때가 다가오고 있다는 것은 느꼈다.

어느 날 칼뱅은 무거운 몸을 이끌고 시청과 제네바 아카데미를 둘러보았다. 4월 2일에는 예배당도 방문했다. 침대에 누워 있을 때에도 그는 쉬지 않았다. 프랑스어로 페라라의 공작부인에게 위로의 편지를 쓰고 취리히의 불링거에게 안부를 물었다. 마지막으로 그는 유언장을 만들었다. 물려줄 것이 별로 없었다. 몇 가지 남은 물건 가운데 은잔 하나를 동생 앙투안에게 물려주었다. 제네바 대학에 10크라운, 가난한 외국인들을 위해 10크라운, 조카 제인에게 10크라운, 앙투안의 아들들에게 각각 40크라운, 딸들에게는 30크라운을 남겼다. 1크라운은 오늘날 한국 돈으로 21만 원정도의 가치가 된다. 그는 많은 재산을 소

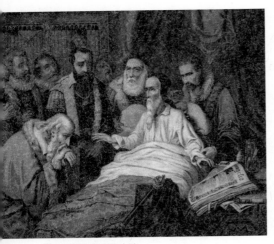

유하진 않았다.

　칼뱅은 남은 기간 동안 문병 오는 여러 사람에게 자신의 죄를 고백하며 용서를 구했다. 친구 기욤 파렐이 칼뱅의 마지막 순간을 함께했다. 주후 1564년 5월 27일, 칼뱅은 기도하며 영광스런 하늘나라에 계신 우리 주 예수 그리스도 앞으로 갔다. 그의 무덤에 비석은 없었다. 지금 칼뱅의 무덤이 어디에 있는지도 모른다. 지금 관광객들이 찾는 칼뱅의 묘지는 후대에 구색을 갖추어 놓은 것일 뿐이라고 한다. 무덤은 없지만 그가 바라보고 살았던 삶의 신앙은 그대로 우리에게 전해지고 있다. '솔리 데오 글로리아'soli Deo gloria! 오직 하나님께만 영광이 있을 뿐이다!

　칼뱅이 교회에 미친 영향은 무엇일까? 첫째, 그는 수많은 책을 쓴 학자이지만, 책상 위에서 온갖 생각을 만들어 낸 사상가가 아니라 교회에서 일하는 신학자요 목회자였다. 둘째, 그는 세상을 향한 기독교 세계관의 선구자였다. 그의 뒤를 이은 수많은 개혁신학자들은 칼뱅의 도움에 감사해야 한다. 우리도 그에게 빚진 것이 많다. 셋째, 그는 성도들을 교회에서 세상으로 파송했다. 그는 성도들이 교회 안에 갇혀 있는 것을 좋지 않다고 생각했다. 하나님은 그리스도인을 세상 안으로 부르셨다고 가르쳤다. 그는 성도가 세상 안에 살도록 교회의 문을 닫았다. 성도가 사회의 법을 바꾸도록 설교했다. 공공연한 음주 행위와 미풍양속을 해치는 행위를 금지하고, 거리를 청소하며, 병원을 세우고, 학교를 건립하는 법을 만들었다. 넷째, 그는 가정을 회복시켰다. 스스로 결혼을 한 후 가정의 소중함을 가르쳤다. 가족을 세우는 법을 만들도록 했고 배우자를 학대하는 것을 금지하고 결혼을 하나의 제도로 격상시켰다. 다섯째, 성도가 '하나님의 영광'을 위해 살아야 한다고 가르쳤다. 여섯째, 그는 교회를 새롭게 개혁했다. 루터가 기존 교회를 리모델링했다면, 칼뱅은 교회를 개혁했다. 예를 들면 루터는 교회에 제단을 치우지 않은 채 성찬의 공재설을 주장하다 보니 로마 천주교회의 화체설과 비슷했다. 하지만 칼뱅은 제단을 없애고 식탁을 놓고 강단을 높였다. 칼뱅의 영향은 종교개혁 시대뿐만 아니라, 오늘날에도 여전히 왕성하다.

/ 칼뱅의 무덤

주후 1534년

| 헨리 8세는 어쩌다가 수장령을 발표했을까?

우리는 보통 잉글랜드라고 하면 영국을 떠올린다. 그러나 영국은 역사적으로 잉글랜드, 웨일즈, 스코틀랜드, 아일랜드가 합쳐진 나라이다. 주후 16세기 종교개혁 시대 당시 한 왕이 네 나라를 다스리고 있었기 때문에 분리할 수 없지만, 구분해야 할 필요가 있다.

잉글랜드에도 종교개혁 신앙이 자라고 있었다. 주후 14세기경 존 위클리프가 번역한 영어성경은 잉글랜드 종교개혁의 밑거름 역할을 했다. 또한 시간이 지나 대륙에서 종교개혁이 이루어지면서 루터의 책이 영어로 번역되어 잉글랜드에 전해지면서 경건한 신자들이 종교 개혁 신앙을 따랐다. 그렇지만 그런 움직임이 잉글랜드 교회의 체제와 교리, 삶을 개혁하고 변화시킬 정도는 아니었다.

잉글랜드의 헨리 8세는 골수 천주교회 신자였다. 그는 종교개혁을 대적했고 루터의 책을 읽는 사람을 핍박했다. 루터를 비판하는 책도 직접 썼는데, 교황으로부터 '교회의 수호자'라는 칭호를 받았다. 그런 그에게 고민이 하나 있었다. 왕위를 이을 아들이 없다는 것이었다. 아내 카탈리나(Catalina of Aragon, 주후 1485-1536)는 6명의 자녀를 낳았지만 모두 죽고 딸 메리(Mary I, 주후 1516-1558)만 생존했다. 게다가 결혼 생활이 행복하지도 않았다. 사실 카탈리나는 형 아서(Arthur)의 아내였다. 아서가 결혼 후 6개월 만에 전쟁에서 죽자 어쩔 수 없이 헨리 8세가 그녀를 받아들여야 했다.

헨리 8세는 카탈리나의 시녀였던 앤 불린(Anne Boleyn, 주후 1517-1536)을 사랑했다. 그래서 카탈리나와 이혼하고 앤 불린과 결혼할 수 있도록 교황에게 요청했다. 교황은 그의 요청을 거절했다. 당시 신성로마제국의 황제 카를 5세가 카탈리나의 조카였다. 교황은 황제의 눈치를 봐야 했다.

헨리 8세는 4년 동안이나 이 문제로 고민했지만 뾰족한 해결책이 없었다. 로마 천주교회와 교황이 진저리가 났다. 그때 토마스 크랜머(T. Cranmer, 주후 1489-1556)가 나타나 헨리 8세에게 문제를 풀 수 있는 묘안을 주었다. 형수와 결혼한 것은 신학적으로 옳지 않으니 이 결혼은 무효라는 것이었다. 헨리 8세는 토마스 크랜머의 충고가 너무 고마웠다. 마침내 헨리 8세는 교황의 반대에도 불구하고 카탈리나와 이혼하고 앤 불린과 덜컥 결혼을 했다. 로마 천주교회와 관계를 끊을 각오를 한 것이다.

주후 1534년 헨리 8세는 마침내 로마 천주교회와 관계를 끊고 '수장령'을 발표했다. 내용은 이랬다. "이제부터 종교에 관한 모든 사건들은 로마의 교황으로부터가 아니라 왕의 관할과 권위 안에서 최종적으로 논의되고 결정될 것이다." 이제 잉글랜드 교회의 최고 통치권자는 교황이 아니라 헨리 8세이다. 만약 이 법을 거부하고 잉글랜드 국왕을 분리주의자라고 비난하는 자는 대역 죄인으로 처벌받아야 했다. 실제로 이

/ 헨리 8세

듬해 토마스 모어(Thomas More, 주후 1478-1535)는 수장령에 반대한 죄로 처형되었다.

그러나 안타깝게도 앤 불린은 딸 엘리자베스를 낳고 더 이상 아들을 낳지 못했다는 이유로 헨리 8세에게 죽임을 당한다. 며칠 뒤 그는 제인 시모어(Jane Seymour)와 결혼했다. 제인 시모어는 아들 에드워드 6세(Edward VI, 주후 1537-1553)를 낳고 죽었다. 헨리 8세는 그 뒤 다시 3명의 여자와 결혼하지만 행복하지 않았고 아들도 더 이상 낳지 못했다.

이처럼 잉글랜드의 종교개혁은 교리적인 이유 때문이 아니라, 순전

히 왕의 개인적 사정 때문에 시작되었다. 헨리 8세는 잔인하고 불행했지만, 로마 천주교회의 간섭으로부터 벗어나 잉글랜드 국교회를 세운 것은 종교개혁 역사의 한 페이지를 장식했다.

주후 1547-1553년
## | 잉글랜드에 영원히 꺼지지 않을 불꽃이 타오르다

한국에서는 잉글랜드 교회를 '성공회'라고 부른다. 사도신경에 나오는 '거룩한 공교회'를 한자어로 옮긴 것이다. 좋은 이름이지만 정확한 번역은 아니다. 오히려 '잉글랜드 국교회'라고 부르는 것이 정확하다.

잉글랜드 국교회는 신앙적으로 로마 천주교회와 크게 다르지 않았다. 그도 그럴 것이 잉글랜드 국교회는 로마 천주교회의 부패나 교리적 문제 때문에 일어난 종교개혁이 아니었기 때문이다. 그러나 다행히도 교리는 로마 천주교회로부터 많이 벗어나 종교개혁 쪽으로 기울었다. 이런 변화는 대륙으로부터 시작된 루터의 종교개혁의 영향이 잉글랜드에도 상당히 컸다는 것을 보여 준다. 어쨌든 잉글랜드의 종교개혁은 반쪽짜리였다.

주후 1547년 헨리 8세가 죽고 독자 에드워드 6세가 아홉 살의 어린 나이로 왕위에 올랐지만 6년 후 사망한다(주후 1553년). 6년 동안 개신교회는 활발하게 성장했다. 에드워드 6세는 신중하고 신앙 있는 소년이긴 했다. 하지만 그의 아버지가 세운 '섭정회의'의 간섭으로 강력한 영향을 행사할 수 없었다.

섭정회의는 토마스 크랜머(Thomas Cranmer, 주후 1489-1556)와 에드워드 시모어(Edward Seymour, 주후 1500-1552)가 주도했다. 섭정회의는

상당한 종교개혁을 시도했다. 일
반 신도가 성만찬에서 빵뿐만 아
니라 포도주도 마실 수 있게 하고,
제사로서의 미사를 폐지했다. 그
리고 성직자의 혼인을 허용했다.
중세의 예복도 폐지되었다. 사제
개념이 사라지고 하나님의 말씀
의 종목사이라 불렀다. 공동 설교
문을 만들어 목사들이 설교하는
것을 도왔다. 당시 니컬러스 리들
리(N. Ridley, 주후 1500-1555), 커버

/ 토마스 크랜머

데일(M. Coverdale, 주후 1488-1569), 존 후퍼(J. Hooper, 주후 1500-1555) 등
이 전국에서 종교개혁을 이끌었다. 칼뱅도 토마스 크랜머에게 편지를
써 잉글랜드의 종교개혁을 도왔다.

토마스 크랜머는 주후 1553년 '42개조 신앙고백'을 작성하기도 했
다. 이 신앙고백은 성상과 성물숭배, 성자숭배, 면벌부와 연옥 교리를 거
절하고 비판했다. 예정론도 분명하게 진술했다. 그러나 에드워드 6세
가 사망하면서 국회 통과는 미뤄졌다. 카탈리나에게서 난 메리(Mary of
England, 주후 1516-1558), 곧 에드워드 6세의 배다른 누나가 왕이 되었
기 때문이다.

메리는 어머니의 신앙을 따라 철저한 로마 천주교회 교인이었다.
메리는 교황청과의 관계를 회복시켰고 종교개혁법을 다 폐지했다. 교
황의 권위가 다시 회복되었으니, 개신교 박해도 다시 시작되었다. 개
신교 신학자와 성직자들은 교회에서 쫓겨났다. 개신교 공무원도 해고

되었다. 핍박 때문에 많은 개신교회 지도자들은 망명길에 올랐다. 스위스의 취리히, 제네바, 바젤, 그리고 스트라스부르로 떠났다.

메리는 수백 명의 죄 없는 신자들을 고문하고 죽여 피를 흘렸기 때문에 '피의 메리'라고 불린다. 그녀가 잉글랜드를 다스리던 5년 사이에 276명의 개신교인이 그녀의 손에 의해 화형 당했다. 하지만 그 힘도 오래 가지 못했다. 주후 1558년 피의 메리가 죽었다. 아들을 낳지 못하고 죽었기 때문에 그녀의 이복동생 엘리자베스가 왕위에 올랐다.

존 폭스(John Foxe, 주후 1516-1587)는 지금까지 교회 역사에서 순교당한 사람들의 역사를 연구해 《순교 사화》를 집필했다. 이 책에는 주후 1553-1558년 사이에 개신교 신앙 때문에 순교한 잉글랜드의 순교자들에 대한 이야기가 담겼다. 그중에 피의 메리가 왕이 된 직후 체포되었던 로체스터 주교 휴 라티머(Hugh Latimer, 주후 1487-1555)와 우스터의 주교 니컬러스 리들리의 이야기가 눈에 띈다. 이들은 감옥에서 로마 천주교회로 돌아올 것을 강요받았다. 하지만 교황의 권위와 미사를 거부했다. 그 결과는 끔찍했다. 화형이 선고되고 집행되었다. 불길이 타오를 때 휴 라티머는 이렇게 말했다고 전해진다. "리들리, 마음 평안히 먹고 담대하게 행동합시다. 우리는 오늘 하나님의 은혜로 잉글랜드에 결코 꺼지지 않을 촛불을 밝히게 될 것입니다."

토마스 크랜머도 67세의 고령에 붙잡혀 옥에 갇혀 고통을 당했다. 무엇보다 그는 동료 니컬러스 리들리와 휴 라티머가 화형당하는 것을 지켜봐야 했다. 나이가 들어 육체도 약해진 토마스 크랜머는 처참한 광경을 보고 견딜 수 없었다. 그는 자신의 개신교 신앙을 포기하고 로마 천주교회 신앙으로 돌아가겠다고 항복하고 말았다. 피의 메리는 회심의 미소를 지었다. 하지만 옥에서 당장 꺼내 주지는 않았다. 메리는 토마스 크랜머를 개신교인을 향한 본보기로 삼으려고 단단히 결심했다.

피의 메리는 토마스 크랜머가 옥스퍼드대학의 마리아 예배당에서 공개적으로 로마 천주교회에 대한 복종을 고백하도록 했다. 어떻게 됐을까? 토마스 크랜머는 수많은 사람이 모인 자리에서 공개적으로 자신의 잘못을 고백했다. 하지만 자신이 로마 천주교회를 떠난 것에 대해서는 잘못했다고 말하지 않았다. 오히려 자신이 구원자 예수 그리스도를 부인하고 로마 천주교회로 다시 돌아가려 했던 잘못을 고백했다. 화가 난 메리는 며칠 후 그를 화형에 처했다. 불꽃이 타오르기 시작했을 때 그는 스스로 자신의 오른손을 먼저 불길 속에 집어넣어

태웠다고 전해진다. 그 오른손으로 로마 천주교회에 순종하는 아들이 되겠다고 서명해 죄를 지었기 때문이다. 그의 마지막 기도는 "주여, 나의 영혼을 받으소서!"였다.

존 폭스는 이들의 순교에 대해 자세히 쓰고 이런 기도문을 남겼다. "오! 주여, 당신의 종인 휴 라티머, 니컬러스 리들리, 토마스 크랜머의 본을 따라 당신을 경외하며 살고 당신의 은혜 가운데 죽어, 당신의 평안 속에서 안식할 수 있도록 한결같은 믿음을 가지고 열심히 복음을 전하게 하소서."

/ 존 폭스의 《순교 사화》의 한 부분

## | 하나님께서 잉글랜드를 구원하셨다

엘리자베스가 잉글랜드의 왕이 되고 개신교 박해가 중단되었다. 그러자 해외로 망명을 갔던 개신교인이 기뻐하며 돌아왔다. 엘리자베스는 태생적으로 로마 천주교회의 인정을 받지 못한 어머니 앤 불린의 딸이기에 선택의 여지없이 개신교인이 되었다. 그리고 주후 1558년, 아버지 헨리 8세의 수장령으로 다시 돌아갔다. 그해 공동기도서를 회복하고 '39개조'를 공식 잉글랜드 국교회의 신앙고백으로 채택했다. 이것은 토마스 크랜머가 초안한 42개 조항의 신앙고백에서 재세례파에 대한 강한 반감이 표현된 마지막 3개 조항을 삭제한 것이다.

아버지 헨리 8세를 꼭 빼닮은 엘리자베스는 고집이 세지만 지혜가 있었다. 그뿐만 아니라 정치적 능력에 열정까지 소유한 여왕이었다. 아버지 헨리 8세가 로마 천주교회와 차별된 교회를 세웠다면, 엘리자베스는 루터나 칼뱅과 같은 대륙의 개신교와 차별된, 잉글랜드다운 교회를 세웠다고 할 수 있다. 이런 선택은 순수한 종교적 동기라기보다는 잉글랜드를 정치적으로 하나의 통일된 국가로 만들기 위한 조치였다.

물론 엘리자베스는 개인적으로 헬라어로 된 성경을 읽기도 하고 모국어 성경을 읽고 기도할 정도로 분명한 개신교인이었다. 하지만 한 나라의 정치인으로서 엘리자베스는 잉글랜드에 잔존하는 로마 천주교회와 그 교인들을 심하게 짓밟을 수는 없었다. 로마 천주교인들이 비밀리에 모여 미사를 하는 것을 적극적으로 막지 않고 눈감아 주었다. 게다가 로마 천주교 국가인 스페인과 프랑스의 공격 가능성이 언제든지 있었다. 로마 천주교회와 교황은 엘리자베스가 누구와 결혼하느냐에 따라 상황이 바뀔 수 있기 때문에 귀추를 주목하고 있었다. 하지만 엘리자베스는 도대체 결혼할 기미가 보이지 않았다.

결국 주후 1570년, 교황 비오 5세는 엘리자베스를 파문하고 잉글랜드 로마 천주교회 교인들을 부추겨 반란을 일으킬 것을 종용했다. 엘리자베스는 이제 선택을 해야 할 기로에 섰다. 잉글랜드는 로마 천주교회를 애국 차원에서 핍박할 명분이 생긴 것이다.

개신교에 핍박받던 로마 천주교인들은 엘리자베스를 없애려는 음모를 꾸몄다. 만약 엘리자베스가 죽으면 다음 왕으로 스코틀랜드의 스튜어트 메리(Mary Stuart, 주후 1542-1587)를 여왕으로 올릴 생각이었다. 어머니가 철두철미한 로마 천주교인이었던 그녀는 출생한 지 일주일 만에 왕이 되었지만 스코틀랜드의 종교개혁을 반대하다가 신임을 잃고 잉글랜드로 도망쳤다.

로마 천주교회의 계획을 알게 된 엘리자베스는 스튜어트 메리를 잉글랜드 중부의 어느 성에 가두었다. 그런데 갇혀 있으면서도 계속해서 음모를 꾸미자, 결국 주후 1586년 스튜어트 메리를 처형했다.

로마 천주교회가 잉글랜드의 종교개혁을 꺾을 수 없자, 피의 메리의 남편이었던 스페인의 펠리페 2세가 천하의 무적함대를 이끌고 잉글랜드를 공격했다. 당시 교황도 펠리페의 공격을 축복했다. 잉글랜드는 나라를 구하기 위해 한마음으로 뭉쳤다. 놀랍게도 스페인의 무적함대

/ 엘리자베스 여왕

는 사나운 폭풍에 의해 대패하고 말았다. 사람들은 마치 이집트 파라오의 군대를 홍해의 물결로 물리치셨던 것처럼 하나님이 잉글랜드를 구원하셨다고 기뻐했다.

엘리자베스는 잉글랜드의 구원자였다. 그녀의 인기는 거의 절대적이었다. 엘리자베스는 주후 1603년까지 긴 통치 기간 동안 잉글랜드의 종교개혁을 고착화시켰다. 이제 누구도 잉글랜드가 로마 천주교회로 돌아가야 한다고 생각하지 않았다.

주후 1534-1559년

## | 반쪽짜리 종교개혁과 청교도의 등장

잉글랜드에도 역사적으로 황금기가 찾아왔다. 엘리자베스 여왕은 해상을 지배하며 식민 지배를 넓혔고, 동인도 회사를 경영하며 경제적 부를 축적하고, 막강한 군사력과 힘을 가진 국가로 발돋움했다. 셰익스피어와 같은 위대한 극작가가 나왔으며 프란시스 베이컨과 같은 철학자가 배출되기도 했다. 하지만 종교개혁은 만족할 만한 수준이 아니었다. 반쪽짜리였다!

잉글랜드의 종교개혁은 로마 천주교회로부터 완전히 결별했다는 점에서 성공적이었다고 평가할 수 있다. 그러나 처음 종교개혁의 시작이 정치적 목적 때문이었다는 한계점 때문에 제대로 된 개혁이라고 평가하지는 않는다. 유럽의 종교개혁, 특히 칼뱅과 제네바의 종교개혁을 경험한 사람들은 엘리자베스의 종교개혁에 만족할 수 없었다.

엘리자베스에게 있어서 정착된 종교개혁은 그 성격이 중도적이었다. 엘리자베스는 토마스 크랜머가 시작한 종교개혁의 정신을 열정적으로 지지하지는 않았다. 그녀는 에드워드 6세처럼 지나친 개신교회를 거부하면서, 메리의 로마 천주교회를 거절했다. 또한 잉글랜드에 설교자 두 세 명만 있으면 족하다고 생각했다.

엘리자베스는 주후 1559년 '통일령'을 시행했다. 모든 잉글랜드 국교회 신자는 통일된 예배 의식만을 따라야 했다. 여전히 사제가 사제복을 입고 예배를 인도했고, 세례 때 십자가 표시를 사용했다. 성찬 때 여전히 무릎을 꿇는 습관을 유지했다. 로마 천주교회 예전을 버리기는 했지만, 충분한 종교개혁에 이른 것은 아니었다. 엘리자베스는 이것으로 잉글랜드의 종교개혁이 완성되었다고 믿었다.

그러나 많은 개신교인이 통일령을 거절했다. 모든 그리스도인이 똑같은 예식과 같은 설교와 같은 기도를 하는 것은 있을 수 없다고 보았다. 대륙의 영향을 받은 신자들의 불만은 이만저만이 아니었다. 사람들은 잉글랜드 교회가 다시 로마 천주교회로 돌아가는 것이 아닐까 불안해했다.

잉글랜드 교회를 더 개혁하고자 하는 사람들이 생겼다. 이들을 '청교도'라고 불렀다. 그들은 캠브리지대학을 중심으로 복음을 바르게 설교할 수 있는 설교자를 양성하기 시작했다. 말씀을 제대로 공부하고 연구하는 모임은 큰 영향을 미쳤고 개혁신앙에 기초한 장로교 정치 체계를 지지했다.

엘리자베스는 이런 움직임을 좋아했을까? 여왕은 이런 세력이 국론을 분열시키고 무정부 상태와 사회적 혼란을 초래할 것이라 보았다. 결국 엘리자베스는 반 청교도령을 내려 청교도를 핍박했다. 통일된 예식과 설교를 사용하지 않는 예배를 금지했다. 통일령을 어기면 잡아들였다.

통일령은 신앙과 생활을 강제하는 것이다. 그리스도 안에서 자유가 없고 성령 안에서 평화, 곧 자연스러움이 없는 것은 은혜가 아니다. 신앙과 경건생활은 강제할 때 문제가 생긴다. 결국 엘리자베스는 통일령을 강조했지만 당시 잉글랜드 교회는 어느 것으로도 통일되지 않았다. 당시 잉글랜드에는 아래와 같은 부류들이 있었다.

- 국교파: 정치적으로 감독제를 택했다. 헬라어로 주교를 뜻하는 에피스코포스 episcopos에서 유래된 단어가 감독제다. 감독제에서는 대주교 아래 주교, 주교 아래 사제가 있어 위계질서가 분명하다.

- 장로파: 장로라는 뜻의 헬라어 프레스뷰테로스presbyteros에서 유래한 것이다. 지역적으로 가까운 교회들로 이루어진 노회에 권한을 부여한다. 여러 노회가 함께 모여 총회를 이루며 각 지역교회는 가르치는 장로인 목사와 다스리는 장로로 구성된 장로회혹은 당회가 있다.

- 독립파와 회중파: 독립적인 지역 교회 안에 의사 결정 기구를 두어 운영한다. 운영위원회가 그것이다. 여러 교회의 연합보다는 지역교회의 자치를 강조한다.

주후 1525-1559년

## | 존 녹스, 스코틀랜드 종교개혁의 열망을 깨닫다

스코틀랜드는 주후 6-7세기 잉글랜드와 유럽 대륙에 복음을 전해 준 선교의 나라이다. 이곳에도 로마 천주교회의 영향이 아주 강했다. 하지만 주후 1517년 유럽 대륙에서 시작된 종교개혁의 영향으로부터 자유로울 수가 없었다. 루터의 책들이 주후 1525년부터 스코틀랜드에도 비밀리에 들어와 유통되었다. 주후 1527년에는 영어로 출판된 위클리프 성경을 읽을 수 있었다. 젊은 사람 중심으로 종교개혁을 바라는 이들이 생겨났다.

주후 1528년에는 독일 비텐베르크에서 신학을 배우고 돌아온 패트릭 해밀턴(Patrick Hamilton, 주후 1504-1528)이 세인트앤드루스대학에서 루터의 종교개혁 신앙을 가르친 것 때문에 붙잡혀 화형을 당하는 일이 있었다. 이때부터 종교개혁 신앙은 스코틀랜드에서 목숨을 걸어야 하는 문제가 되었다.

이 모든 과정을 지켜본 세인트앤드루스대학의 한 젊은 학생이 있었다. 존 녹스다. 그는 '도대체 해밀턴이 죽음을 무릅쓰고까지 지키려 한 것이 무엇인가' 하고 깊이 생각했다. 그러면서 종교개혁 신앙에 빠져들었다. 존 녹스는 후에 스코틀랜드 장로교회를 탄생시킨 종교개혁자가 된다.

당시 스코틀랜드의 왕은 제임스 5세(James V, 주후 1512-1542)였다. 다른 여러 나라의 왕들처럼 로마 천주교회에 충성하고 있었다. 주후 1542년 제임스 5세가 사망하고 태어난 지 6일 만에 외동딸 스튜어트 메리가 왕이 되었다.

스튜어트 메리가 다섯 살 되던 해에 어머니 기즈의 메리(Marie de Guise, 주후 1515-1560)는 그녀를 친정 프랑스로 보내 로마 천주교회 신앙으로 자라도록 했다. 그 동안 섭정회의를 주도하던 제임스 해밀턴(James Hamilton, 주후 1516-1575)은 정치적으로 종교개혁을 지지하다가도 다시 로마 천주교회 쪽으로 기울었다. 하지만 기즈의 메리와 데이비드 비턴(David Beaton, 주후 1494-1546) 추기경은 종교개혁의 싹을 잘라 버리려고 했다.

그들은 주후 1546년 3월 조지 위시하트(George Wishart, 주후 1513-1546)를 붙잡아 이단으로 몰아 불에 태워 죽였다. 위시하트는 로마 천주교회의 마리아숭배를 비판하고 종교개혁 신앙을 전하고 있었다. 잉글랜드, 독일, 스위스로 망명을 갔다가 다시 스코틀랜드로 돌아온 지 3년 만이었다.

섭정회의의 개신교 박해는 교인들에게 두려움을 일으키기보다는 분노를 촉발했다. 주후 1546년 6월 개신교인은 세인트앤드루스성을 급습해 데이비드 비턴 추기경을 죽이고 성을 점령했다. 그리고 위시하트의 동갑내기 친구인 존 녹스를 목사로 세웠다. 존 녹스는 이미 종교개혁 신앙으로 무장되어 있었다. 그는 성경을 차례대로 한 절씩 읽어 가며 설교했다. 스코틀랜드 국민은 그의 설교를 듣고 하나님을 알고 그분의 구원에 감사하며 기뻐했다.

기즈의 메리는 친정 프랑스에 군대를 요청했다. 주후 1547년 6월 프랑스 군대는 세인트앤드루스성을 단숨에 점령했다. 붙잡힌 개신교인은 잔인한 고문을 받아야 했다. 일부는 노예선에 보내져 채찍에 맞으며 강제노역을 했다. 존 녹스도 붙잡혀 노예선에서 19개월이나 노를 저어야 했다. 상상도 할 수 없는 비참한 삶이었다. 노예선의 로마 천주교회 사제가 존 녹스를 개종시키려고 했지만 오히려 성령님은 그를 더 강하게 만들었다. 스코틀랜드 해안을 오갈 때 존 녹스는 바다에서 세인트앤드루스 교회당을 보며 이렇게 기도했다고 한다.

/ 기즈의 메리

"내가 언젠가 저 교회에 다시 가서 설교하게 되길…."

마침내 주후 1549년 존 녹스는 풀려났다. 그는 조국으로 돌아갈 수 없어 잉글랜드로 피신해 있으면서 토마스 크랜머의 종교개혁을 도왔다. 에드워드 6세가 통치하는 기간에는 문제가 없었지만, 피의 메리가 통치하자 잉글랜드에 더 이상 있을 수 없었다. 그는 바다를 건너 유럽 대륙으로 다시 피난을 갔다(주후 1554).

존 녹스는 프랑크푸르트에서 6개월간 머물다가 주후 1556년 스위스 제네바교회의 초청으로 3년 동안 목사로서 섬겼다. 일주일에 세 번이나 설교했다. 한 번 설교가 시작되면 두 시간이나 열변을 토했다. 그는 제네바에 머무는 동안 행복했다. 무엇보다도 칼뱅과의 사귐은 그에게 큰 영향을 주었다.

존 녹스는 조국 스코틀랜드를 제네바와 같은 나라로 만들고 싶

/존녹스

었다. 그는 주후 1555년 9개월 스코틀랜드를 방문하는 동안 결혼했다. 그리고 종교개혁에 대한 조국 동포의 강한 열망을 확인했다. 존 녹스는 조국의 개신교 박해와 잉글랜드의 악한 통치자들을 보면서 참 종교의 안전을 위협하는 지배자에게는 저항할 수 있는 권리와 의무가 있다는 점을 호소하고 제네바로 돌아왔다.

## | 장로교회의 큰 틀이 만들어지다

존 녹스가 스위스 제네바에 머무는 동안 조국 스코틀랜드에는 어떤 일들이 벌어지고 있었을까?

십대 소녀인 스튜어트 메리 여왕은 여전히 프랑스에 머물렀고 스코틀랜드는 어머니 기즈의 메리가 다스렸다. 종교개혁을 지지하는 귀족들은 섭정회의의 폭정에 노골적으로 불만을 표했다. 그들은 섭정회의에 '프로테스탄트개신교 평의회'를 만들어 달라고 압력을 넣었다. 기즈의 메리는 강하게 반대했다. 그런데 잉글랜드에서 엘리자베스가 왕으로 등극하며 스코틀랜드의 종교개혁을 지지한다고 천명하고 나섰다. 천하의 기즈의 메리도 잉글랜드의 압력과 귀족들의 요구를 무시할 수 없었다. 스코틀랜드의 종교개혁이 본격적으로 시작되었다.

이렇게 분위기가 고조되자, 존 녹스는 조국의 부름을 받고 스코틀랜드 교회개혁을 위해 귀국했다(주후 1559년). 그는 기즈의 메리를 향하여 로마 천주교회를 떠나 종교개혁에 가담할 것을 요구했다. 녹스는 담대했다. 누구도 두려워하지 않았다. 그에 비해 기즈의 메리는 오만하고 고집불통이었다. 녹스의 요구를 들은 척도 하지 않았다. 그런데 신기하게도 갑자기 정세가 급변했다. 주후 1560년 기즈의 메리가 돌연 사망했다. 동시에 프랑스

/ 스튜어트 메리

군대도 모국으로 돌아갔다.

마침내 스코틀랜드는 종교개혁을 완성할 수 있는 절호의 기회를 잡았다. 그해 8월 스코틀랜드 의회는 종교개혁을 단행했다. 로마 천주교회의 모든 집회를 금지하고, 프랑스와 외교를 단절하며, 교황의 통치를 거부하고, 미사를 금지하였다. 교회 성직자의 위계구조와 악습과 오류를 버리고 교육개혁과 민주제도를 결정했다.

또 존 녹스가 참여한 신앙고백이 4일 만에 의회에 제출되었고 확정되었다. 25개 조항으로 구성된 신앙고백은 칼뱅의 제네바 신앙고백서와 비슷하다. 오직 성경, 오직 은혜, 오직 믿음을 바탕으로 정리된 종교개혁 신앙이다. 또 7일 후 3가지 법령이 제정되었다. 첫째, 교황의 재판권을 폐지한다. 둘째, 개혁 신앙에 반대되는 교리와 관행을 금지한다. 셋째, 미사를 금지한다. 스코틀랜드는 로마 천주교회와 단절하고 개신교회로 첫 발을 내디뎠다.

녹스와 5명의 목사는 교회 조직과 질서를 세울 '일반 교회법'과 '제일권징서'를 만들었다. 예배, 기도, 성례, 결혼, 회개, 출교, 심방에 대해 성경을 바탕으로 잘 정리했다. 녹스가 제네바에서 보고 배운 것을 참고했지만 더 발전된 형태였다. 말씀과 성례와 권징을 교회의 세 가지 표지로 제시했다. 지역 교회는 목사를 선택하거나 거절할 수 있는 자유가 있다고 보았다. 주교가 개교회 성직자를 지명하는 로마 천주교회와 크게 달랐다. 하지만 한번 결정되고 나면 교회가 이유 없이 함부로 목사의 직무를 중단시킬 수 없도록 했다. 지역교회는 당회의 다스림을 받고, 여러 지역교회가 모여 노회를 구성하며, 노회들이 모여 총회를 이루어 교회의 하나 됨과 영적 안녕을 추구했다.

직분자는 목사, 교사, 장로, 집사로 구성되는데, 직분에 있어서 동등

했다. 감독이라는 직분도 있었다. 장로교 초기에 목사들을 감독하고 교육하기 위해 필요했지만, 얼마 후 사라졌다. 당시 목사의 숫자가 부족해 평신도 독경사가 있었지만 이것도 후에 없어졌다.

스코틀랜드 의회는 수도원을 해체하고 재산을 몰수했다. 그 재산을 교육에 투자했다. 스코틀랜드에는 문맹이 현저히 줄어들게 되었다. 이렇게 시작된 스코틀랜드 교회가 바로 장로교회의 원조이다. 존 녹스는 '장로교회의 창시자'로 불린다.

한편 스튜어트 메리는 주후 1558년 프랑스 왕위 계승자 프랑수아 2세와 결혼해 프랑스의 왕비가 되었다. 하지만 주후 1560년 프랑수아 2세가 죽으면서 일찍 과부가 되었고, 결국 스코틀랜드로 돌아왔다. 그러나 이미 종교개혁 신앙으로 무장한 나라를 이끌 수 있는 능력이 스튜어트

/ 교회에 참석한 고위 귀족들에게 설교하고 있는 존 녹스

메리에게는 없었다. 그녀는 개신교회와 심각한 갈등을 겪어야만 했다. 심지어 스코틀랜드를 다시 로마 천주교 신앙으로 되돌리려 했다.

존 녹스는 그런 여왕의 행동을 정면으로 반대하고 나섰다. "한 번의 미사는 1만 명의 군대가 쳐들어오는 것보다 더 두렵다"고 하면서 목숨을 걸고 싸웠다. 결국 스튜어트 메리는 주후 1567년 스코틀랜드로부터 추방당했다. 그녀는 잉글랜드로 피난을 갔다. 그러다가 엘리자베스에 의해 19년을 성에 갇혀 살다가 주후 1587년 반역죄로 처형되었다. 이후 태어난 지 13개월 된 제임스 6세(James VI, 주후 1566-1625)가 스코틀랜드의 왕으로 등극했고, 엄격한 개신교 신앙으로 양육되었다.

사실 스코틀랜드의 종교개혁은 민족주의와 연결되어 가속화되었다고 볼 수 있다. 국민들은 메리 모녀의 통치를 좋아하지 않았다. 게다가 프랑스 군인이 상주하며 간섭하는 것도 자존심이 상했다. 이런 와중에 국민은 종교개혁 신앙을 선택하면서 교회와 하나님, 그리고 구원에 대해 배우기 시작했다. 스코틀랜드의 종교개혁은 잉글랜드와 달리 정치 지도자로부터가 아니라, 아래로부터 시작되었다. 그러나 탄탄한 기초 위에 이루어졌다고 평가할 수 있다.

스코틀랜드의 종교개혁은 잉글랜드의 청교도 운동에도 큰 영향을 미쳤다. 이웃나라의 종교개혁을 본받고 싶었던 것이다. 그렇다면 한국과는 무슨 관련성이 있을까? 주후 19세기 말 중국에서 한글로 성경을 번역해 한국인에게 복음을 건네 준 사람이 바로 스코틀랜드 장로교 선교사 존 로스(John Ross, 주후 1842-1915)이다. 스코틀랜드 장로교 교인이 미국으로 건너갔고 미국 장로교회로 성장했다. 미국 장로교회는 한국에 선교사들을 보냈다. 한국 최초의 개신교 선교사(주후 1884)는 북장로교 알렌(H. N. Allen, 주후 1858-1932) 선교사다. 그 후에 캐나다와 호주 장로교회도 선교사를 보냈고 한국에 장로교회가 세워졌다.

## | 프랑스 종교개혁은 실패인가?

주후 1550년대에 들어서면서 프랑스 개신교인의 수가 급속히 증가하기 시작했다. 특별히 숙련된 기술자들, 자영업자들, 은행가와 중산 계급층에서 인문주의를 맛보고 종교개혁 신앙으로 돌아섰다.

프랑스 개신교회는 제네바에서 안정된 종교개혁을 이끌던 칼뱅에게 설교자를 훈련해 줄 것을 요청했다. 그들의 복음에 대한 열정은 대단했다. 몇 시간 동안 설교를 듣고도 지치지 않았다. 그들은 시편 찬송가를 배워 불렀다. 시편 찬송을 부르는 것은 프랑스 개신교회의 특징이었다. 시편 찬송을 통해 개신교회에 동질성과 연합과 용기를 불어넣었다. 박해 시절 시편 9편, 68편, 79편은 가장 뜨겁게 불리던 찬송이다. 특히 종교적 박해로 싸움을 해야 했을 땐 시편 68편 찬송을 즐겨 불렀다고 한다. 적군이 그 우렁찬 노랫소리를 듣고 당황했다는 이야기도 전해 내려온다.

"여호와는 압제를 당하는 자의 요새이시요 환난 때의 요새이시로다"
(시 9:9).

"하나님이 일어나시니 원수들은 흩어지며 주를 미워하는 자들은 주 앞에서 도망하리이다"(시 68:1).

칼뱅은 조국 프랑스 개신교회를 위해 제네바에서 훈련시킨 목사를 주후 1567년까지 120명이나 파송했다. 주로 지하교회였지만, 어떤 곳에서는 공개적으로 예배를 드리기도 했다.

주후 1559년 최초의 프랑스 개신교회 총회가 파리에서 비밀리에 열렸다. 총회는 칼뱅이 초안 한 '프랑스 신앙고백'과 '교회법'을 채택했다. 여기에서 교회들 사이 평등한 정치 질서를 세웠다. 직분도 평등하게 했다. 이 교회 질서는 정부와 밀착되어 있던 제네바교회보다 더 성경적이었다. 전국 여러 지역교회, 42개 노회, 총회가 만들어졌다. 프랑스에도 장로교회가 만들어진 셈이다. 주후 1561년에는 프랑스 전국에 2,150개의 교회가 세워졌고, 프랑스 인구의 25%, 곧 40만 명이 개신교인이었다고 전해진다.

그러나 프랑스의 종교개혁은 그리 녹록하지 않았다. 당시 프랑스를 지배하고 있던 실세는 메디치가 출신의 황후 카트린(Catherine de Medicis, 주후 1519-1589)이었다. 사실 국왕은 그녀의 둘째 아들 샤를 9세(Charles IX, 주후 1550-1574)였지만, 어머니 카트린이야말로 어린 아들 대신 나라를 좌지우지 하는 실세였다.

카트린은 일시적으로 개신교회에 호의적 정책을 펴기도 했다. 물론 정치적 계산에 따른 것이다. 주후 1561년에는 프와시 회담에서 로마 천주교회, 개신교회와 대화를 시도했다. 그러나 회담의 결과는 실패였다.

프랑스는 종교개혁과 로마 천주교의 충돌이 그 어느 나라보다 심했다. 그 충돌은 주로 두 부류의 상류 귀족 가문을 중심으로 진행되었다. '기즈' 가문은 로마 천주교회에 충성했고 '부르봉'과 '콜리니' 가문은 종교개혁을 지지했다. 이 양대 세력은 적대관계로, 전쟁도 마다하지 않았다. 이 싸움을 '위그노 전쟁'이라고 부른다.

'위그노'는 프랑스의 개신교인들을 부르는 말이다. 이 말은 '맹세로 서로 연결된 사람들'이라는 뜻에서 온 단어이다. 프랑스 개신교인들은 종교개혁 신앙을 목숨 걸고 사수하겠다는 맹세를 했는데, 이웃나라 개신교인들이 그걸 보고 붙여 준 아름답고 자랑스러운 이름이다.

위그노 전쟁은 주후 1562년 3월 1일 기즈의 공작 프랑수아(François, duc de Guise, 주후 1519-1563)가 군대를 이끌고 파리로 가던 중 바시 마

/ 1572년 성 바돌로메 축일에 잔인하게 학살당한 프랑스 개신교인

을의 개신교회에서 위그노들을 학살하면서 시작되었다. 죄 없는 교인들이 학살당하자 위그노들은 분노하여 무기를 들고 일어났다. 칼뱅은 멀리 스위스에서 이 소식을 듣고는 유혈 전쟁을 멈추라고 강력하게 요청했다고 한다. 하지만 피로 시작된 전쟁은 쉽게 중단되지 않았다. 위그노 전쟁은 많은 희생자를 낳았다. 전쟁을 위해 동원된 남자는 농

사를 방치했고 여자와 아이, 노인은 기아로 죽어 갔다.

그러던 주후 1570년, 마침내 두 가문이 평화조약을 맺으면서 전쟁이 중단되었다. 비로소 프랑스 개신교회는 로마 천주교회의 예배당이 아니라, 개신교회의 예배당에서 자유롭게 예배할 수 있게 되었다.

그러나 문제는 여전히 남아 있었다. 황후 카트린이 음흉하고 잔악한 계획을 세우고 있었던 것이다. 그녀는 기즈 가문과 부르봉 가문을 화해시킨다는 명분으로 결혼을 주선했다. 자신의 딸 마르그리트 (Marguerite de Valois, 주후 1553-1615)를 부르봉 가문 앙리 4세(Henri IV, 주후 1553-1610)에게 시집을 보낸 것이다. 겉으로 보기에는 카트린이 위그노 귀족들과 좋은 관계를 맺으려고 하는 것 같았다. 그러나 사실 카트린은 그 결혼식에 참석하는 위그노 지도자들을 죽일 작정이었다. 그중에 위그노의 대표 지도자이며 전쟁 영웅인 콜리니의 가스파르 (Gaspard de Coligny, 주후 1519-1572)를 암살하려고 음모를 꾸몄다. 가스파르는 칼뱅과도 잘 알고 교제하는 사이였다. 위그노는 그 계획을 알리 없었다.

카트린은 주후 1572년 8월 24일 성 바돌로메 축일 새벽, 가스파르와 위그노 지도자들을 모두 죽이도록 명령했다. 파리에 모인 수많은 위그노 지도자들은 고용된 하류층 깡패들에 의해 처참하게 학살당했다. 가스파르도 죽음을 면치 못했다. 파리에서만 무려 8천여 명의 개신교인이 사망하고 지방에서는 세 배가 넘는 사람이 죽었을 것이라고 역사는 기록한다. 어떤 통계에는 전국적으로 10만 명의 개신교인이 처참하게 죽어 갔다고 한다. 교회를 무너뜨리려는 사탄의 공격은 집요하고 잔인했다. 하지만 위그노는 물러서지 않고 저항했다.

병약했던 샤를 9세가 자식도 없이 죽자 카트린은 셋째 아들 앙리

3세를 국왕으로 세운다. 그러나 자객에게 암살당한다. 그리고 주후 1589년, 마르그리트와 결혼한 앙리 4세가 왕이 된다. 그는 카트린과 로마 천주교인으로 개종한다는 조건으로 왕이 되었지만, 여전히 위그노에게 호의적이었다.

주후 1598년 낭트칙령이 발표되면서 파리를 제외한 다른 지역에서도 개신교인들은 예배를 드릴 수 있었다. 특별히 라로셸에 모여 사는 위그노를 보호하기 위해 병력을 배치하고 요새도 150개나 건설하도록 했다. 위그노 탄압법도 폐지되었다. 물론 오랜 위그노 전쟁도 중단되었다. 비로소 개신교회가 자유롭게 예배를 드릴 수 있게 되었다. 긴 어둠을 뚫고 개신교회에 자유의 빛이 조금 주어졌다.

/앙리 4세

그러나 그 빛은 그리 오래 가지 않았다. 주후 1685년 루이 14세가 낭트칙령을 폐지하면서 믿음을 지키며 살아남은 위그노는 더 이상 프랑스에 발을 붙이고 살 수 없게 되었다. 프랑스가 로마 천주교를 다시 국교로 부활시키면서 개신교회를 핍박하기 시작한 것이다.

위그노 목사들은 로마 천주교회로 개종하지 않으면 14일 이내에 프랑스를 떠나야 했다. 교인도 마찬가지로 어디론가 떠나야 했다. 모든 개신교회당은 빼앗기고 파괴되었다. 자녀들은 로마 천주교회에서 다시 세례를 받아야 했다. 600여 명의 목사들이 쫓겨나고 그중에 200여 명이 네덜란드로 망명을 갔다. 네덜란드는 개신교 나라로 그들을 아주 따뜻하게 맞아 주었다. 프랑스 위그노는 성실하고 부지런해서 경제적으로 부요하거나 지식인이 많았다. 위그노의 망명은 그 지역이나 나라에 경제적으로 많은 도움을 주었다. 대신 프랑스는 그들의 지적 능력과 경제력을 잃으며 어려움에 처하게 되었다.

프랑스는 절대왕권의 부패로 주후 1789년 프랑스 혁명으로 왕정이 몰락하고 공화정이 시작되면서 완전히 인본주의 국가로 전락했다. 프랑스 인권선언은 종교의 자유를 보장하지만, 더 이상 한 특정 종교의 지배를 받지 않게 되었다. 이때부터 개신교회도 억압받지 않고 자유롭게 신앙생활을 할 수 있게 되지만, 망명간 위그노가 다시 돌아오지는 않았다. 지금도 프랑스는 개신교 비율이 전체 인구의 3% 정도로 아주 소수이다.

프랑스 종교개혁은 실패한 것일까? 프랑스에 종교개혁이 정착하지 못한 것은 사실이다. 프랑스의 종교개혁은 활발하게 진행되었고 융성하기도 했다. 하지만 여러 가지 요인으로 종교개혁은 뿌리를 내리지 못했다. 대신 프랑스 개신교인은 해외에서 대단한 역할을 했다.

첫째, 제네바의 종교개혁은 프랑스 출신들이 도맡아서 했다. 기욤 파렐은 로잔과 제네바에서 종교개혁을 시작했고 그 이름도 유명한 종교개혁가 칼뱅을 제네바교회의 목회자로 불러 종교개혁을 주도하며 완성하도록 했다. 칼뱅의 후계자도 프랑스 사람 테오도레 베자였다.

둘째, 종교개혁의 기여 가운데 하나는 시편 찬송을 개발한 것인데 그것을 주도한 사람들이 모두 프랑스 출신 제네바 개신교인들이다. 음악 교사 루이 부르주아와 클레멍 마로, 테오도레 베자가 '제네바 시편 찬송'을 집대성했다. 모두 프랑스인이다. 이 시편 찬송은 네덜란드로 전해졌고 스코틀랜드에서도 꽃을 피웠다.

셋째, 프랑스의 종교적 박해를 피해 도망 온 프랑스 개신교인은 제네바에만 7천 명 정도나 되었다고 하니 정말 대단했다. 이것은 칼뱅이 제네바의 종교개혁을 성공적으로 이끌고 있었기 때문에 가능했다.

넷째, 칼뱅의 종교개혁은 프랑스 내부의 개신교회에 영향을 주어 프랑스 신앙고백과 교회법을 만들게 했다. 프랑스 교회의 신앙고백과 교회 질서는 네덜란드 개혁교회의 형성에 결정적인 영향을 주었다.

주후 1541-1648년

## | 네덜란드, 독립전쟁이 종교를 개혁하다

어느 날 스트라스부르에 머물고 있던 칼뱅의 집 문을 남루한 차림의 한 남자가 두드렸다. 그는 네덜란드 목사 피에르 브룰리(Pierre Brully, 주후 1518-1545)다. 그는 지금의 벨기에 메츠 출신으로 수도원에서 도망쳐 나온 지 얼마 되지 않았다. 그는 루터의 책들과 칼뱅의 《기독교 강요》를 읽고 종교개혁 신앙으로 개종했다. 그리고 비밀리에 개신교 신앙을 여러 사람에게 선포하다가 경찰에게 쫓겨 제네바로 피신해 온 것이다.

그는 그날 밤 칼뱅과 예수 그리스도의 복음, 평안, 자유, 위로에 대해 밤새 이야기꽃을 피웠다. 칼뱅은 다음 날 그를 프랑스교회의 목회자로 세웠다. 피에르 브룰리는 그곳에서 3년 정도 행복한 목회를 했다.

하지만 피에르 브룰리는 형제들의 영혼을 잊을 수 없었다. 그는 조국으로 다시 돌아가 비밀리에 복음을 전하며 지하교회를 세웠다. 어느 날 도르닉에서 복음을 전하던 피에르 브룰리는 경찰에 붙잡혔고,

주후 1545년 2월 19일 화형에 처해졌다. 피에르 브룰리는 네덜란드 목사로 최초의 순교자로 기록된다. 비록 그의 몸은 불탔지만 하나님의 말씀은 사람들의 가슴속에 불씨로 남아 나중에 네덜란드 개혁교회로 활활 타올랐다.

저지대라고도 불리는 네덜란드 지역은 일찍이 루터의 종교개혁의 영향을 직접적으로 받고 있었다. 주후 15세기경부터 공동생활형제단과 베긴회가 종교개혁의 마중물 역할을 했다. 그 뒤를 이어 참 복음을 갈망하는 수많은 종교개혁 신앙을 따르는 신자들이 등장했다.

네덜란드 북쪽 흐로닝언의 베셀 한스포르트(Wessel Gansfort, 주후 1419-1489)는 헬라어 성경을 읽으며 로마 천주교회가 정통 복음과 교리를 왜곡하고 있음을 날카롭게 지적했다. 그는 당대의 세상의 빛이라고 불렸다. 주후 1520년에는 헤이그 왕실 변호사였던 훈(C. Hoen, 주후 1440-1525)의 종교개혁 신앙과 성만찬에 관한 견해를 라틴어와 독일어로 출판해서 루터와 츠빙글리, 부서에게 보냈던 것으로 유명하다. 루터의 반응은 별로였지만, 츠빙글리와 부서는 그의 견해를 높이 평가했다고 한다.

주후 1545년에는 야곱 판 리스펠트(J. Van Liesvelt, 주후 1490-1545)가 루터의 신구약 성경을 네덜란드어로 번역 출판했다가 화형당했다. 당시 네덜란드에는 루터의 책 18권뿐 아니라 유명 종교개혁자들의 책들이 번역되었다.

또한 주후 1561년에는 귀도 드 브레(Guido de Brès, 주후 1522-1567)가 총 37장으로 이루어진 '벨직 신앙고백'을 만들어 스페인의 국왕 펠리페 2세에게 바쳤다. 종교 개혁신앙이 성경에 기초한 바른 신앙임을 변증한 것이다. 하지만 복음을 들을 귀가 없던 펠리페 2세는 귀도 드 브레를 붙잡아 처형했다(주후 1567).

이렇게 네덜란드의 종교개혁 신앙을 따르던 신자들이 모이기 시작했고, 주후 1562년에는 느슨한 형태의 교회 연합체가 만들어졌다.

주후 1566년은 네덜란드 종교개혁에 큰 분기점으로 기록된다. 그해 네덜란드 전국에 발생한 성상소동 때문이다. 성상을 파괴하는 소동은 정도의 차이는 있지만 이미 비텐베르크(주후 1522), 취리히(주후 1523), 코펜하겐(주후 1530), 뮌스터(주후 1534), 아우구스부르크(주후 1537), 스코틀랜드(주후 1559)에도 있었다. 네덜란드의 성상소동은 남부지역에서 8월 10일 시작해 3주 동안 북부로 전해지며 전국적 규모로 진행되었다.

물론 종교개혁은 성상을 파괴해야만 하는 것은 아니었다. 개신교인들도 이런 사실을 알고 있었다. 다만 네덜란드 개신교인은 교회의 성상과 장식이 우상이기 때문이 아니라, 스페인의 억압과 불의한 핍박의 상징이었기 때문에 파괴하려고 했다. 네덜란드 개신교인은 구습을 타파하고 종교와 정치적 억압으로부터의 자유를 바랐다. 네덜란드 인본주의자와 개신교인은 스페인이라는 공동의 적을 향해 뭉쳐 있었다. 이렇게 네덜란드의 종교개혁은 민족주의와 함께 갔다는 점이 특징이다.

성상소동은 펠리페 2세의 심기를 건드렸다. 그는 알바의 공작 페르난도(Fernando, 주후 1507-1582)와 그의 1만 군대를 동원해 대대적인 개신교 박해를 시작했다. 5년 동안 체포되고 처벌 받은 인원이 무려 8,950여 명이나 되었다. 많은 교인과 시민들이 박해를 피해 다른 나라로 피신해야 했다. 펠리페 2세는 로마 천주교 신앙을 거부하는 자들을 통치자를 거역하는 것으로 간주하며 박해했다.

페르난도는 네덜란드 지역을 책임지고 있던 책임자들을 문책하고 사형 판결을 내렸다. 네덜란드의 초대 총독이었던 오란여의 빌럼 (Willem van Oranje, 주후 1533-1584)도 사형선고를 받았다. 빌럼은 네덜란드 호국경을 자처하고 6만 명의 병사들과 함께 독일로 피해 있다가 주후 1568년부터 국내로 진입해 페르난도와 전쟁을 시작했다.

네덜란드 민족은 펠리페 2세의 중앙집권과 관료주의, 경제적인 피폐로 불만이 이만저만이 아니었다. 거기다 종교개혁을 뿌리 뽑으려 하는 스페인의 폭거에 대항하여 빌럼을 중심으로 귀족, 평민 할 것 없이 너도나도 봉기하기 시작했다. 빌럼의 첫 공격은 실패로 끝나는 듯했지만(주후 1568), 주후 1572년부터 귀족, 상인, 농부, 공무원들로 구성된 네덜란드 독립군이 해외로부터 치고 빠지는 게릴라 전술을 펴며 페르난도의 군대에 치명타를 입혔다.

/ 오란여의 빌럼
암스테르담 왕립 박물관 소장

한편 네덜란드 개신교회는 지금의 독일 중동부지역인 베젤에서 주후 1568년 노회를 구성하고 주후 1572년에는 지금의 독일 북동부지역인 엠던에 모여 최초의 네덜란드 개신교 총회를 구성해 개혁교회로 발전해 갔다.

이렇게 네덜란드 종교개혁은 네덜란드 독립운동 혹은 독립전쟁으로 전환되면서 새로운 방향으로 진행되었다. 주후 1568년 시작된 세계 최강 스페인과의 싸움은 처음에는 봉기 수준이었지만, 이기고 지는 과정을 거쳐 무려 80년 동안이나 진행되었다. 네덜란드는 마침내 주후 1648년 베스트팔렌 조약에서 국가로 인정받고, 개신교회는 '개혁교회'De Gereformeerde Kerken라는 이름으로 국가 교회로서 성장하기 시작했다.

| 거룩하고 죄가 없어야 참 교회인가?

네덜란드의 개혁교회는 우측으로는 로마 천주교회를 거부하고 좌측으로는 재세례파를 거부했다. 재세례는 극단적인 주장을 했는데, 몇 가지 특징이 있다.

첫째, 재세례파는 세속 정부를 사탄의 도구로 보았다. 국가에 협력하지 않고 무너뜨려야 할 적으로 생각했다. '육과 영', '국가와 교회', '성경과 성령'을 분리하는 이원론적 사상을 가졌다. 눈에 보이지 않는 하나님보다 눈에 보이는 정부의 힘을 이용하려는 당시 로마 천주교회의 분위기에서 재세례파의 주장은 상당히 순수해 보였고 신실한 신자에게 인기였다. 이 점에서 국가의 도움을 적절하게 활용했던 종교개혁가도 그들에겐 비판의 대상이었다. 그들은 재세례파 신앙이야말로 '참 종교개혁'이라고 칭송하며 따랐다. 국가의 도움으로 탄생한 종교개혁교회는 명목상의 그리스도인을 양산한다는 약점을 가지고 있는 것이 사실이다. 재세례파는 이 약점을 들어 개혁교회가 거짓 교회라고 주장하고 자신들이야말로 참 교회라고 주장했다.

둘째, 재세례파는 스스로 영적 신자라고 확신했다. 그들은 교리보다는 성령의 내적 경험을 더 중요하게 여겼다. 마음속에 떠오르는 '내적 빛'을 찾았다. 성경 지식보다 마음으로 느끼는 감동을 더 좋아했다. 성령의 감동에 둔감하고 형식과 제도에 의존하며 화석화된 교회에 실증이 난 사람들은 이런 내적 빛에 매력을 느꼈다. 그들은 거기에 머물지 않고 국가의 도움을 받거나 교리를 의지하는 사람들을 거짓 그리스도인이라고 정죄했다. 종교개혁을 미완성이며 가짜라고 비판했다.

재세례파는 크게 두 종류로 나뉜다. 한 종류는 '급진적 재세례파'이다. 그들은 뮌스터에 새 예루살렘이 임할 것이라고 믿고 무력으로 세속정부를 무너뜨리려 했다. 그러나 이 계획에 실패한 후 재세례파는 힘을 잃었다. 다른 종류는 '평화적 재세례파'이다. 이들은 폭력을 거부하고 평화를 추구했다. 평화적 재세례파의 지도자는 메노 시몬스(Menno Simons, 주후 1496-1561)였다. 그는 처음에는 로마 천주교회 사제였다가 나중에 루터와 츠빙글리를 따랐다. 그러다가 주후 1531년 스위스 재세례파에 가입했다. 특별히 그는 주후 1534-1536년에 있었던 뮌스터 천년왕국 전쟁을 비판했다. 메노 시몬스는 칼을 거부하고 평화를 가르쳤다. 그는 평화주의자였다. 싸우기보다는 매를 맞는 것이 주님의 뜻이라고 여겼다. 또한 세상을 전복시키려 하지도 않았다. 대신 신자는 세상을 떠나야 한다고 보았다. 혁명을 하나님의 섭리에 대한 역행으로 보고 거부한 것은 잘한 것이다. 대신 정부에 대한 관점은 여전히 문제가 있었다. 그들은 공무원이 되지 않았다. 정부가 그들을 잡아 가두면 저항하지 않고 때리면 맞았다. 반항하지 않았다. 맹세하는 것과 군 징집을 거부했다. 이들은 미국으로 건너가 메노나이트가 되었다.

오늘날도 재세례파는 군대에 가지 않는다. 여호와의 증인도 그렇다. 재세례파를 따르는 사람들은 교리에 관심이 없다. 순결한 삶을 강조하는 것은 좋지만, 복음을 잘 요약한 교리를 거부한 것은 문제다. 그들은 세상은 죄 된 곳이며, 교회는 절대로 죄인이 들어오는 곳이 아니라고 믿었다. 신자는 세상 사람들과 함께 살면 안 된다고 여겼다. 이런 생각은 성경적이지 않다. 성경은 교회에 알곡과 가라지가 공존한다고 말씀한다. 그리고 세상 속에 살면서 일을 하라고 가르친다. 세상 속에 살지만 세상의 소유가 되지 말라고 가르친다. 그러나 그들은 세상과 담을 쌓고 자신들만의 평화를 위해 순종하며 살다 보면 세상에 천년왕국이 이루어질 것이라고 믿었다.

S. MARGARETA.

/뮌스터 천년 왕국에 실패한 후     처형당하
고 있는 재세례파 신도들

재세례파는 성경보다는 성령이 직접 주시는 감동이나 말씀을 중요하게 생각한다. 그들은 성령이 지시할 때까지 무작정 기다린다. 하나님의 음성을 듣기 위해서이다. 예배 시간에도 그냥 조용히 기다린다. 나중에 생겨난 기독교 분파 중의 하나인 퀘이커 교도와 비슷하다.

이처럼 네덜란드 개혁교회는 좌측으로 재세례파와 우측으로 로마 천주교회와 구분되는 분명한 정체성을 유지하려 했다.

## | 종교개혁의 유산, 요리문답

종교개혁가들은 로마 천주교회의 잘못된 교리와 법에 익숙해져 있는 새신자와 자녀에게 바른 교리와 법을 가르쳐야 했다. 먼저는 사도들이 전해 준 바른 교훈을 잘 정리했다. 그것이 신앙고백이다. 그 신앙고백을 잘 가르치기 위해 요리문답을 만들었다.

요리문답서는 성경에 나오는 '카테케오'(chatēcheō, 행 21:21; 고전 14:19)라는 단어에서 온 말로, '구조로 가르치다' 혹은 '정보를 주다'라는 뜻이다. 본래 뜻 그대로 옮기자면 '신앙교육서'다. 주후 3세기 이전 초대교회에서는 세례를 받기 전에 3년이나 신앙교육을 받았다고 한다. 종교개혁가들도 대부분 자신의 요리문답을 만들어 교회와 가정에서 가르치도록 했다.

요리문답은 성경 내용을 그림처럼 잘 요약해 알려주는 지도와 같다. 덕분에 성경을 빠른 시간 내에 조직적으로 잘 배울 수 있다. 초신자를 위한 세례교육 교재로도 아주 좋다. 입교교육을 위해서도 좋다.

루터는 성경을 연구하고 정리해 주후 1529년 4월 '대요리문답'을 만들었다. 지역교회에 가 보니 교인들이 교리를 너무 모르고 있었고, 목사도 제대로 된 교리를 가르칠 능력이 없는 현실을 본 것이 계기가 되었다. 루터의 대요리문답에는 십계명, 사도신경, 주기도문, 성례에 관한 내용이 설교 형식으로 담겼다. 같은 해 5월에는 자녀에게 성경을 효율적이고 쉽게 가르치기 위해 '소요리문답'을 만들었다. 이것은 문답 형식이다. 이 요리문답은 부모가 자녀에게 기독교 교리를 쉽고도 정확하게 가르칠 수 있는 좋은 도구였다.

칼뱅도 주후 1542년 교인을 교육하기 위해서 '제네바 요리문답'을 프랑스어로 만들었다. 나중에는 라틴어로도 번역했다. 제네바 요리문답은 총 373문으로, 상당히 많은 질문과 그에 대한 답이 담겼다. 내용은 믿음, 율법, 기도, 성례로 구성된다. 제1문은 '인간 삶의 제일 되는 목적이 무엇입니까?'이다. 이 질문은 약 100년 후(주후 1647) 잉글랜드에서 만들어진 웨스트민스터 대, 소요리문답의 제1문과 같다. 칼뱅으로부터 영향을 받았다는 것을 알 수 있다.

칼뱅의 제네바 요리문답은 주후 1563년 만들어진 '하이델베르크 요리문답'의 기초가 된다. 선제후 프리드리히 3세(Friedrich III, 주후 1515-1576)는 궁중 목사였던 카스파르 올레비아누스(Kaspar Olevianus, 주후 1536-1587)와 하이델베르크 대학 교수였던 자카리아스 우르시누스(Zacharias Ursinus, 주후 1534-1583)에게 개혁 신앙을 잘 정리한 요리문답을 만들도록 맡겼다. 하이델베르크 요리문답은 총 129개 문답으로 지금까지도 사랑받는 최고의 요리문답이다. 내용은 세 부분으로 나뉜다. 첫째는 죄와 비참, 둘째는 구원, 셋째는 감사에 관한 것이다. 이것을 설명하기 위해 크게 사도신경, 십계명, 주기도문을 사용했다.

하이델베르크 요리문답은 독일 팔츠교회뿐만 아니라 네덜란드 개혁교회에서도 사용했다. 네덜란드 개혁교회는 주후 1618-1619년 도르트 총회에서 매 주일 오후 예배에서 반드시 하이델베르크 요리문답을 설교해야 한다고 결정했고, 지금까지도 전통으로 지키고 있다. 그래서 네덜란드에서 목사가 되려면 이 조건대로 하겠다고 서약해야 한다. 장로와 집사도 임명될 때 이 요리문답을 믿고 따르겠다고 서약한다. 모든 교인이 하이델베르크 요리문답을 잘 알아서 신앙의 기초가 튼튼하다.

요리문답은 지금도 교회에서 가르치고 배워야 하는 중요한 종교개

혁의 유산이다. 요리문답은 성경과 같은 권위를 가지지는 않지만, 성
경을 요약하고 있기 때문에 잘 활용하면 신앙에 도움이 된다.

/ 요리문답 공부를 하고 있는 스코틀랜드 장로교인
  존 필립의 그림

PART 6

계몽주의와 인본주의에 물든,
# 서구교회

PART

___6

주후 1580-1618년

| 인본주의가 고개를 들다

종교개혁을 박해했던 스페인은 유럽 최고의 국가였다가 점점 쇠퇴했다. 스페인의 개신교인들은 대체로 중산층 상인과 기술자들이었다. 그들은 박해를 피해 외국으로 망명을 가 버렸다. 유대인도 박해를 받아 쫓겨나면서 스페인은 경제적으로 큰 어려움에 처했다. 어리석고 잘못된 종교적 열심이 국가를 어렵게 만들었다.

그에 비해 네덜란드는 정치적으로 어엿한 독립국가로 설 뿐만 아니라 황금기를 맞았다. 개혁교회도 국가의 지원을 받으며 성장했다. 주후 1580년대 개혁교회 성도는 인구의 10% 정도 밖에 되지 않았지만 주후 1618년 즈음에는 인구의 50%나 되었다고 한다. 네덜란드에서 개신교 신앙을 가진다는 것은 애국하는 것과 동일시되었다. 네덜란드 개혁교회는 든든히 서 갈 수 있었다.

시간이 지나 점차 교회에 대한 핍박이 사라지고 기독교인은 자유롭게 예배하고 신앙생활할 수 있었다. 사탄은 잠자고 있는 것일까? 그럴 리 없다. 사탄의 공격은 외부가 아니라 내부에서 생겨났다. 인본 주의가 서서히 고개를 들기 시작한 것이다. 인본주의는 르네상스 시 대에 이미 싹이 텄지만, 종교개혁의 이슈에 눌려 기를 펴지 못했을 뿐 이었다.

기독교 안에 존재하는 인본주의는 하나님의 주권보다 인간의 자유 의지를 강조했다. 인본주의의 영향과 결과는 하나님의 선택과 예정 을 부정하는 것으로 나타났다. 코우른헤르트(D. V. Coornhert, 주후 1522-1590)가 그런 사람이었다. 그는 교회의 신앙고백을 믿지 않고 당회의 지도도 거부했다. 신자는 믿음의 종류를 선택할 자유가 있다고 선언 했다. 그는 관용을 주장했다. 삶이 하나님께 달려 있다기 보다는 인간 스스로 결정하고 해결할 수 있다고 생각했다. 이런 생각은 젊은이들 에게 인기가 있었다. 1천 년 전 잉글랜드 수도사 펠라기우스가 전했던 것이기도 하다.

기독교 내에 인본주의 사상이 문제가 된 것은 아르미니우스(J. Arminius, 주후 1559-1609) 때문이었다. 주후 1604년 〈예정에 관한 논제들〉이라는 제목으로 논문을 발표했는데 거기에서 기성 정통 종교개혁 신앙이 틀 렸다고 폭탄선언을 한 것이다. 네덜란드 교회 전체가 혼란의 소용돌이 에 휘말리게 되었다. 주후 1609년 아르미니우스가 질병으로 사망한 후 에도 문제는 눈덩이처럼 커져만 갔다. 아르미니우스의 입장을 따르는 자들을 '항론파'라고 부른다. 기존 교리가 틀렸다고 항의하며 논의를 요구했기 때문이다. 그들은 5가지 항목으로 예정교리에 도전했다. 항 론파에 대한 반대자들을 '반항론파'라고 부른다.

교회의 예정교리 문제는 국가의 사회적 불안과도 직결되었다. 네덜란드의 지도자 마우리츠(Maurits van Oranje, 주후 1567-1625)는 결단을 내리고 국가적 차원의 교회 총회를 소집했다. 그렇게 모인 것이 주후 1618년 열린 도르트 총회다.

/ 도르트 총회 모습
도르트 시립박물관 소장

이 총회는 교회 안의 갈등과 논쟁을 제거하고 신앙고백의 일치를 통해 평화를 이루기 위해 개최되었다. 각 주 지방의 회와 교회 노회 대표와 신학교 교수가 초청되었다. 물론 정부 대표단도 참여했다. 도르트 총회가 특별한 것은 여러 나라 교회 대표가 참석했다는 점이다. 프랑스는 대표단 파송을 거절했고, 브란덴부르크 대표는 루터파의 반대로 불참했지만, 잉글랜드, 스위스의 여러 주들, 독일의 여러 주들로부터 모두 8개 지역, 총 26명의 외국 대표단이 참석했다. 그래서 도르트 총회는 공교회의 성격을 띤다. 예정교리는 한 지역, 한 나라 교회의 것이 아니라 주님의 보편교회의 것임을 보여 준다.

주후 1619년 5월 9일 총 154회 회의를 마지막으로 국제적 도르트 총회를 마쳤다. 회의에 참석한 사람은 모두 사람의 글이나 생각이 아니라, 오직 믿음의 법칙인 하나님의 말씀만 사용하기로 서약했다. 신조는 학자나 목사가 아니라 교회와 성도에게 어울리도록 작성했다. 신조의 작성 목적은 교회를 평화롭고 든든하게 세우는 것이다.

참석자들은 모두 해산하여 본국으로 돌아갔지만, 네덜란드 대표들은 남아서 국내 문제를 더 처리하고 5월 29일 180회를 마지막 회의로 총회를 마무리했다. 7월 2일 총회 회의록이 의회에서 승인되고, 3일 모든 항론파 직분자들은 사임을 요구 받았다. 약 200명의 항론파가 공직에서 축출되었다.

그러면 도르트 신조에는 어떤 내용이 담겼을까? 항론파의 주장은 '선택은 믿음의 결과이다'라는 것이다. 반대로 반항론파는 '믿음은 선택의 결과이다'라고 반박한다. 반항론파는 구원을 위해 오직 하나님의 전적인 주권이 중요하지만, 항론파는 인간의 믿음이 결정적이라고 보았다. 도르트 총회는 항론파가 기존 예정교리가 틀렸다고 다섯 가지로 정리한 것에 대해 동일하게 5가지 항목으로 정리했다.

첫째, 하나님의 선택과 유기에 대한 것이다. 모든 죄인은 영원한 사망에 처해야 마땅하다. 하나님은 설교자를 통해 구원의 복음을 전하도록 하셨다. 하지만 어떤 사람은 믿고 어떤 사람은 거절한다. 이것은 하나님의 선택과 유기로 이루어진다. 선택은 무조건적이고 주권적이며 불변적이다. 하나님은 구원할 자를 선택하시고 그렇지 않은 사람은 죄 가운데 그대로 멸망하도록 내버려두시며 유기하셨다.

둘째, 제한구속에 대한 것이다. 그리스도의 죽음은 선택받은 사람에게만 해당될 뿐이지 모든 사람을 위한 것은 아니라는 것이다. 그리스도의 택자를 위한 속죄는 반드시 설교되어야 할 진리이다. 이 복음의 메시지를 듣고 믿지 않는 것은 그 사람의 책임이다. 반대로 믿음으로 반응하는 것은 하나님의 선물이다.

셋째, 전적 부패에 관한 것이다. 인간의 전 영역이 부패하여 스스로 하나님을 찾을 수도 없고 자신을 구원할 수도 없다. 인간 스스로의 능력과 힘으로는 믿음과 회개가 불가능하다.

넷째, 저항할 수 없는 은혜에 관한 것이다. 중생은 오직 하나님의 은혜로 받을 수 있는 선물이다. 구원하시는 하나님의 은혜는 인간이 거절할 수 없다. 인간은 타락하여 스스로 하나님께 갈 마음이 없지만, 하나님은 그 의지를 구부러뜨리셔서 은혜로 구원하신다. 그럼에도 불구하고 모든 인간은 복음에 반응해야 하고 자신의 불신앙에 책임을 져야 한다. 인간은 가만히 있어도 되는 돌덩어리가 아니라, 인격체이기 때문이다. 신자는 반드시 은혜의 수단을 사용해야 한다.

다섯째, 성도의 견인에 관한 것이다. 신자는 여전히 죄인으로 남아있고 믿음을 끝까지 보존할 능력이 없다. 그렇지만 구원은 인간에게 달려 있지 않다. 신자는 자신을 구원할 능력이 없지만, 성령 하나님의 사역으로 가능하다. 하나님이 택한 자는 그 어떤 시험과 고통 속에서도 이기고 인내하여 승리한다. 물론 신자들은 은혜의 수단들을 부지런히 사용함으로 이 견인을 확신할 수 있다.

이 모든 것을 종합해 보면 우리는 하나님의 전적인 은혜로 구원 받기로 예정되어 믿음을 가지게 된 것이다. 구원을 위해 우리는 그 어떤 노력과 능력도 발휘할 수 없다. 단지 구원 받은 성도가 믿음의 결과로 열매 맺는 삶을 감사로 살게 될 뿐이다. 이렇게 도르트 신조는 벨기에 신앙고백과 하이델베르크 요리문답과 함께 네덜란드 개혁교회의 3개의 일치신조에 포함된다.

오늘도 아르미니우스의 사상은 교회 가운데 여전히 살아 움직이고 있다. 오직 하나님의 주권과 은혜보다 인간의 노력과 공로가 앞서는 것은 아르미니우스의 망령이다. 그럴 때마다 도르트 신조를 찾아 읽어 볼 것을 권한다. 하나님의 주권적 은혜의 복음을 알고 하나님께 영광과 찬송과 감사를 드리게 될 것이다.

주후 1603-1625년

## | 제임스 1세, 종교개혁 전으로 후퇴하다

주후 1603년, 엘리자베스 1세가 자녀 없이 죽음을 맞았다. 이로써 잉글랜드의 튜더 왕조는 사라지게 됐다. 대신 왕위 계승법에 따라 스코틀랜드의 제임스 6세가 왕위에 오르면서 이제 스튜어트 가문이 잉글랜드를 지배하게 됐다. 이후 브리튼 섬의 정세는 큰 변화를 겪는다. 일종의 큰 도약의 기회를 갖게 된다. 근대 대영제국의 시작점이 이때부터라고 해도 과언이 아니다.

엘리자베스 1세 여왕 치하에서 청교도는 적지 않은 박해를 받았다. 그런데 제임스 6세가 왕으로 온다고 하니 청교도의 기대가 이만저만이 아니었다. 제임스 6세는 스코틀랜드의 장로교 신앙으로 교육받았기 때문이다. 스코틀랜드 수준의 장로교회를 세울 수 있을 것으로 마음이 들떠 있었다.

제임스 6세는 잉글랜드에 와서는 제임스 1세로 즉위하였다. 청교도는 제임스 1세에게 자신들의 요구가 담긴 '천인청원'을 제출했다. 그 청원서에는 잉글랜드 국교회를 개혁할 목록들이 빼곡히 적혀 있었다. 가장 중요한 것이 주교제도의 폐지였다. 하지만 제임스 1세는 그들의 상소를 단박에 거절했다. 그는 '주교 없인 왕도 없다'고 말했다.

제임스 1세는 스코틀랜드에서 장로교회 신앙으로 자랐지만 왕실 선생인 조지 뷰캐넌(George Buchanan, 주후 1506-1582)의 교육에 대한 반감을 품고 있었다. 그는 어린 제임스를 회초리로 때리며 교육했다고 한다. 스코틀랜드의 왕이 된 이후에도 제임스 1세는 종교적 영역에 어떠한 권한도 없었다. 스코틀랜드 장로교회는 국왕의 간섭으로부터 자유로웠다. 그러니 제임스 1세가 보기에 왕이 주교를 임명하고 마음대로 조종할 수 있는 주교제도는 굉장히 매력적이었다.

제임스 1세는 잉글랜드의 청교도를 박해하고 스코틀랜드에 주교제도를 도입했다. 그의 정책을 강하게 반대하는 자가 있으면 옥에 가두었다. 제임스 1세는 스코틀랜드에 주교를 임명하고 사제들이 성찬식에서 주는 빵을 무릎을 꿇고 받도록 했다. 사제는 병자에게 사적으로 성례를 시행할 수 있고, 성탄절, 부활절, 승천절 등의 절기를 반드시 지키도록 했고, 견신례입교에서 주교의 축복을 회복시켰다. 스코틀랜드 장로교회는 다시 종교개혁 전으로 후퇴했다.

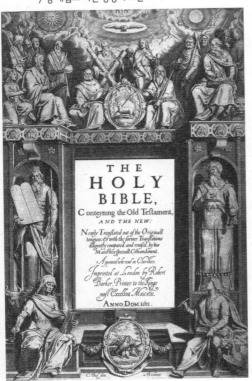
/ 킹 제임스 버전 성경의 초판 표지

제임스 1세는 청교도의 주일 성수를 비웃는 스포츠 법령을 만들었다. 주일에 놀이문화를 장려하는 정책이다. 주일에 춤을 추거나 활을 쏘거나, 뜀뛰기나 뜀틀넘기같은 스포츠 활동을 맘껏 즐기도록 허용했다. 청교도는 강하게 반발했다.

제임스 1세가 한 것 가운데 교회의 개혁에 기여한 것이 없진 않았다. 그것은 난무하는 성경 번역서를 하나의 권위 있는 성경으로 만든 것이다. 주후 1611년에 번역 출판한 '흠정역'이 그것이다. '흠정'이라는 말은

'왕이 공적으로 인정한'이라는 뜻이다. 우리는 이 성경을 '킹 제임스 버전'KJV이라고 부른다.

또 제임스 1세는 네덜란드 도르트 총회에 교회 대표를 파송하기도 했다. 하지만 그는 아르미니우스의 지지자였다. 제임스 1세는 나름대로 종교적 중도정책을 실행해 보려 했다. 하지만 청교도나 장로교회로부터 미움을 받았다. 뿐만 아니라 로마 천주교회 신자로부터도 공격을 받았다. 주후 1605년 로마 천주교인 가이 포크스(Guy Fawkes, 주후 1570-1606)가 런던 의사당 지하에 엄청난 양의 폭약을 설치해 제임스 1세와 개신교 지도자들을 죽이려 음모를 꾸미기도 했다.

제임스 1세는 나라를 잘 다스리지 못하고 엘리자베스 1세가 모아놓은 국고를 탕진했다. 의회는 왕을 싫어했고 그의 정책을 도와주지 않았다. 왕과 의회 사이에는 늘 싸움만 있었다.

주후 1608-1630년
| 청교도가 침례교회와 회중교회의 기원이 되다

청교도는 잉글랜드의 중도적 종교개혁에 대항한, 진정한 의미의 종교개혁을 열망했던 개신교인이다. 잉글랜드 국교회를 순결하게 개혁하려 했다는 점을 고려해 '퓨리탄', 즉 청교도라 부른다.

그밖에도 사람들은 청교도를 여러 별명으로 불렀다. 일반적으로 불렸던 이름은 '규칙을 엄격히 지키는 사람'이다. 국교회의 법과 교리에 반대하는 자들이라는 말로 '반대자', '비국교도', '비 순응주의자들'이라 부르기도 했다. 18세기에는 '저교회파'로 불렸다. 이들은 예배 형식과 직분의 위계로부터 자유하려고 하며 복음 자체에 더 많은 관심을 요구했다. 주후 20세기의 존 스토트(John R. W. Stott, 주후 1921-2011) 같은 목사가 여기에 속한다. 어떤 청교도는 기존 교회를 개혁할 수 없다고 보고 국교회로부터 떨어져 나갔다고 해서 '분리주의자'로 불린다. 하지만 청교도 자신들은 '경건한 자' 혹은 '성도'라 불리기를 원했다.

청교도에 대한 오해들도 있다. 청교도는 비판만 일삼고 순진한 사람을 지옥불로 위협하는 자들이라는 것이다. 또 죄를 잘 지적하지만 정작 자신의 삶은 바꾸지 않는 위선자라고 말하는 사람도 있었다. 삶이 엄숙해 숨이 막히고, 검정 옷만 입어 패션 감각이 없고, 남녀를 지나치게 구분할 뿐만 아니라 성적 쾌락을 죄악시하며, 가부장적 위계질서를 조장한다고 비난받았다. 이런 비난이 전혀 근거 없는 것은 아니지만 많은 오해들로 덧씌워졌다.

청교도는 신앙과 삶이 균형 잡힌 신실한 성도들이다. 죄를 멀리하고 미워하지만 하나님이 주신 아름다움과 기쁨과 즐거움과 희락을 맘껏 사용할 줄 아는 자들이다. 청교도가 주일에 즐겨 입던 검은색 옷은 당시 전통에서 볼 때 고급 패션이었다는 것을 아는 사람은 별로 많지 않다. 청교도에는 여러 유형이 있다.

청교도 중에는 재세례파적 신앙을 가진 자들도 꽤 있었다. 캠브리지대학 출신으로 잉글랜드 국교회 목사였던 존 스미스(J. Smith, 주후 1554-1612)는 국교회로부터 분리되어 나왔다. 주후 1608년에는 제임스 1세의 박해를 피해 추종자들과 함께 네덜란드 암스테르담으로 망명을 갔다. 그들은 세상에서 가장 성경적인 교회를 세우려고 했다. 초대교회처럼 순수한 신앙고백이 있어야 한다고 보았다. 신앙고백이 없는 유아의 세례를 거부했다. 존 스미스는 어릴 때 유아세례를 받은 것을 평생 후회하며 자기 자신에게 다시 세례를 베풀었다. 교인 36명에게도 다시 세례를 주었다. 종교개혁 시대에 스위스와 독일, 네덜란드에 자생했던 재세례파 그룹의 사상과 같다.

이들은 오늘날 침례교회의 기원이기도 하다. 존 스미스는 후에 네덜란드 재세례파인 메노나이트에 합류했지만 나머지 교인들은 다시 잉글랜드로 돌아가 런던에 최초의 침례교회를 세웠다. 이들은 처음에 물을 뿌리는 세례를 시행했지만, 주후 1638년 존 스필스버리(J. Spilsbury, 주후 1593-1668)가 물속에 푹 잠기는 침례로 바꾸면서 오늘에 이르고 있다.

존 스미스는 당시 네덜란드에 논쟁 중이었던 아르미니우스의 사상을 따랐다. 이렇게 아르미니안적 신학을 가진 침례교회를 '일반 침례교'라고 부른다. 이들이 나중에 미국으로 건너가 커다란 교회로 성장하게 된다. 지금은 침례교회가 미국에서 가장 큰 개신교회이다.

하지만 침례교회 안에는 아르미니안적 신학을 거절하고 칼뱅주의적 예정론을 그대로 받아들이는 자들도 있다. 그들을 '특수 침례교'라고 부른다. 주후 19세기 유명한 영국의 설교자 찰스 스펄전(C. H. Spurgeon, 주후 1834-1892)이 이 부류에 속한다.

한편 주후 1608년 잉글랜드의 존 로빈슨(J. Robinson, 주후 1575-1623)이 고국을 떠나 네덜란드 레이든에 정착해 교회를 세웠다. 이 교회가 회중교회의 기원이다. 이 교회는 침례교회와 달리 개혁신앙의 예정론을 지지하였고 아르미니우스의 신학을 거절했다. 교리적으로는 장로교와 개혁교회와 일치했다. 회중교회는 주후 1658년 런던의 사보이 궁전에서 26일 동안 모여 '사보이 선언문'을 만들었다. 단지 교회 정치에서 노회와 총회의 권위를 인정하지 않고 지역 개교회가 완전한 최종적 교회라고 보았다. 교회의 직분자는 교인의 대표일 뿐이며 교회의 최종 권위는 교인, 곧 공동의회에 있다고 생각했다. 장로교회나 개혁교회가 교회의 당회에 권위를 두는 것과 다르다.

이와 비슷한 생각을 가진 사람들이 로버트 브라운(R. Browne, 주후 1550-1633), 헨리 바로(H. Barrow, 주후 1550-1593), 존 그린우드(J. Greenwood, 주후 ?-1593), 토마스 졸리(T. Jollie, 주후 1629-1703) 등이 있다. 이런 자들의 주장 때문에 회중교회의 이론을 따르는 자들을 'Johnsonism', 'Robinsonism', 'Brownism'이라고 부르기도 한다.

네덜란드에서 난민생활을 하던 청교도는 잉글랜드로 돌아와 윌리엄 브래드퍼드(William Bradford, 주후 1590-1657)와 윌리엄 브루스터(W. Brewster, 주후 1566-1644)를 지도자로 세우고 아메리카 신대륙으로 떠났다. 총 102명이 메이플라워호 배를 타고 대서양을 건너 뉴잉글랜드 플리머스에 도착했다(주후 1620년 12월 21일).

청교도는 아메리카 신대륙에 가장 먼저 교회를 세웠다. 교회 주변

/메이플라워호
필그림 홀 박물관 소장

으로 자신들이 살 집을 지었다. 윌리엄 브래드퍼드가 첫 지사가 되고 히브리서 11장 13절을 설교했는데, 여기에서 나그네를 뜻하는 단어 'pilgrims'을 따서 이들을 '필그림'이라 불렀다.

| 웨스트민스터 표준문서가 작성되기까지

/ 찰스 1세

주후 1625년, 제임스 1세가 죽고 그의 아들 찰스 1세(Charles I, 주후 1600-1649)가 잉글랜드, 아일랜드, 스코틀랜드의 왕이 된다.

찰스 1세는 절대 왕정주의자였다. 유럽에서 그 어느 나라보다 의회 민주주의가 일반화된 잉글랜드의 귀족과 중상층은 찰스 1세의 절대 권력에 강력하게 대항했다. 특히 찰스 1세는 주후 1627년 스페인, 프랑스와의 전쟁에 패하면서 국가적 위신을 떨어뜨렸고 국고도 낭비했다. 의회는 마침내 주후 1628년 왕에게 '권리청원'을 제출했다.

청원에 따르면 이제 왕은 국회의 동의 없이는 어떤 세금도 걷지 못하고, 법의 결정 없이 국민을 마음대로 잡아 가두지 못한다. 또 군대를 민가에 머무르게 하지 못하고, 군인이 아닌 국민은 군법에 따라 처벌되지 않는다. 찰스 1세는 어쩔 수 없이 권리청원에 서명했다. 왕의 국정운영 실패가 의회 민주주의를 불러온 셈이다.

찰스 1세는 그런 법을 만들어 내는 의회가 싫었다. 그는 왕의 직권으로 의회를 해산했다(주후 1629년). 그리고 11년 동안 왕 혼자 나라를 다스렸다. 그러나 제대로 하지는 못했다. 게다가 찰스 1세는 로마 천주교회의 예전을 회복시키고 교회당에 제단을 만들고 주교제도를 공고히 하고 청교도를 핍박했다. 성찬식은 다시 화체설로 바뀌었다. 그러니 잉글랜드 청교도의 눈에는 찰스 1세가 사악한 교황처럼 보였다.

찰스 1세는 주후 1637년 스코틀랜드 교회에 '공동기도서'를 강제로 도입했다. 스코틀랜드 장로교회는 일제히 항거하며 일어섰다. 그해 어느 주일 스코틀랜드의 세인트 자일스 교회당에서 한 노인이 공동기도서 사용을 강요하는 주교를 향해 의자를 던지는 일이 일어났고, 곧 폭동으로 이어졌다. 이 사건은 전 스코틀랜드 국민을 자극했고, 찰스 1세를 향한 분노로 연결되었다.

찰스 1세는 당장 스코틀랜드와 전쟁을 벌였다. 이 싸움을 '주교전쟁'(1차)이라고 부른다. 결과는 어땠을까? 총력을 기울인 스코틀랜드 군대는 오합지졸의 찰스 1세 군대를 박살냈다. 찰스 1세는 주후 1639년 국회의원 선거를 하고 주후 1640년 4월 스코틀랜드에 지불해야 할 전쟁배상금을 요구하기 위해 의회를 소집하지만 실패한다. 청교도가 의원에 더 많이 당선되었기 때문이다.

한편, 당시 잉글랜드는 왕당파와 의회파로 나뉘어 긴 내전이 시작되었다(주후 1642-1651). 피비린내 나는 내전은 밀고 밀리는 싸움을 거듭했다. 주후 1643년 의회파 군대가 왕당파 군대에 밀리며 불리한 상황이 되었다, 다급해진 의회는 스코틀랜드 의회에 도움을 요청했다. 스코틀랜드 의회는 잉글랜드 의회에게 군대를 보내는 대신 조건을 요구했다. 이것이 '엄숙 동맹과 언약'이다.

이 조약은 세계 역사에서 유래가 없는 종교적 내용을 담고 있다. 첫째, 스코틀랜드 교회의 신앙을 보존하고, 하나님의 말씀과 가장 잘 개혁된 교회의 모범을 따라 교리, 예배, 권징, 교회 정치, 신앙고백, 예배모범, 교리문답에서 가장 가까운 일치와 통일을 위해 힘쓴다. 둘째, 교황제나 주교제, 미신과 관습, 이단, 분파, 신성모독 등 건전한 교리와 경건에 반하는 일이라면 무엇이든지 버리기로 약속한다….'

이렇게 스코틀랜드 의회는 잉글랜드 의회에게 감독제를 버리고 장로교 제도와 개혁신앙과 예배를 따를 것을 요구했다. 스코틀랜드 입장에서는 잉글랜드 의회를 통해 찰스 1세를 압박할 계획이었다. 잉글랜드 의회는 이 언약서에 서명했다.

그리고 잉글랜드 의회는 성직자 총회를 개최하기로 결정했다. 주교제도를 폐지함으로 새로운 신앙고백과 교회제도가 필요했기 때문이다. 이것이 웨스트민스터 총회다. 총회에는 신학자 121명과 의회위원 30명 총 151명이 참석했다. 스코틀랜드 의회는 목사 5명과 장로 3명, 총 8명의 특사를 잉글랜드 웨스트민스터 총회에 파송했다.

스코틀랜드 장로교 대표의 참여와 도움이 없었다면 웨스트민스터 총회의 표준문서가 나올 수 있었을까? 그

/ 웨스트민스터 사원 전경

들의 영향은 웨스트민스터 총회에서 절대적이었다. 알렉산더 헨더슨 (A. Henderson, 주후 1583-1646)은 스코틀랜드 장로교 초대 총회장이었다. 로버트 베일리(Robert Baillie, 주후 1602-1662)는 매일 총회의 일들을 일기로 써서 당시의 상황을 이해할 수 있는 귀중한 유산으로 남겼다. 사무엘 루더포드(Samuel Rutherford, 주후 1600-1661)는 총회 기간에 《법과 왕》이라는 책을 썼다. 그는 이 책에서 이스라엘의 왕 즉위식이 하나님과 언약을 맺는 것처럼 기독교 국가의 왕 즉위식은 언약식이 되어야 한다고 했다. 만약 하나님과의 언약을 어기고 자기 마음대로 통치하면 백성이 그 왕을 끌어내릴 수 있다고 보았다. 하나님이 백성을 통해 왕에게 준 권력을 혁명이라는 방법으로 중단시킬 수 있다고 했으니 당시 가히 혁명적이었다. 마지막으로 조지 길레스피는(George Gillespie, 주후 1613-1648)《아론의 싹난 지팡이》라는 책을 썼는데, 장로교 정치 전문가이다. 스코틀랜드 특사 가운데 30세로 가장 나이가 어렸다고 한다. 하지만 그의 뛰어난 학식과 언변은 총회에 적지 않은 영향력을 끼쳤다. 로버트 더 글라스(Robert Douglas, 주후 1594-1674)가 회의 회장단의 대표로 임명되었지만 질병 때문에 많이 참석하지는 못했다.

/ 사무엘 루더포드

주후 1643년 7월 1일 시작된 총회는 스코틀랜드 특사가 도착한 9월부터 새로운 방향으로 진행되었다. 이들은 투표권이 없어도 자문위원으로서 주도적 역할을 감당했다. 예배 모범, 권징, 정치, 신앙고백을 만들어야 했는데, 앞의 3가지는 새롭게 연구해 만들어야 할 과제였다. 마지막 신앙고백은 주후 1609년 39개조 항을 개정하기로 했었지만, 스코틀랜드 특사들이 주도적 자문역할을 하면서 세 나라가 함께 사용할 전혀 새로운 신앙고백을 만들기로 했다. 놀라운 하나님의 섭리였다.

이렇게 우여곡절 끝에 웨스트민스터 총회가 개최되었다. 의회가 재정적 지원을 했다. 장소는 웨스트민스터 사원이었는데, 헨리 7세 예배실에서 모였다가 나중에는 예루살렘 챔버에서 회의를 했다. 평균 60-70명 정도가 회의에 참석했으니 규모가 작지만 모이기에 적당한 곳이었다. 151명은 소집된 전체 인원이고 실제는 40%의 인원이 참여했다고 한다.

회의 기간은 주후 1643-1649년으로 총 5년 7개월 22일이 걸렸다. 회의가 열린 횟수를 보면 1,163회로 월요일부터 금요일까지 진행했다. 오전에는 전체 모임을 하는데, 예배와 기도, 토론을 했다. 대체로 오전 9시에 시작하면 1시에 끝났다. 오후에는 주로 소위원회로 모여 토론하고 결과물을 만들었고 저녁에는 개별 토론과 성경 묵상, 그리고 총회 주제와 관련된 책을 저술하기도 했다. 밖에는 내전이 진행되고 있었지만, 신학자들은 기도하며 주제를 가지고 성경을 집중적으로 연구하고 씨름하는 시간이었다.

총회 모든 회원은 매주 첫 회의 시작 때 이렇게 선서했다고 한다. "나는 하나님의 말씀에 가장 일치하다고 믿는 것 외에는 그 어떤 교리도 주장하지 않겠습니다. 나는 하나님의 영광과 교회의 평화와 건덕을 위해 취할 수 있는 최선의 것 외에는 그 어떤 제도도 주장하지 않겠습니다."

그들은 단어 하나를 가지고도 깊이 있는 토론을 했다. 의견이 일치하지 않으면 다시 연구했다. 필요하면 특별연구위원회를 만들기도 했다. 그러니 웨스트민스터 표준문서는 많은 전문 신학자들이 성경을 연구하고 토론해서 만든 것이다.

총회는 국가의 간섭을 최대한 배제했다. 물론 5년여의 총회 기간 동안 잉글랜드 정세는 좋지 않았고, 그 영향으로부터 완전히 자유로울 수는 없었다. 왕당파가 전쟁에서 의회파를 이기고 있을 때 의회는 총회를 간섭하지 않다가도, 후기에 의회파가 왕당파를 이길 때에는 간섭했다. 그러나 전반적으로 총회는 차근차근 성경적 교회 세움의 원리를 잘 정리했다.

제일 먼저 '예배 모범'이 주후 1645년 1월 3일 최종 완성되었다. 두 번째 '교회 정치'가 주후 1646년 4월 30일에 결정되었다. 교회 정치 체계는 스코틀랜드의 장로교 정치를 그대로 가져왔다고 해도 과언이 아니다. 잉글랜드 의회는 교회 정치, 권징, 노회와 총회에 대한 것을 일부 수정하도록 지시했다. 세 번째 '신앙고백'이 주후 1646년 12월 7일 의회에 제출되었다. 하지만 증거성경구절을 첨가하도록 요구해 총회가 보충한 후 스코틀랜드 의회가 주후 1647년 1월 만장일치로 신앙고백을 채택했다. 잉글랜드 의회는 주후 1648년 6월이 되

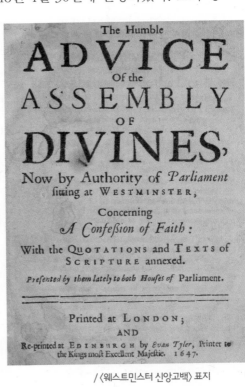

The Humble
ADVICE
Of the
ASSEMBLY
OF
DIVINES,
Now by Authority of *Parliament*
sitting at WESTMINSTER,
Concerning
*A Confession of Faith* :
With the QUOTATIONS and TEXTS of
SCRIPTURE annexed.
*Presented by them lately to both Houses of* Parliament.

Printed at LONDON;
AND
Re-printed at EDINBURGH by *Evan Tyler*, Printer to
the Kings most Excellent Majestie. 1647.

/ 〈웨스트민스터 신앙고백〉 표지

어서야 일부 수정해 채택했다. 네 번째 '대요리문답과 소요리문답'은 주후 1647년 10월과 11월에 각각 완성되지만, 주후 1648년 7월에 가서야 잉글랜드 의회에서 겨우 채택되었다. 스코틀랜드 의회는 그대로 받아들였다.

잉글랜드 교회는 주후 1660년 왕정이 복귀하면서 웨스트민스터 표준문서를 폐기처분하고 말았다. 다시 옛 성공회로 돌아간 것이다. 웨스트민스터 표준문서를 받아들인 교회는 스코틀랜드 장로교회뿐이다. 스코틀랜드 교회가 웨스트민스터 표준문서를 잘 활용하고 온 세계에 알렸다. 하나님의 섭리이다. 아직까지도 웨스트민스터 소요리문답은 아이들에게 교리를 가르치는 데 귀하게 쓰임받고 있다. 신실한 개신교회는 이 웨스트민스터 표준문서를 소중하게 여기고 함께 공유하고 있다. 한국의 장로교회도 웨스트민스터 표준문서를 택하고 있다.


## | 왕정이 회복되고 관용법이 발표되다

잉글랜드 찰스 1세의 군대는 올리버 크롬웰(Oliver Cromwell, 1599-1658)이 이끈 강력한 기병대인 철기군의 활약으로 의회파 군대에게 패했다. 올리버 크롬웰은 찰스 1세를 주후 1649년에 대역죄로 사형에 처했다. 의회파가 왕당파를 물리쳤다. 이 전쟁을 '잉글랜드 시민 전쟁'이라고 부른다.

잉글랜드에는 이제 왕도 없고 교회의 감독도 없었다. 왕 대신 의회가 나라를 다스렸으나 쉽지 않았다. 결국 의회는 올리버 크롬웰에게 나라를 다스리도록 요청했다. 그는 왕도 아니고, 그렇다고 대통령도 아니었다. 결국 올리버 크롬웰의 직임을 '호국경'Lord Protector이라고 불렀다. 이름이 좀 생소하지만, 근대 잉글랜드가 시작된 최초의 순간이었다.

/ 올리버 크롬웰
사무엘 쿠퍼의 1656년 작품

나라 명칭은 '잉글랜드 공화국'이었다. 이미 토마스 홉스나 존 로크 같은 학자들이 온 국민의 공공복지를 추구하는 사회와 나라를 의미하는 것으로 사용하던 용어였다. 하지만 올리버 크롬웰은 귀족 출신으로 국민이 보통 선거를 통해 지도자를 뽑는 근대적 의미의 민주주의 공화국을 만들지는 못했다. 그는 무지한 민중보다는 엘리트 귀족이 다스리는 체제를 선택했다. 왕정체제에서 한순간 민주공화정으로 바뀔 수는 없었을 것이다. 그는 군인 출신 정치가로서 군사독재로 일관했다.

올리버 크롬웰은 회중교회에 속한 철저한 청교도 신자였다. 로마 천주교회와 잉글랜드 국교회의 주교제도만 반대하고 여러 다양한 색깔의 개신교 신앙을 가질 수 있도록 관용정책을 수행했다. 크롬웰 정부는 극장을 폐쇄하고, 간통을 사형으로 다스리고, 맹세를 금지하며, 안식일을 지켜야 하고, 성탄절에 고기를 먹은 집들을 조사해 야단을 쳤다. 시민은 신앙의 정도와 상관없이 강제로 경건하게 살아야 했으니, 청교도를 점점 싫어하게 되었다. 그들은 깨끗한 청교도 지도자 올리버 크롬웰보다 오히려 자유롭고 쾌락을 허용하는 왕을 더 사모하게 되었다.

주후 1658년 올리버 크롬웰이 독감으로 갑자기 죽자, 잉글랜드 국민은 다시 왕정을 회복시켰다. 찰스 1세의 아들 찰스 2세(Charles II, 주후 1630-1685)를 왕으로 세웠다. 찰스 2세는 로마 천주교회의 신앙을 가지고 있었으니 다시 공동기도서를 교회에 강요했다. 잉글랜드 목사 25%에 해당하는 약 2천여 명의 목사가 교회에서 쫓겨나야 했다. 왕은 쫓겨난 목사가 더 이상 사역하지 못하도록 '비밀집회금지령'을 만들고 5명이 넘는 불법 집회를 금지했다. 주후 1665년에는 '5마일령'을 만들어 쫓겨난 목사가 자신이 시무했던 지역 5마일 이내에서 설교할 수 없게 통제했다.

이후에도 20년이 넘는 동안 약 2만 명의 개신교인이 옥에 갇히고 고문을 받고 사형을 당했다. 청교도는 공무원이 될 수 없었다. 가장 치명적인 법은 청교도는 대학에 갈 수 없는 것이었다. 케임브리지대학이나 옥스퍼드대학이 청교도의 보루 역할을 했는데 이제는 옛이야기가 되고 말았다.

프랑스에서 개신교회가 정부의 조직적 핍박으로 약화된 것처럼 잉글랜드의 청교도도 그랬다. 수많은 사람이 박해를 받아 외국으로 피난을 가야 했다. 이때 존 번연(John Bunyan, 주후 1628-1688)이 불법적으로 예배를 드리다가 체포되어 3개월 옥에 있었다. 존 번연은 석방되면서 다시 설교를 하지 않겠다고 서약을 해야 했는데, 거절했다. 그래서 12년이나 더 옥에 갇혀 있어야 했다. 《천로역정》은 이렇게 탄생했다. 이 책은 지금까지도 수많은 언어로 번역되어 세계인들에게 감동을 주고 있다.

어떤 사람은 청교도를 비판하면서 "청교도주의란 누군가가 어디서

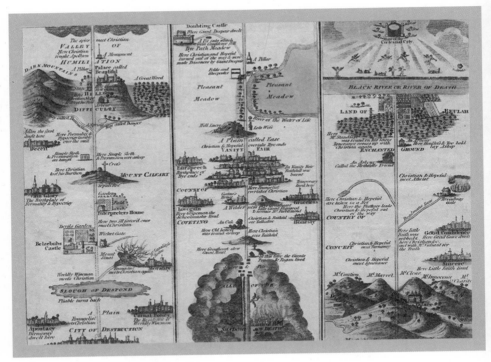

/ 그림으로 나타낸 존 번연의 천로역정
1821년 작품

즐거운 시간을 보내고 있을지도 모른다는 불안한 두려움이다"라고 했지만 오해다. 청교도는 잉글랜드 교회의 진정한 종교개혁가들이었다. 청교도는 설교를 중요하게 생각했다. 늘 설교단을 교회의 중앙에 세웠다. 그뿐 아니라 목사는 글도 많이 썼다. 그들은 실천에도 앞장섰다. 하나님의 영광을 위해 살려고 노력했다. 박해 가운데서도 예배와 설교와 성찬에서 위로와 용기를 얻었다. 자신의 죄에 대해 깊이 묵상하고 부끄러워하고 아파했다. 동시에 회개하는 자에게 주시는 하나님의 용서를 소중히 여겼다. 죄책과 은혜를 동시에 설교하고 누렸다.

한편 잉글랜드의 찰스 2세가 죽고 동생 제임스 2세(James II, 주후

1633-1701)가 왕이 되었다(주후 1685). 그의 권력은 점점 약화되고 프랑스로 추방당했다. 제임스 2세의 딸 메리가 네덜란드의 윌리엄(William III, 주후 1650-1702)과 혼인하면서 윌리엄이 세 나라를 다스렸다(주후 1689). 윌리엄은 의회 민주주의를 향한 큰 발걸음을 내디뎠다. 그는 '관용법'을 발표했다. 마침내 청교도는 신앙생활의 자유를 보장받았다. 그밖에도 장로교인, 회중교인, 침례교인, 퀘이커 교인이 종교의 자유를 얻게 되었다. 당시 청교도인 수는 잉글랜드 전체 국민의 10% 정도였다.

주후 1624-1702년
## | 퀘이커의 예배에는 아무 일도 일어나지 않았다

청교도 가운데 신비주의자들도 있었다. 조지 폭스(George Fox, 1624-1691)가 만든 '친우회'가 그 경우이다. 그는 기성교회의 교리나 신학이 그리스도인의 삶에 아무런 도움이 되지 않는다고 여겼다.

조지 폭스는 교회의 전통과 역사와 조직을 다 버리기로 했다. 그들은 성경을 읽는 것만으로 만족하지 않았다. 오직 성령의 '내적 빛', 곧 내면의 음성만이 유일하게 순종해야 할 명령이라고 가르쳤다. 또한 조지 폭스와 그의 추종자들은 자신들만 '빛의 자녀들'이라고 부르면서 기성 교회의

/조지 폭스

성도들을 가짜라고 비난했다. 심지어 내적 빛을 경험하지 않은 자는 신자로 인정하지 않았다.

그들은 점점 더 곁길로 벗어났다. 마침내 조지 폭스는 모든 인간은 어느 정도 '내적 빛'을 가지고 있기 때문에 마음의 소리를 잘 들으면 하나님을 만날 수 있다고 가르쳤다. 명상을 통해 하나님을 만날 수 있다고 믿었다. 이런 청교도를 '퀘이커'라고 불렀다. 퀘이커는 '떠는 자들'이라는 뜻이 있는데, 조지가 붙잡혀 재판을 받을 때 판사에게 '하나님의 말씀 앞에 두려워 떠시오!'라고 큰소리를 친 것 때문이라는 설이 있고, 그들이 모여 기도하면 부들부들 떨었다고 해서 붙여진 이름이라는 설도 있다. 그들은 스스로 '친우회'라고 불리기를 좋아했다.

그들이 모이는 교회당에는 강단도 없고, 찬송도 없고, 음악과 기도도 없다. 예배로 모여 그냥 앉아서 성령님을 기다린다. 인도자가 없어 예배 시간이 되어도 아무도 나서지 않는다. 단지 서기가 예배의 시작을 알리고 끝나면 끝났다고 말하는 것 이외에는 아무런 일도 일어나지 않는다. 어떤 사람에게 성령이 임하면 그가 일어나 말씀을 전하기도 하고 마음에 감동이 되면 찬송을 부르기도 하고 기도를 할 수도 있다. 성령이 아무에게도 말하지 않으면 그냥 모였다가 떠나는 때도 있다. 동양의 참선과 비슷하다. 참선이 혼자 하는 것이라면 퀘이커는 함께한다는 것이 다르다.

그들은 맹세를 거부하고 전쟁을 반대했다. 평화가 지고한 목표다. 적이 쳐들어와도 당하고 절대로 싸우거나 전쟁을 해서는 안 된다고 가르쳤다. 그들은 매일 일어나는 문제들과 결정의 순간에 성령의 인도에 귀를 기울였다. 성령이 마음에 감동을 주시면 행동했다. 그들은 성경과 교리로 판단하지 않고 내적 느낌으로 결정했다. 그들은 예정

/ 퀘이커 교도 메리 다이어가 1660년 6월 1일 처형장으로 끌려가는 그림
브루클린 박물관 소장

교리와 원죄교리를 믿지 않았다. 교회 제도와 형식을 거부했다. 제도와 형식에는 성령이 역사할 틈이 없다고 생각했기 때문이다.

주후 1650년 60명으로 시작한 잉글랜드 퀘이커는 4년 후 3천여 명으로 성장했다. 무시무시한 박해를 받았지만 신도가 급속도로 늘어나 유럽, 아프리카, 아메리카로 퍼져 나갔다. 퀘이커 윌리엄 펜(William Penn, 주후 1644-1718)은 아메리카 식민지 개발에 중요한 역할을 했다. 그는 퀘이커가 아메리카로 이민해 살 수 있도록 지금의 펜실베이니아 주를 찰스 2세로부터 하사받았다. 펜실베이니아라는 이름에는 '펜의 숲'이라는 뜻이 있다. 그 후 잉글랜드의 퀘이커는 아메리카로 대거 이민해 정착했다. 아메리카 신대륙은 퀘이커에게 천국과 같았다. 그렇게 주후 1702년 펜실베이니아와 뉴저지에 2만여 명의 퀘이커 정착촌이 생겼다. 뉴잉글랜드에서 퀘이커는 부흥했다.

하지만 핍박이 줄어들면서 퀘이커는 점점 그 수가 줄어들었다. 박해의 시대에는 자신들의 신념을 지키기 위해 애를 썼지만, 삶이 편해지면서 그 신념도 약해졌다. 퀘이커의 삶과 훈련이 너무 엄격하다고 불만을 품는 사람들이 퀘이커를 떠났다. 예전과 달리 열정이 식으면서 회심자도 줄었다.

퀘이커는 종교개혁의 후손이지만, 정통 개신교회의 길을 벗어났다. 퀘이커의 문제는 무엇일까? 첫째, 현대판 영지주의자라고 할 수 있다. 이들은 외적 형식, 교리, 역사, 교육을 부정하고 내면적 신비와 영적 지식을 절대적 진리로 믿기에 물질은 속된 것이고 영은 거룩한 것이라고 보는 이원론적 영지주의와 비슷하다. 둘째, 내적 빛과 느낌을 성경보다 더 높은 위치에 놓음으로 성경의 권위를 떨어뜨린다. 셋째, 몸의 떨림을 성령의 역사로 인정한다. 오늘날의 신사도운동 같은 성령운동과도 일맥상통한다. 넷째, 예수 그리스도의 신성과 마리아의 처녀 잉태를 믿지 않는다. 다섯째, 모든 종교에도 구원의 길이 있다고 가르쳐 종교다원주의의 길을 열어 놓는다.

이런 퀘이커교의 모습은 현대 포스트모더니즘의 경향과 잘 맞아 떨어진다. 물론 성령님이 우리 가운데 계시면서 일하시는 것은 분명하다. 다만 성령님의 일하심은 성경 말씀과 교회의 직분적 사역을 통해 나타난다. 마음의 뜨거운 감동이나 몸이 떨리는 현상 같은 것을 성령의 역사라고 쉽게 판단하는 것은 매우 위험할 수 있다. 성경을 잘 요약한 신앙고백과 요리문답은 복음을 쉽고 바르게 가르치는 데 매우 요긴한 것임에도 불구하고 사람이 만든 것이라고 무시하는 것도 조심해야 할 부분이다. 개인의 경험과 체험은 언제나 객관적 성경 말씀으로 검증받아야 한다.

## | 경건주의, 개인의 삶을 강요하고 교회를 등한시하다

섬나라 잉글랜드에 청교도가 있었다면, 대륙에는 '경건주의' 흐름이 있었다. 종교개혁은 독일 지역에 루터교회, 네덜란드에 개혁교회를 낳으며 그 체계와 교리가 안정적으로 정착했다. 교회에는 정통주의가 자리잡기 시작했다.

주후 1666년 쉬페너(Philipp Jakob Spener, 주후 1635-1705)는 교회의 도덕적이고 깡마른 설교에 만족하지 못하는 자들을 모아 자기 집에서 성경공부를 시작하고 삶을 나누며 기도했다. 그렇게 시작된 교회 외적 그룹은 '교회 안의 작은 교회' 역할을 했다. 그는 은혜 없는 삶의 원인이 교리라고 여겼다. 교리적 지식이 풍요한 삶을

/ 쉬페너

망쳐 버렸다고 오해했다. 이런 목적으로 모인 소그룹을 '경건모임'이라 불렀다. 이들은 중요한 것은 교리가 아니라 그리스도인다운 경건한 삶이라고 강조했다. 그래서 신자들에게 엄격한 삶을 요구했다.

경건주의는 독일 교회에 많은 영향을 미쳤다. 이들의 특징은 루터교회를 떠나지 않고 교회 안에서 경건운동을 시도했다는 것이다. 그들은 특정한 종파를 만들지 않고 조용한 내적 개혁운동을 시도했다.

네덜란드에도 경건주의 신앙이 있었다. 스홀팅하위스(W. Schortinghuis, 주후 1700-1750)가 대표적 인물이다. 그는 《내적 기독교》라는 책을 내면서 유명해졌다. 책에서 그는 '5가지 부정', 즉 '나는 원하지 않는다. 나는 할 수 없다. 나는 알지 못한다. 나는 가진 게 없다. 나는 도움이 안 된다'를 신앙인의 가장 중요한 덕목이라고 주장했다. 인간의 전적

/ 넓은 길과 좁은 길
샬로테 라이렌(1805~1868)

타락과 무능력을 고백하는 것이기에 귀하다. 철저한 자기 부정이었다. 무엇이든지 할 수 있다고 믿는 현대인에 비하면 좋은 자세이다.

하지만 그는 그리스도 안에서 할 수 있는 것까지 포기했다는 점에서 문제가 있다. 그는 미드볼다에서 16년 동안 목회했지만, 겨우 23명에게서만 체험적 신앙고백을 받을 수 있었다. 1,500여 명의 교인들은 점점 교회를 떠났다. 그는 교인들에게 성경이 요구하는 신앙보다 훨씬 어렵고 힘든 것을 요구했다.

한편 지금의 체코 지역인 보헤미아와 모라비아 지방에도 얀 후스 이후 종교개혁 신앙이 이어지고 있었다. 그들은 한때 200여 개의 개신교회를 세우고 20만 여 명의 성도로 성장했지만, 30년 전쟁 이후 로마 천주교회 정부의 핍박으로 '형제단'을 구성해 숲속 깊숙한 곳에서 유랑하며 살고 있었다. 이들을 '보헤미아 형제단' 혹은 '모라비아 형제단'이라고 부른다. 이 형제단은 어렵고 고통스러운 삶을 영위하며 세상 권력과 압력에 타협하지 않고 순전한 종교개혁 신앙을 유지하려 했다. 종교개혁 교리와 삶의 훈련, 예배의 개혁과 형제

/ 모라비아 형제단에게 설교하고 있는 친첸도르프

애, 특히 평화를 강조했다. 그들은 잉글랜드의 청교도, 독일 루터교회의 경건주의와 맥락을 같이 하고 있다고 볼 수 있다.

그 가운데 모라비아 형제단은 친첸도르프(N. L. von Zinzendorf, 주후 1700-1760)의 영지에 들어와 공동체를 이루었다. '주의 보살핌'이라는 뜻의 '헤른후트'라 이름을 지었다. 친첸도르프는 모라비아 형제단으로 개종하고 근대적 의미의 개신교 선교를 일으켰다. 이 공동체는 소규모이지만 독일 지역뿐만 아니라 세계로 퍼져 나갔다. 잉글랜드의 감리교 창시자인 존 웨슬리(J. Wesley, 주후 1703-1791)와 개신교 근대 선교의 아버지로 불리는 윌리엄 캐리(William Carey, 주후 1761-1834)도 이들의 영향을 받았다.

이런 경건주의 운동은 교회와 신자들에게 생동감을 불어넣었다. 하지만 부족한 부분도 없지 않았다. 경건주의의 특징은 단순한 삶인데, 특히 금욕적 자기부정을 강조했다. 경건주의는 교회의 형식을 터부시하고 개인적 광신주의 혹은 신비주의로 흐르기 쉬웠다. 그들은 기성교회의 공예배와 성례를 가볍게 여기는 분위기를 만들었다. 지적이고 건전한 토론과 비평도 거부했다. 경건주의가 교회 안에 머물렀지만 아이러니하게도 그들은 교회를 사랑하지 않았다. 교회의 사역에 무관심했다. 교회는 자기들을 감싸고 있는 하나의 껍질 정도로 여겼다.

경건주의는 개인 경건생활을 강조하다 보니 세상에서 그리스도인의 역할에 대한 관심이 없었다. 그들은 '오직 성경'을 믿었지만, '모든 성경'을 가르치고 배우지 않음으로 오래가지 못했다. 주후 18-19세기 독일 루터교회의 경건주의는 교리가 약해지면서 신학적 '자유주의'와 철학적 '계몽주의'의 공격에 힘없이 넘어지고 만다. 지금도 루터교회는 자유주의와 경건주의라는 두 얼굴을 동시에 가지고 있다.

## | 합리주의가 교회 안에 이신론을 만들다

계몽주의는 종교개혁보다 한 시대 앞서 시작된 인문주의가 낳은 아들이라고 볼 수 있다.

종교개혁에 있어 성경이 빛이었다면, 계몽주의에서는 이성이 빛이다. 종교개혁이 중세 로마 천주교회의 잘못된 교리와 체계에 대한 '신앙적 개혁'이었다면, 계몽주의는 주후 17-18세기 로마 천주교회와 개신교회에 얽혀 있는 잘못된 정치, 경제, 사회, 문화에 대한 이성적 개혁이었다. 계몽주의는 신앙이 아니라, 이성의 역할을 강조한 사상가들에 의해 주도되었고 전반적인 유럽 사회의 사고와 삶의 방식이 되었다.

계몽주의를 주도한 자들로는 네덜란드에서 20년 동안 활동했던 프랑스 태생 르네 데카르트(René Descarte, 주후 1596-1650), 스피노자(B. Spinoza, 주후 1632-1677), 영국에는 프란시스 베이컨(F. Bacon, 주후 1561-1626)과 존 로크(J. Locke, 주후 1596-1626)가 있었다. 프랑스에는 볼테르(F. Voltaire, 주후 1694-1778)와 루소(J. J. Rousseau, 주후 1712-1778)와 같은 인물이 있다. 계몽 사상가들은 인간의 존엄과 평등과 자유를 강조함으로써 유럽을 지배하고 있던 전제군주제와 로마 천주교회와 개신교 신학적 교리로부터 벗어나 이성의 자유와 해방을 주장했다.

계몽주의는 교회에 상당한 영향을 미쳤다. 신앙에도 이성을 중시하는 합리주의적 사고방식이 유행했다. 주후 1774년에는 린제이(Theophilus Lindsey, 1723-1808) 목사가 영국 국교회를 떠나 런던에 유니테리언교회를 세웠다. '유니테리언'은 하나를 뜻하는 'Uni'와 하나님을 지칭하는 'theos'의 합성어다. 그들은 성자와 성령을 하나님으로

믿지 않았다. 오직 한 하나님만 계신
다고 믿었다.

유니테리언은 교리적으로 소키누
스를 따르고 교회법적으로는 회중교
회를 따랐다. 이들은 예수 그리스도
의 피가 아니라 좋은 성품으로 구원
받는다고 가르쳤다. 미국에도 유니
테리언이 상당한 영향력을 행사하기
시작했다. 주후 1688년 설립된 보스
턴의 킹스채플교회가 1825년 유니
테리언 교회로 넘어갔다. 하버드대
학도 유니테리언 교회의 영향을 받
았다.

/철학과 이성이 환한 빛을 받고 있는 그림
1772년 《백과전서》의 권두화

주후 18-19세기에는 유니테리언의 거짓 교리가 이신론으로 발전
했다. 이신론은 창조주로서의 신을 인정하지만 이성의 범위 안에 가
두고, 실제로 세상을 다스리는 살아계신 신으로 보지 않는다. 이신론
자에게 신은 그냥 이론일 뿐이며 실제 삶과는 상관이 없다. 이신론은
초월적 신의 존재와 창조를 믿는다는 점에서 유신론으로 분류할 수
있지만, 그들이 믿는 신은 논리와 이성으로 파악 가능한 범위에서 신
일뿐이다. 그런 의미에서 실천적 무신론이다.

유럽에서는 주후 17세기 30년 전쟁이 종교전쟁이었기 때문에 사
람들은 종교에 실망하고 있었다. 게다가 그 무렵 전통적 천동설이 물
러가고 지동설이 일반화되기 시작했다. 뉴턴(Isaac Newton, 주후 1642-
1727)은 중력을 발견하여 자연법이 세계를 움직이는 것을 보여 주었

다. 이처럼 과학이 발달하면서 그 성과가 늘어 감에 따라 사람들은 과학을 더 신뢰했고, 동시에 종교는 신뢰를 잃었다. 사람들은 성경보다는 자연과 인류 문화 가운데 쓰인 자연법칙을 찾으려는 경향이 생겨났다. 성경이 믿음과 도덕의 문제에서 권위가 있을지 모르지만, 과학의 영역에서는 권위가 없었다.

이런 생각들이 자연스럽게 이신론을 만들어 냈다. 존 로크(John Locke)의 경험론이 이신론을 지지했다. 데이비드 흄(David Hume, 주후 1711-1776)의 사상은 꺼져 가던 이신론에 불을 붙였다. 그는 본래 인류는 다신론이었고 종교의 심리학적 기초는 이성이 아니라, 미래에 대한 두려움이라고 했다. 이들은 자연 속에 세상을 움직이는 힘이 숨어 있다고 믿었다. 성경이 가르치는 살아계시고 참되신 하나님과 너무나 먼 얘기이다.

그들은 하나님은 이 세상과 우주를 창조했지만, 더 이상 세상 일에 간섭하지 않으시기 때문에 사람이 자연법으로 이 땅을 잘 다스려야 한다고 가르쳤다. 하나님과 세상의 관계가 시계공과 시계의 관계와 같다고 믿었다. 시계공이 시계를 만들고 태엽을 감아 두면 기계의 법칙에 따라 스스로 움직이는 것처럼, 이 세상이 그렇게 혼자 움직인다고 가르쳤다. 그리스도의 구속과 성령의 중생케 하는 역사를 믿지 않는다. 이런 생각은 이성을 신앙보다 더 중요하게 생각하는 계몽주의와 더불어 인기를 얻었다.

## | 인간의 이성이 하나님을 도전하다

이신론은 근대 영국, 프랑스, 독일, 네덜란드, 미국에서 유행했다. 그중 미국에서 이신론이 큰 역할을 했다.

1776년에 작성된 미국 독립선언문에 이신론의 영향이 그대로 드러나 있다. 독립선언문은 이렇게 천명한다. "모든 인간은 평등하게 태어나 생명과 자유와 행복을 추구할 권리가 있다." 인간이 국가와 정부를 만들 수 있는 권리가 있다는 것이다. 지금까지는 국가와 왕은 하늘로부터 온다고 믿었다. 왕권신수설이다. 그런데 정반대의 사상에 근거한 국가가 등장한 것이다. 왜일까? 독립선언문을 만든 사람이 이신론적 가치관을 가진 사람들이었기 때문이다.

미국의 위대한 건국 영웅 중에 벤저민 프랭클린(B. Franklin, 주후

민중을 이끄는 자유의 여신
외젠 들라크루아의 1830년 작품

1706-1790)과 토머스 제퍼슨(T. Jefferson, 주후 1743-1826)이 있다. 벤저민 프랭클린은 피뢰침과 다초점 렌즈를 만든 과학자이고 체신부 장관도 역임했다. 그는 "정직은 최상의 방책이다"라는 멋진 말도 했다. 하나님이 명령하셨기 때문에 정직해야 하는 것이 아니라, 그렇게 사는 것이 인간에게 유익하기 때문이라는 말이다. 이신론적 접근이다. 그리스도인은 정직해야 하는 이유를 '거짓 증언하지 말라'는 하나님의 명령에서 찾는다. 또한 벤저민 프랭클린은 시간 관리에 전문가이다. 프랭클린 플레너가 그의 작품이다. 그는 인간 스스로 삶을 관리해야 한다고 생각했다.

토머스 제퍼슨도 마찬가지로 이신론자였다. 그는 "사람 밑에 사람 없고 사람 위에 사람 없다" 혹은 "모든 사람은 신 앞에 평등하다"라는 말을 한 것으로 유명하다. 하지만 그가 말하는 신은 기독교의 하나님이 아니다.

미국이 주장하는 자유, 평등, 박애는 아주 좋은 말이다. 미국 독립선언 100주년을 기념해 프랑스가 미국에 선물한 자유의 여신상은 이신론의 철학을 고스란히 담고 있다. 여신상의 왼손에는 독립선언문이 들려 있다. 인간의 이성에서 출발한 자유를 가능케 하는 사상과 신념을 동상에 표현했다.

이신론은 프랑스 대혁명에도 영향을 주었다. 프랑스 대혁명은 수세기 동안 이어져 온 여러 국가의 기존 질서, 왕정체제에 대한 엄청난 도전이었다. 오스트리아, 프로이센, 영국은 동맹을 맺어 프랑스 혁명군에 대항했다. 그 전쟁 가운데 시대의 영웅 나폴레옹 보나파르트(Napoleon Bonafarte, 주후 1769-1821)가 탄생했다.

프랑스 대혁명이 기독교회에 미친 악영향은 컸다. 우선 기존 기득

권 세력과 결탁하고 부패에 동조하였던 로마 천주교회에 대항했다. 프랑스 대혁명 이후 로마 천주교회는 더 이상 특권을 누리거나 주장할 수 없게 되었다. 그뿐만 아니라 당시 프랑스 개신교회 역시 거의 소멸되다시피 했다. 주후 1685년 루이 14세는 낭트칙령을 폐지함으로 개신교회를 심각하게 박해했다. 프랑스 신흥 부유층으로 구성된 개신교인은 여러 나라로 흩어져야 했다. 프랑스는 정치, 경제, 사회, 문화적으로 막대한 손실을 입고 부실한 나라로 전락했다. 프랑스 대혁명은 사회적 신분제의 폐지와 정치 형태의 근대적 변화에 긍정적인 영향을 준 것도 사실이지만, 개신교와 로마 천주교 신앙에는 치명적인 해를 주었다.

프랑스 대혁명은 인간의 이성을 신의 자리에 올려놓은 결과물이다. 전통적 기독교 연대기인 '주후'를 폐지하고 공화국 연대기를 사용했

/ 1794년 6월 8일 프랑스 대혁명의 막바지에 이성을 최고
의 존재로 칭송하며 행해진 행진

다. 7일 한 주를 10일 한 주 체계로 바꾸었다. 매 7일째 되는 날에 예배를 금지하고 매 10일째 되는 날에 정치와 철학적 주제의 연설을 듣거나 파티와 무도회로 하루를 보냈다. 예배당 종각의 종을 내려 대포를 만들고 예배로 모이지 못하도록 금지했다. 시민들은 '자유의 여신' 제단 앞에 서서 맹세해야 했다. 이 맹세를 거부하는 사제와 수도사와 수녀들은 혁명 반동분자로 몰려 처형당했다.

주후 18세기에 접어들면서 사회는 점점 지식인이 넘쳐나기 시작했다. 그들의 지혜란 하나님과 성경에서 발견한 것이 아니라, 이성을 계발해 만든 것이었다. 계몽주의로 무장한 인간은 교회의 기초를 흔들고 신앙을 흠집 내기 시작했다. 순풍에 돛을 단 배처럼 인간의 이성에 대한 신뢰가 폭발한 것이다.

기독교 역사에서 이런 도전은 처음이었다. 한 마디로 충격 그 자체였다. 인간은 보이지 않는 하나님을 더 이상 두려워하지 않았다. 인간 자신에 대한 신뢰는 하늘을 찌를 듯 했다. 프랑스 대혁명은 세계 역사의 큰 분기점이다. 교회는 신앙적으로 큰 해를 입었다.

주후 1729-1779년

## | 감리교의 창시자 존 웨슬리, 교회에 활력을 불어넣다

주후 18세기 산업혁명과 식민지 지배의 확장으로 경제가 부강해지고 계몽주의 사조가 지배하면서 이신론적 사고가 교회의 생명력을 빼앗아가기 시작했다. 설교는 메마르고 도덕적 훈화 수준에 머물기 일쑤였다. 신자는 영적 기갈에 허덕였다.

이때 교회에 활력을 불어넣은 인물들이 있다. 그 대표적 인물이

존 웨슬리(J. Wesley, 주후 1703-1791)와 조지 휫필드(G. Whitefield, 주후 1714-1770)다. 존 웨슬리는 형제 찰스 웨슬리와 함께 옥스퍼드대학을 졸업하고 목사가 되었다. 이들은 성경을 읽고 공부하며 경건 서적을 읽을 뿐만 아니라, '신성회'를 만들어 거룩한 삶을 실천했다. 또한 소그룹 안에서의 성찬, 오락과 사치를 죄악시했다.

그들은 죄수들을 방문해 위로하고 돕는 일을 했다. 이 그룹에 조지 휫필드도 참여했다. 당대 친구들은 그들을 '규칙쟁이'라 불렀다. 일종의 별명이었

/ 존 웨슬리
윌리엄 해밀턴의 그림

다. 그들이 지킨 엄격한 삶과 규칙을 비꼬며 놀리는 말이었다. 그 별명에서 감리교의 영어식 이름 '메소디스트'가 생겨났다. 다른 이름은 '감리교회'인데 교회의 정치적 특징을 나타낸다. 장로교회가 장로 정치를 하듯, 감리교회에서는 감독 정치를 특정한 표현이다. 이렇게 교회 정치 형태로 불리는 명칭은 '독립교회', '회중교회', '장로교회', '감리교회'가 있다.

조지 휫필드는 복음에 대한 열정이 담긴 우렁찬 목소리로 청중들의 감성을 건드리는 설교를 하는 은사를 가진, 소위 말하는 부흥사였다. 주후 1739년, 그가 브리스톨 노천 광장에서 5천여 명의 광부들을 향해 설교했을 때 수많은 사람이 하나님께 굴복했다. 그는 평생 1만 8천 번이나 설교했고 1천만 명의 청중에게 복음을 전했다고 한다. 당시 존 웨슬리는 야외설교에 부정적이었는데, 조지 휫필드가 초청해 설교하도록 한 이후로 50년 동안 야외설교를 하며 복음을 전했다. 이들은 잉글

랜드뿐만 아니라 스코틀랜드와 미국의 뉴잉글랜드를 오가며 설교했고, 교회에 많은 영향을 주었다.

하지만 두 사람은 근본적으로 방향이 다른 점이 있었다. 조지 횟필드는 개혁신앙의 중요한 교리인 예정론을 믿었지만, 존 웨슬리는 예정론을 거부하고 만인구원설을 주장했다. 조지 횟필드는 칼뱅주의자였지만, 존 웨슬리는 이미 도르트 총회에서 정죄받은 아르미니우스의 신학을 노골적으로 추종했다. 후에 존 웨슬리는 자신의 견해를 따르지 않는 조지 횟필드를 만나려고도 하지 않고 절교해 버렸다.

감리교회의 형성은 존 웨슬리에 의해 주도되었다. 존 웨슬리는 열정적 설교자임과 동시에 훌륭한 조직가였다. 그는 모라비아 형제단으로부터 큰 영향을 받았지만, 주후 1740년 그들과 결별하고 연합 동아리를 조직하고 '감리교'의 첫걸음을 시작했다. 아직까지는 교회라기보다는 영국 국교회 안에 있는 조직 정도였다.

그러나 국교회는 존 웨슬리에게 설교권을 주지 않았다. 결국 그는 1739년 4월 2일 월요일 밤 브리스톨에서 첫 야외설교를 시작으로 평균 매주 15번 설교했다고 한다. 그는 주후 1742년 첫 속회를 만들었다. 속회 회원의 조건은 엄격했다. 회원이 되려면 반드시 회심의 경험이 필요했다. 마음의 뜨거운 경험이 없는 사람은 회원이 될 수 없었다. 한 해에도 무려 4번이나 신앙을 점검하도록 했다. 열심 없는 회원은 떨어져나갔다.

단위는 최대 12명이다. 그중에는 리더가 있었다. 리더가 하는 역할은 조직을 위해 매주 1페니씩 거두는 것이었다. 매주 모은 작은 돈은 조직을 결속시키는 데 큰 역할을 했다. 후에 장로교회는 바로 이 속회를 본받아 '구역모임'이라는 것을 만들었다.

웨슬리의 조직이 점점 커지자 목사가 부족했다. 존 웨슬리는 어쩔
수 없이 평신도 설교자를 세웠다. 그는 또 조직의 재산을 관리하기 위
해 '집사'를 세웠다. '주일학교
교사'와 '병원 사역자'를 임명
했다. 주후 1744년 이 단위들이
매년 런던에 모여 수련회를 했
다. 이렇게 존 웨슬리는 강력한
지도체제로 자신의 세력을 구
축하고 조직을 굳세게 유지할
수 있었다.

/ 시티채플에서 설교하는 존 웨슬리
웰컴의 판화

　물론 이 단체는 국교회 안에 머물러 있긴 했다. 주일 공예배 시간에
는 모이지 않았다. 예배 시간을 피해 소그룹으로 모였다. 주중에 대중
집회를 통해 그 세력을 유지했다. 주후 1776년 통계에 따르면 성도가
1만 9,761명이었는데 다음해 2만 5,911명으로 늘었다. 목사는 97명,
순회지구는 40개였다. 대단한 성장세였다.

　미국이 영국으로부터 독립하면서 존 웨슬리는 국교회로부터 떨어
져 나갔다. 당시 웨슬리는 미국의 독립에 반대했다. 그러자 미국은 독
립 후 영국에서 보낸 설교자들을 모두 추방시켰다. 미국에 남아 있던
감리교회에 설교자가 필요했다. 존 웨슬리는 주후 1784년 두 사람을
목사로 세워 파송했다. 영국 국교회의 목사는 받지 않았기 때문에 새
로운 조직이 필요했다. 이것이 오늘날 감리교회의 시작이다.

　그 후 얼마 지나지 않아 존 웨슬리는 주후 1791년 3월 2일 89세의
나이로 세상을 떠났다. 그해 영국에는 8만여 명의 감리교인과 1,300여
명의 설교자가 있었고 미국에는 6만여 명의 추종자들과 200여 명의 설

교자가 있었다. 세계 선교는 모라비아 형제단 중심에서 감리교회가 있는 영국과 미국 중심으로 이동하게 되었다. 지금도 감리교회는 미국에서 큰 개신교회 가운데 하나로 자리잡았고, 한국에도 장로교회 다음으로 큰 교회다. 주후 20세기에 와서는 개인의 성화와 성결운동을 강조하는 '성결교회'로 발전했고, 영적 체험과 은혜와 은사 운동을 강조하는 '오순절교회', 곧 순복음교회로 발전하기도 했다. 정동교회, 배재학당, 이화여자대학교, 서재필, 이승만 같은 인물들이 감리교회와 관련이 있다.

존 웨슬리와 감리교회가 교회 역사에 어떤 영향을 미쳤을까?

첫째, 존 웨슬리는 교회의 전통과 관습을 넘어 예배 안의 설교를 밖으로 끌어냈다. 그가 남긴 유명한 말이 있다. "세계는 나의 교구이다." 이런 그의 태도는 복음을 위해서라면 교회의 질서를 깨뜨려도 된다는 선례를 남긴 셈이다. 사실 그의 야외설교는 예전 속 직분자의 설교라기보다는 전도자의 복음전도와 교훈이다.

둘째, 존 웨슬리는 정규 신학교에서 공부하지 않은 평신도를 설교자로 세웠다. 이런 경향은 목사의 질적 수준을 떨어뜨리는 결과를 낳았다.

셋째, 존 웨슬리의 사역은 영국 국교회와 사회가 무지와 방탕에 허덕이고 있을 때 생명력을 불어넣었다. 찬송 작가 존 뉴턴(John Newton, 주후 1725-1807)과 노예제도 폐지를 외쳤던 윌리엄 윌버포스(William Wilberforce, 주후 1759-1833), 주일학교 운동의 선구자 로버트 레익스(Robert Raikes, 주후 1736-1811), 주후 18세기 후반 영국 최고의 시인 윌리엄 쿠퍼(William Cowper, 주후 1731-1800) 같은 사람들에게 긍정적 영향을 주었다.

넷째, 존 웨슬리의 사역은 선교의 열정을 일으켰다. 주후 1792년 윌리엄 캐리가 주도하는 침례교 선교회가 조직되었고, 주후 1795년 초교파적 런던 선교회, 주후 1796년 스코틀랜드 선교회와 글래스고우 선교회, 주후 1799년 국교회선교회, 주후 1804년 대영성서공회가 세워지는 데 영향을 미쳤다.

다섯째, 존 웨슬리는 소그룹 조직을 통해 그 영역을 확장했고 이 구역 혹은 속회 모임은 현재까지 이어지고 있다.

그밖에도 존 웨슬리는 세계 교회가 지금에 이르기까지 큰 영향을 끼쳤다. 그러나 무엇보다 그의 신학적 특징을 꼽으라면 예정론에 있어서 아르미니안주의를 따랐다는 점이다. 그는 정통 개신교회의 교리를 받아들이며 유아세례를 인정했다. 하지만 칼뱅주의 교회가 수세기 동안 정체되고 있는 이유를 칼뱅의 예정론과 선택교리 탓으로 돌렸다. 예정교리가 사람의 회개와 회심으로의 초청을 거절하기 때문이라며 싫어했다. 중생을 위한 인간의 적극적인 의지나 선택을 강조했다. 회개와 회심을 감정적으로 호소하는 설교를 많이 했다. 존 웨슬리는 주후 1770년 칼뱅주의를 '신앙에 독'이라고 비난했고, 주후 1778년에는 종교 개혁자들이 정리해 물려준 예정교리를 거부하고 〈아르미니안 매거진〉을 출간하기까지 했다.

존 웨슬리는 평생 4만 번이나 설교를 했다. 지칠 줄 모르는 열정을 가진 목사였다. 하지만 그는 정통 개혁신앙인은 아니었다.

주후 1633-1763년

## | 제1차 대각성, 잃었던 신앙이 깨어나다

뉴잉글랜드 최초의 개척자는 청교도의 영향 아래 있었기에 개혁신앙
에 철저했다. 뉴잉글랜드에 정착한 초기 신학자 가운데 토마스 후커
(Thomas Hooker, 주후 1586-1647)나 혹은 존 카튼(John Cotton, 주후 1584-
1652)은 주후 1633년 같은 배를 타고 신대륙에 왔는데 언약신앙에 근
거한 개혁 신학자들이었다.

물론 개혁신앙을 거부하는 자들도 있었다. 산파이면서 신앙적 상담
가 역할을 하던 앤 허친슨(Anne Hutchinson, 주후 1591-1643)은 정통 개혁
신앙을 버렸다. 중생한 그리스도인은 더 이상 율법을 지키지 않아도
된다고 가르쳤다. 율법폐지론자였다. 그녀는 칭의만 있으면 되고 성화
는 불가능할 뿐만 아니라 필요 없다고 가르쳤다. 기성 교회 질서를 무
시하고 대항했다. 그녀는 교회로부터 추방당했다.

뉴잉글랜드에는 하나님의 은혜보다는 인간의 선행을 강조하는 경
향도 생겨났다. 신학과 신앙의 이탈도 적지 않았다. 뉴잉글랜드의 다
음 세대들은 부모 세대가 전해 준 신앙을 포기하기도 했다. 유럽으로
부터의 이민이 증가했는데, 이들은 초기 청교도와 모든 면에서 달랐
다. 신앙적 동기가 아닌 세속적 성공을 위해 뉴잉글랜드로 몰려왔다.
후기 이민자들은 100명 가운데 5명 정도만 교회에 나갔다고 한다. 대
부분 명목상 그리스도인이었다. 신대륙의 도전은 인간의 탐심을 자극
했다. 뉴잉글랜드에서의 삶의 동력은 신앙이 아니라 탐욕이었다.

바로 이때 하나님의 은혜가 큰 파도처럼 밀려왔다. 그것을 역사가
들은 '대각성'이라고 부른다. '각성'은 신앙을 잃은 사람들이 다시 깨

어난다는 뜻이다. 불신자가 신자가 되는 것이 아니라 신앙을 잃었던 자가 신앙으로 다시 돌아오는 경우이다.

제1차 대각성을 주도했던 인물 중에 네덜란드 개혁교회 목사 프렐링후이젠(J. Frelinghuysen, 주후 1691-1747)이 있다. 그는 뉴저지 교회에서 '죄의 확신', '중생의 체험', '회개의 삶'을 강조하며 성도들을 중생자와 비중생자로 나누어 목회했다. 깊은 중생의 체험이 없는 자는 비중생자였다. 엄격한 삶을 요구했고 권징도 불사했다. 형식주의를 단호히 거부했다. 그는 개인적으로 사람을 세워 신학을 가르치고 허락 없이 목사로 임직시켰다.

한편 길버트 테넌트(G. Tennent, 주후 1703-1764)가 프렐링후이젠 목사의 영향을 받아 중생자와 비중생자를 날카롭게 구분하며 죄와 회개를 설교했다. 그 결과 많은 사람이 자신의 영혼에 대해 고뇌하며 그를 찾았다. 그의 설교 '회심하지 않는 목회의 위험성에 대하여'는 유명하다. 그는 부흥에 반대하는 목사들을 성경에 나오는 바리새인들이라고 비난했다. 그의 아버지가 목회자를 양성하기 위해 세운 통나무대학은 나중에 뉴저지대학으로 바뀌었다가 다시 프린스턴대학이 되었다.

대각성은 종종 흥분하고 격한 감정과 신비한 체험을 동반했다. 체험의 특성상 이상해 보이는 현상들도 없지 않았지만, 대체로 제1차 대각성은 건전했다. 특별히 조너선 에드워즈(J. Edwards, 주후 1703-1758)는 그런 감정적인 체험을 조심해야 한다고 경고했다. 그는 청중이 지나치게 감정적으로 반응하는 것을 좋아하지 않았고 심지어 정죄하기도 했다. 한번은 회중교회 목사로 외조부가 목회하던 교회에 부임하여 '오직 믿음으로 말미암는 칭의'라는 주제로 5편의 시리즈 설교를 했는데, 300여 명의 그 마을 사람들 대부분이 회개하고 교회로 돌아왔다. 말씀을

/ 조너선 에드워즈

듣는 중에 울음을 터트리거나 몸을 떠는 사람들이 있었는데, 조너선 에드워즈는 부흥은 사람이 만들어 낼 수 없으며 오직 성령 하나님만이 하실 수 있다고 가르쳤다.

또한 조너선 에드워즈는 당대의 부흥사 조지 횟필드와 함께 개혁신앙인으로서 칼뱅주의 신학을 고수했다. 부흥을 긍정적 방향으로 이끌었으며, 참된 회개의 시금석은 감정을 넘어서는 책임 있는 삶이라고 가르쳤다. 회개하지 않은 사람을 성찬에 참여시키는 것을 강력하게 반대했다. 이들을 가리켜 '일관성 있는 칼뱅주의자'라고 부르기도 한다.

주후 1738년부터 조지 횟필드가 미국을 방문해 여러 곳을 돌며 설교했다. 그는 제1차 대각성에 불을 붙였다. 하나님의 절대 주권과 은혜에 대해 설교했는데, 철저한 칼뱅주의적 입장에서 설교했고 부흥이 있었다. 하나님을 떠났던 사람들이 회개하고 돌아오는 놀라운 일이 일어났다. 하나님의 위대하심과 인간의 비참함을 깨닫게 된 사람들은 자신들의 죄를 고백하며 하나님 앞에 회개했다. 제1차 대각성은 주후 1763년 절정에 이르고 수그러들었으며, 장로교회와 회중교회뿐만 아니라 감리교회까지 영향을 주었다.

/ 조지 횟필드

그렇다면 과연 제1차 대각성에는 긍정적 측면만 있었을까? 대각성은 주로 야외 집회를 통해 일어났다. 집회에 참석한 사람들은 감정이 고조되었고 때로는 흥분했다. 어떤 목사는 그런 것들을 일부러 조작한다는 의심을 받기도 했다.

특히 장로교회 안에서 찬반 대립이 극명했다. 감정적 신앙을 지지하는 쪽은 '뉴라이트'라고 불렀다. 반대로 신앙을 교리적 기초 위에 세워야 한다고 주장하는 쪽을 '올드라이트'라고 불렀다. 뉴라이트는 올드라이트가 교회의 교리와 질서를 지나치게 강조하다가 중요한 부흥을 놓치고 있다고 비난했다. 중요한 것은 회심과 중생의 체험이라고 하면서 체험 없는 교회는 거짓이라고 공격했다.

교회는 급속히 성장하는 데 제대로 훈련받은 목사가 없었던 것도 문제였다. 부흥하는 교회에 목사를 보내야 하는데, 교육받은 목사가 부족했다. 뉴라이트는 중생한 경험만 있으면 신학적, 교리적 결핍이 있어도 목사로 임직했다. 올드라이트는 복음전도 자체를 반대하지는 않았지만, 뉴라이트가 무자격 목사를 무분별하게 양산시켜 영적 혼란을 야기한다고 비난했다. 집회 인도자들이 교회의 질서를 무너뜨리고 기존 교회 성도들을 빼앗아가는 현상이 일어나는 것을 그냥 두고 볼 수 없었다.

결국 주후 1741년 장로교회는 두 쪽으로 나눠졌다. 뉴라이트는 '뉴사이드'로, 올드라이트는 '올드사이드'로 옮겨졌다. 이 분리는 신학교육을 위한 신학교 설립에도 영향을 미쳤다. 뉴사이드는 프린스턴대학을, 올드사이드는 프랜시스엘리슨아카데미를 세웠고, 나중에 필라델피아대학이 되었다.

주후 1758년에는 뉴사이드와 올드사이드가 다시 합동하면서 프린스턴대학이 정식 장로교회 신학교육기관으로 인정받았다. 하지만 프린스턴대학은 주후 1776년부터 1783년까지 단 17명의 목사만 배출했다. 전체 졸업자의 21%밖에 되지 않았다. 그것 때문에 후에 목사 양성을 위한 새로운 교단 신학교가 세워졌는데, 그것이 '프린스턴신학교'다.

주후 1775-1783년
| 미국 독립선언과 독립전쟁

북아메리카 동부 연안에 위치한 뉴잉글랜드를 포함한 13개 식민지는 독립1783년 전까지 영국의 소유였다. 13개 주는 정치, 경제, 사회, 문화, 군사 영역에서 잉글랜드의 통치와 보호를 받았다. 북 아메리카의 주도권을 놓고 영국과 프랑스가 전쟁을 벌이고 있었을 때만 하더라도 뉴잉글랜드 13개 주는 영국을 위해 싸웠다주후 1755-1763년, 7년 전쟁. 하지만, 영국은 전쟁으로 빈 국고를 채우기 위해 뉴잉글랜드 13개 주에 많은 세금을 요구하려 했다. 영국의 입장에서는 13개 주는 본국의 경제적 유익을 위해 존재할 뿐이었다.

뉴잉글랜드는 "대표 없이 과세 없다"No Taxation without Representation고 주장하며 영국에 저항했다. 뉴잉글랜드는 영국에 세금을 내지만 세법을 결정하는 의회에는 아무런 대표도 보내지 못하고 있었다. 영국은 13개 식민지에 인디언을 물리친 비용을 청구했다. 하지만, 주후 1625년부터 1775년까지 인구가 2천 명에서 240만 명으로 늘었다. 식민지에는 그들의 현지 상황에 맞는 법이 필요했다. 13개 식민지는 불만이 머리끝까지 치솟았다.

주후 1770년 3월, 보스턴 시내에서 시가행진을 하던 영국 군인들과 시민들 사이에 충돌이 있었다. 거기에서 시민 5명이 사망하는 사건이 일어났다. 둘 사이는 극한으로 치달았다. 1773년 12월 16일 보스턴 차 사건이 발생했다. 항구에 영국 동인도 회사의 배에 실린 엄청난 양의 중국에서 수입한 차를 바다에 던지면서 식민지와 뉴잉글랜드 사이에 전쟁이 시작되었다. 주후 1774년 제1차 대륙회의Continental Congress 때만 하더라도 영국 국왕에 대한 충성심은 아직 남아 있었다. 하지만, 13개 식민지는 민병대를 조직해 훈련시키고 군수물자를 비축했다. 전쟁을 준비한 것이다.

주후 1775년 제2차 대륙회의는 대륙군Continental Army이라는 군대를 창설하고 조지 워싱턴(George Washington, 주후 1732-1799)을 총사령관으로 세웠다. 미국은 자유와 독립을 외치며 더 이상 영국의 식민지가 아님을 선포한 것이다. 미국은 정치 형태로 군주제와 귀족정치를 반대하고 모든 인간은 평등하게 창조되었음을 주장했다. 이때 '미국 독립선언' 초안을 작성했다. 이 독립선언은 젊은 33세의 토마스 제퍼슨

/ 뉴욕에 세워진 자유의 여신상

(Thomas Jefferson, 주후 1743-1826)이 작성한 것인데 영국 존 로크의 계몽 사상에 기초한 것이다.

미국 독립전쟁이 시작되었다. 수년 동안 진행된 독립전쟁은 13개 주 식민지 연합군의 승리였다. 마침내 미국은 주후 1783년 파리조약 으로 독립하게 되었다. 주후 1789년 조지 워싱턴 장군이 초대 대통령 이 되었다. 전쟁을 위한 무기와 물자는 대부분 프랑스로부터 수입했 다. 프랑스는 미국의 독립전쟁을 적극적으로 도왔다. 뿐만 아니라, 스 페인과 네덜란드도 미국 독립전쟁을 간접적으로 도왔다.

지금의 미국 역사는 독립전쟁부터 시작된다. 미국의 정식 이름은 "The United States of America"미합중국, US, USA이다. 독립전쟁 때 아메 리카의 교회도 적극적으로 지지하고 도왔다. 하지만 미국의 국가 통 치원리는 기독교적이지 않다. 독립선언문은 이렇게 천명한다. "모든 인간은 평등하게 태어나 생명과 자유와 행복을 추구할 수 있는 권리 가 있다." 인간은 국가와 정부를 만들 수 있는 권리가 있다는 것이다. 그때까지는 국가와 왕은 하늘로부터 온다고 믿었는데(왕권신수설), 정 반대의 사상에 근거한 국가가 등장한 것이다.

이런 생각은 '이신론'(理神論, Deism)이라 불리는 자연신론에 근거 한 것이다. 이신론은 창조주 하나님은 인정하지만, 창조된 세계는 그 법칙에 의해 움직이고 인간이 그것을 다스릴 권한과 책임을 진다 는 생각이다. 기독교와 비슷해 보이지만, 사실은 엄청난 차이가 있 다. 미국의 독립전쟁은 주후 1789년 시작된 프랑스 대혁명(The French Revolution)에도 영향을 미쳤다. 프랑스 혁명의 핵심 정신도 이신론적 인본주의였다. 자유, 평등, 박애로 알려진 프랑스 혁명 정신은 미국의 독립선언과 독립전쟁의 영향을 크게 받았다. 미국독립 100주년 기념으로 프랑스 국민이 미국에 '자유의 여신상'을 선물한 것은 유명하다. 이런 정치와 사회의 급격한 변화는 교회에도 큰 영향을 미쳤다. 다시 말하면 '하나님의 절대주권'과 '인간의 전적 타락', 그리고 '무조건적 선택'과 '제한된 구속' 교리는 인간 스스로 자신의 삶의 자유와 평등과 권리를 선택할 수 있다고 생각하는 것과 어울릴 수 없었다. 독립선언서와 프랑스 인권선언의 평등개념은 하나님의 제한적 구속신앙을 정면으로 도전하게 되었다. 이런 변화들이 교회의 교인들에게도 점점 영향을 미치면서 성경적 신앙이 설 자리를 잃기 시작했다.

주후 1790-1850년

| 서부개척, 산업혁명, 그리고 교회

미국은 서서히 서부로 이동했다. 주후 1803년에는 프랑스 나폴레옹으로부터 중부의 거대한 루이지에나 땅을 사들였다. 주후 1817년 먼로(J. Monroe, 주후 1758-1831) 대통령은 '먼로 독트린'을 발표하고 대서양 가운데로 선을 그어 서쪽 지역은 아메리카의 문제이니 유럽 대륙은 간섭하지 말 것을 선언했다.

　　주후 1830년에는 '인디언 추방법'을 만들었다. 인디언을 보호한다는 명목으로 일정 지역 안으로 가두었다. 미국이 정복자로서 땅을 차지하고 개발하기 위해서였다. 본래 미국은 원주민에 대한 배려는 전혀 없었다. 미국은 스페인, 멕시코와 전쟁을 벌여 남부 캘리포니아와 애리조나, 텍사스를 아주 싼 값으로 강매했다. 주후 1848년부터는 서부 캘리포니아에서 금이 대량 발견되면서 '서부로 가라!'(Go west, young man!)라는 유행어가 생겨났다. 일확천금을 바라고 사람들이 서

/ 미국의 진전
존 가스트의 1872년 작품

부로 몰려들었다.

  한편 미국에는 산업혁명이 일어나고 있었다. 미국 북부지방에는 곡물수확기가 발명되어 10배의 능률을 높였고 섬유공장이 발전해 값싼 천을 생산했다. 남부지방에서는 농업이 발달했는데, 유럽으로 담배 농사를 지어 수출해 많은 돈을 벌었다. 면화 수확에서 가장 힘이 드는 것은 면화씨에 붙은 가시를 제거하는 것인데 인력이 많이 필요했다. 이 일을 위해 수많은 노예를 아프리카에서 사들였다. 주후 1790년에 70만여 명이었던 노예가 주후 1850년에는 무려 400만여 명으로 늘어났다. 노예들의 애환과 고통은 이루 말할 수 없었다. 이들의 삶을 표현한 스토

(H. B. Stowe, 주후 1811-1896)의 소설은 유명하다. 《톰 아저씨의 오두막》
이다. 노예 매매가를 감당키 어려울 시점에 면화씨를 빼는 기계가 개
발된 것이다. 증기선을 개발해 물자수송능력을 높였고, 운하를 만들고
철도를 건설했다. 어마어마한 토목 공사였고 엄청난 변화였다. 이것을
미국의 '산업혁명'이라고 부른다.

이런 사회적 변화는 교회의 신앙에도 영향을 미쳤다. 인간에 대한
무한 신뢰와 자신감은 신앙인에게 영적 도전이 되었다. 첫째, 정통 개
혁신앙보다는 아르미니우스를 추종하는 신앙이 더 인기를 얻었다. 인
간의 전적 무능력을 강조하는 것보다는 인간의 무한한 능력을 신뢰하
는 사회적 분위기가 사람들의 마음을 더 끌었다. 이런 경향은 제2차
대각성에서 그대로 드러났다. 둘째, 정통 개혁신앙은 미국이라는 독특
한 사회환경에 녹아들면서 더 이상 주도적인 역할을 하지 못했다. 오
히려 국가의 영향을 교회가 더 많이 받았다. 교회는 사회 변화에 그대

/ 제2차 대각성 집회 모습

로 노출되었다. 산업혁명 이후 신자는 과학을 무한신뢰하게 되었다. 이런 현상은 한 순간에 일어나지 않고 천천히 아주 긴 세월을 두고 진행되었다. 물질적 풍요와 사회적 자유로 인해 하나님을 찾고 의지하는 시간과 노력이 점점 줄어들었다.

주후 1790-1840년

## | 미국의 서부정신이 제2차 대각성으로 이어지다

미국 교회에는 신세계가 만들어 낸 독특성이 있다. 극작가 이스라엘 쟁윌은 미국을 '도가니'라고 표현했다. 유럽에서 이민 온 사람들이 만들어 낸 독특한 모습을 잘 나타냈다.

이런 관점에서 미국 교회를 보면 몇 가지 특징을 정리할 수 있다. 첫째는 '정교분리'다. 유럽 국가가 교회에 많은 특권을 주었지만, 미국은 그 어떤 종교에도 특권을 제공하지 않았다. 물론 의회를 시작할 때 기도하고 매년 추수 감사절을 시행하기는 했다. 달러에는 'In God we trust'라는 문장을 새겼다. 그러나 기독교적 분위기만 있을 뿐, 특권이 있는 것은 아니다.

둘째는 '개인주의'다. 미국인에게는 모든 것이 처음이고 시작이고 도전이었다. 개인적 상상의 나래를 펼칠 수 있었다. 침례교회와 감리교회가 이 부분에서 재빠르게 적응했다. 그들은 신세계에 잘 맞도록 교리, 체재, 형태를 단순화했다. 이 과정에서 개인주의는 주요 동력원이었다. 많은 기독교 분파와 이단이 생겨난 것도 이 때문이다.

셋째는 '양극화'다. 부흥운동의 감정적 뜨거움이 있는가 하면 교리와 전통을 중시하는 이성적 냉철함도 있었다.

넷째는 '유럽의 메아리'다. 미국의 삶은 유럽에서 제공하는 정신적 원리의 발현이었다. 미국은 유럽의 모습을 그대로 흉내 내는 '메아리' 같았다. 신학도 그랬다. 많은 미국 젊은이가 유럽 대륙으로 가서 신학을 공부했다.

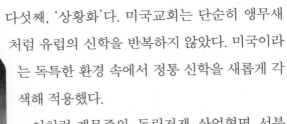
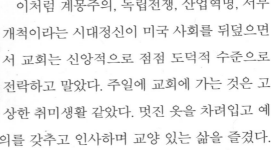

다섯째, '상황화'다. 미국교회는 단순히 앵무새처럼 유럽의 신학을 반복하지 않았다. 미국이라는 독특한 환경 속에서 정통 신학을 새롭게 각색해 적용했다.

이처럼 계몽주의, 독립전쟁, 산업혁명, 서부 개척이라는 시대정신이 미국 사회를 뒤덮으면서 교회는 신앙적으로 점점 도덕적 수준으로 전락하고 말았다. 주일에 교회에 가는 것은 고상한 취미생활 같았다. 멋진 옷을 차려입고 예의를 갖추고 인사하며 교양 있는 삶을 즐겼다.

/찰스 피니

그들은 스스로 구원 받아야 할 죄인으로 생각하지 않았다. 제1차 대각성의 효력도 다 떨어졌다.

이때 남부 켄터키의 케인리즈 장로교회의 목사 바턴 스톤(Barton W. Stone, 주후 1772-1844)이 '제2차 대각성'의 불을 지폈다(주후 1790-1840). 바턴 스톤은 자기 교회뿐만 아니라, 다른 교회 교인들을 불러 모아 넓은 초원 위에서 집회를 열었다. 이 동네 저 동네에서 수많은 사람이 모여들었다. 야외 집회에는 성례도 있었다. 성만찬에 참석할 자와 세례를 받을 자를 결정했다. 성례는 물론 주일에 행했다. 집회에는 여러 교파가 함께 참여했다. 침례교, 감리교, 장로교 목사들이 연합했다. 낮과 밤에 목사들이 돌아가면서 설교했다. 아예 먹을 것을 준비해 텐트를 치고 말씀을 듣는 사람들도 있었다. 먼 곳에서도 말씀을 듣기 위해 모여들었다. 집회에 참석한 사람들은 자신의 죄를 회개하며 감정적 긴장과 정서의 고조로 인해 큰 소리로 울며 울부짖었다. 어떤 사람은 몸을 벌벌 떨기도 했고 경련을 일으키기도 했다. 신비한 체험과 경험 이었다. 이런 감정적인 동요는 집회의 분위기를 더욱 고조시켰다. 이 연속 야외 집회에 참석한 연인원이 2만여 명이나 되었다고 한다. 이것이 제2차 대각성의 시작이었다.

조너선 에드워즈의 외손자 티모시 드와이트(Timothy Dwight, 주후 1752-1817)가 주후 1795년 예일대학 교수로 취임했을 때 학생들의 영적인 상태는 엉망이었다. 학생들은 회의주의자들이었고 행동은 망나니 같았다. 기숙사 선반은 술병으로 장식되었다. 그들의 입에서 나오는 말은 욕설로 가득차고 사회의 질서와 권위에 반항했다. 그들은 당대의 시대정신인 계몽주의를 읊으며 산업혁명의 이기를 즐기고 있었다.

티모시 드와이트는 학생들에게 영적인 도전을 시도했다. 학생들에게 질문을 던졌다. '성경이 과연 하나님의 말씀인가?', '왜 성경은 고대 언어로 쓰였는가?', '번역 성경은 오류가 있는 것이 아닌가?', '왜 성경에는 믿기 어려운 기적들이 많은가?', '성경에 도덕적이지 않은 이야기들이 등장하는 이유가 무엇인가?' 그러자 놀라운 일이 벌어졌다. 많은 불신자 학생들이 회개하고 기독교로 개종했다. 기적이 일어난 것이다. 어느 누구도 이런 변화를 기대하지 않았다. 나중에 학생의 3분의 1이 복음을 믿고 신앙을 고백했다. 이런 분위기는 다른 주변 대학으로 퍼져 갔다. 회개하고 중생한 학생들은 선교에 지원하고 복음전도 사역에 뛰어들었다.

주후 1820년대부터는 찰스 피니(Charles G. Finney, 주후 1792-1875)가 등장해 제2차 대각성의 불길을 이어 갔다. 찰스 피니는 장로교회에서 회심하고 담임목사로부터 2년 동안 신학교육을 받고 1824년 목사가 되어 복음전도자가 되었다. 그는 정통신학을 배우지 못했다. 찰스 피니는 원죄교리를 부정했다. 하지만 찰스 피니의 부흥집회는 엄청난 결과를 낳았다. 사람들이 회개하고 하나님께 돌아오기 시작했다.

찰스 피니는 부흥 집회 때마다 인간이 스스로 의지력을 발휘해 그 자리에서 즉시 회심하고 그리스도를 향해 결단해야 한다고 촉구했다. 조너선 에드워즈가 제1차 대각성 때 말씀을 전하고 성령님이 사람 가운데 일하시기를 기다렸다면, 찰스 피니는 그 자리에서 바로 인간 스스로 결단할 것을 요구했다. 인간이 결심하는 순간 비로소 하나님이 은혜를 주신다고 설교했다. 찰스 피니는 구원을 인간의 의지적 결단으로 획득할 수 있을 뿐만 아니라 성화도 스스로 이룰 수 있다고 자신만만해 했다. 인간 스스로 완전한 단계에 이를 수 있다고 가르쳤다.

그는 존 웨슬리의《그리스도인의 완전에 관한 평해》라는 책을 읽고 성화와 성결과 완전주의에 대한 확신을 얻었다. 성화의 삶에 대한 강조는 존 웨슬리의 미국적 변형이라고 할 수 있다. 문제는 성화에 대한 강조가 구원의 결과가 아니라, 구원의 확신을 얻기 위한 수단으로 작용했다는 것이다. 그의 설교와 사역 방법은 충격이었다.

그는 부흥은 성령님의 주도적인 역사로 일어나는 것이 아니라, 적절한 수단, 즉 새로운 방법을 사용해야 한다고 가르쳤다. 예를 들면 부흥집회를 알리기 위해 미디어를 적극적으로 사용했다. 부흥집회에 여성 도우미들을 세워 참석자들 옆에서 결단을 권유하도록 조직적으로 동원했다. 만약 그래도 회심이 일어나지 않으면 부흥회 기간을 밤늦

게까지 혹은 며칠 더 연장하는 비법을 적극 사용했다. '고뇌의 좌석'이라는 것을 만들어 설교단 앞에 가까이 두었다. 고뇌의 좌석으로 나와 기도하면 믿음을 얻는다고 했다. 그는 예배 기도나 설교 중에 의도적으로 성도 개인의 이름을 언급하면 회심에 더 놀라운 효과를 나타낸다고 믿었다. 이런 찰스 피니의 방법은 부흥이 하나님의 절대주권에 달렸다고 믿는 전통 개혁신앙에 대한 정면 도전이었다.

찰스 피니는 전통적 웨스트민스터 표준문서의 입장을 떠났다. 그는 새로운 신학들이 추구하는 쪽으로 방향 전환을 했다. 그는 삼위일체, 그리스도의 신성, 성경의 권위에 관한 교리에는 전통적인 입장을 따랐지만, 인간의 자유의지를 신뢰했고 하나님이 아니라 인간 스스로 운명을 결정할 수 있다고 믿었다. 찰스 피니의 이런 경향은 당시 미국의 사회 변화와 아주 잘 맞아떨어졌다. 미국의 인본주의, 개인주의, 서부 개척정신과 아주 어울렸다. 미국 사람들은 찰스 피니의 가르침이 매력적이고 설득력이 있다고 여겼다. 그의 부흥은 노예제도 폐지와 금주운동, 인종차별 반대 운동을 이끌었다. 찰스 피니의 부흥은 주후 19세기 중엽 미국 사회를 관통하는 커다란 물결이었다.


| 제2차 대각성이 몰고 온 변화

제2차 대각성은 미국 교회를 부흥시켰다. 침례교회는 제2차 대각성의 영향으로 주후 1812년 20만여 명이었던 교인 수가 주후 1850년에는 100만여 명을 넘길 정도로 폭발적인 성장을 이루었다. 그들은 감정적이었고 단순한 찬송과 음악을 사용했다. 이런 방법들은 서민들에게

잘 어울렸다. 이들 중에는 엄격한 예정론자인 특수 침례교도들이 있었다. 철저하게 개혁신앙을 고백하는 자들이었다. 하지만 대부분의 침례교회는 자유의지에 대한 아르미니우스의 신학을 추종했다.

감리교회는 제2차 대각성에서 가장 놀라운 성장을 이루었다. 주후 1784년에 1만 5천여 명의 교인 수가 주후 1816년경에는 20만여 명으로 성장했고, 남북전쟁 직전인 주후 1861에는 가장 큰 개신교회로 성장했다.

장로교회도 성장했다. 제임스 맥그리디(J. McGready, 주후 1763-1817)는 장로교회 목사로 천막 집회를 통해 수백 명의 사람들을 회심시켰다. 제1차 대각성에서는 조너선 에드워즈를 중심으로 인간 구원을 위한 하나님의 사역을 강조했다면, 제2차 대각성에서는 인간 구원을 위해 사람의 역할을 강조했다. 아르미니우스의 신학이 강세였다.

그러나 장로교회는 분열의 아픔도 겪어야 했다. 장로교회는 크게 두 파로 나눠지게 되었는데, '뉴스쿨'과 '올드스쿨'이다. 도대체 무슨 차이가 있기에 교회가 분리될 정도였을까? 요한복음 6장 44절에 "나를 보내신 아버지께서 이끌지 아니하시면 아무도 내게 올 수 없으니"라는 말씀을 각각 달리 해석했다. 뉴스쿨 장로교인은 성부 하나님이 성령님을 통해 일하시지만 사람의 영혼에 들어와 사람의 의지를 바꾸지는 않는다고 생각했다. 인간은 스스로 그런 의지의 결단을 하도록 노력할 수 있다고 믿었다. 그러니 인간이 의지적 방법을 잘 사용하면 구원을 받고 그렇지 않으면 구원받지 못한다고 보았다. 그에 비해 올드스쿨 장로교인은 정통적 개혁신앙대로 성령님이 죄인의 마음에 들어오셔서 새로운 피조물로 바꾸고 의지까지도 변화시키셔서 믿도록 해 구원하신다고 주장했다. 결국 올드스쿨 장로교회는 뉴스쿨 장로교회와 결별했다.

그밖에도 제2차 대각성은 여러 신생 교단을 낳았다. 바턴 스톤은 정통 장로교회 노회제도와 질서, 신앙고백을 거부하고 그 벽을 넘어갔다. 그는 장로교회를 떠나 '크리스천 교회'를 설립했다. 장로교회를 개혁하려던 토마스 캠벨(Thomas Campbell, 1763-1854)과 그의 아들 알렉산더 캠벨(Alexander Campbell, 1788-1866)도 바턴 스톤이 세운 교회에 가입했다.

이렇게 제2차 대각성 기간 동안 기성교회를 떠난 사람들이 많이 생겨났다. 그들 중 일부가 모여 '그리스도의 제자들'과 '그리스도의 교회'를 이루었다. 이들은 교회연합운동에 적극적이며 회중교회적 체계를 가졌다. 미국에서 새롭게 등장한 교단들이다.

그들의 공통점을 보자. 첫째, 교리의 차이로 교회가 분리되는 것을 반대했다. 둘째, 순수한 원시 복음으로 돌아가자고 외쳤다. 셋째, 교회의 부패와 분열을 제거하기 위해 노회를 탈퇴하여 독립적인 교회를 만들었다. 넷째, 그들은 '교단'이라는 말은 성경 어디에도 나오지 않는다고 하면서 그냥 성경에 나오는 이름 그대로 쓰기를 원했다.

교리적 논쟁으로 지친 많은 사람이 이런 교회들로 몰려왔다. 뭐든지 기성교회와 다르면 충분했던 때였다. 그들은 전통적 개혁신앙인 '인간의 전적타락'과 '무조건적 선택' 교리를 거부했다. 유아세례도 거부했다. 제2차 대각성의 사람들은 평화와 관용을 외쳤다. 그 외에도 '종교개혁가들', '제7일안식일예수재림교회'라는 새로운 교회가 생겨나고 비교적 빨리 성장했다. 이 신생 교파들은 대부분 영혼 구원에만 집중하는 극단적 단순화로 특히 서부에서 인기가 많았다.

## | 남북전쟁, 하나님은 누구 편이셨을까?

미국은 서부개척을 위해 프랑스 나폴레옹으로부터 거대한 미 중부 지역 루이지애나를 구입했다. 또 스페인으로부터 플로리다를 사서 땅을 넓혔다. 멕시코로부터 텍사스와 캘리포니아와 뉴멕시코를 샀다. 알래스카를 러시아로부터 사들였다. 미국은 어느 순간 거대한 땅을 소유한 부자 나라가 되었다. 그와 더불어 인구도 증가했다. 출산과 이민의 증가 때문이다. 주후 1800년에 500만여 명이었던 인구가 1860년에는 3,100만여 명으로 증가했다.

동북부지역에는 산업 발달이 활발하고 동남부지역은 전통 면화 농업과 담배 농사가 발달했다. 북부와 남부의 차이로 이해관계가 다를 수밖에 없었다. 북부 대표는 미국 산업을 보호하기 위해 영국 상품을 수입하지 말아야 한다고 주장했지만, 남부 대표는 반대했다. 행여라도 영국이 미국의 조치에 보복하기 위해 남부지역에서 생산하는 면화와 담배를 수입하지 않으면 곤란해지기 때문이다. 더구나 영국에서 들어오는 공산품은 값도 싸고 질도 좋은데 북부에서 만드는 제품은 조잡하고 비싸기만 하다고 불평했다.

북부 대표는 남부 대표를 향해 애국심도 없다고 비난을 쏟아부었다. 더구나 흑인 노예를 혹사시키는 것을 비인간적이라고 놀렸다. 그러나 남부 대표들은 나름대로 반박 논리가 있었다. "우리 노예들은 최소한 일자리와 먹을 것 걱정은 평생 안 합니다. 북부의 노동자와 실업자들이야말로 정말 불쌍한 자들이지요. 그들이 노예보다 더 비참하다는 건 세상이 다 아는 사실 아닙니까?"

물론 남부 대표들의 주장처럼 노예들이 아무 걱정 없이 행복했던 것은 아니다. 남부 농장주 가운데 노예를 인간적으로 대우하는 다수가 있었다고 하더라도, 유럽인들이 아프리카에서 흑인들을 매매해서 아메리카에 비싼 가격으로 팔며 열악한 환경에서 중노동을 하도록 한 것은 비난 받아 마땅하다. 노예들의 애환과 고통은 이루 말할 수 없었다. 남부 여기저기에서 흑인 폭동이 일어나고 백인이 살해당하는 사건이 일어났다. 그 분위기를 몰아 노예들의 인권과 처지는 더 열악해졌다.

북부와 남부는 노예 문제로 갈등의 골이 깊어졌다. 미국은 노예제도에 대해서 각 주가 자유롭게 결정하도록 했다. 노예제도를 인정하는 주와 반대하는 주를 나누어 보면 정확하게 남과 북으로 갈린다. 새롭게 생기는 주들도 거의 다를 바 없었다.

마침내 주후 1861년에 미국 남북전쟁이 발발했다(주후 1861-1865). 7개 주로 이루어진 남부 연합이 미연방을 탈퇴하면서 에이브러햄 링컨(Abraham Lincoln, 주후 1809-1865)은 북부 미연합을 구성해 전쟁을 벌였다. 북부 미연합은 주후 1863년 흑인 노예들에게 자유를 선포했다. 전쟁에서 죽은 사람이 100만 명이 넘었다. 북부 인구의 6%, 남부 인구의 18%가 죽었다.

주후 1865년 전쟁은 북부 미연합의 승리로 끝나고 남북은 하나가 되었다. 그리고 수정 헌법 13조가 만들어졌고 노예가 해방되었다. 4백만여 명의 노예가 해방되었다. 그러나 해방된 흑인들은 가진 것이 아무것도 없었다. 먹고 살기 위해 그들은 다시 옛 주인에게로 돌아가야 했다. 그들의 처지는 조금도 나아지지 않았다. 오히려 삶이 더 힘들어진 면도 있다. 하지만 그들은 소중한 자유를 획득했다.

문제는 교회도 남과 북으로 갈렸다는 것이다. 남북전쟁이 있기도 전에 노예제도 문제 때문에 일어난 일이다. 제2차 대각성 이후 뉴스쿨과 올드스쿨로 갈렸던 교회는 이번에는 남과 북으로 갈려, 남북전쟁이 시작되면서 장로교회는 모두 네 개로 나뉘어졌다. 북장로교회 올드스쿨 총회는 주후 1861년 "연방 정부를 지지하고 격려하고 연방 정부에 힘을 다하자"고 결정했다. 찰스 핫지(C. Hodge, 주후 1797-1878)가 "교회는 영적인 영역이 아닌 정치적인 것을 결정해서는 안 된다"고 주장했지만, 총회의 결정을 막기에는 역부족이었다. 남장로교회 올드스쿨 총회는 남부 군대를 지지했다. 남과 북의 교회는 서로 자기 편이 이기에 해달라고 하나님께 기도했다. 하나님은 누구 편이셨을까? 모든 것이 혼란스러운 시기였다.

주후 1830-1865년
| 노예제도는 미국 교회의 연약함을 드러낸다

그러고 보면 남북전쟁은 정치적으로 남북통일을 이루기 위해 일어났지만, 더 근본적 원인은 노예제도에 대한 현실과 이상의 차이에 있었다. 사실 이 부분에 있어서는 교회도 떳떳하지만은 않다.

교회는 성경에도 노예제도가 허용되고 있다면서 정당화하려 했다. 주후 1845년까지 2만 5천여 명의 감리교 교인이 노예를 소유했고, 1,200여 명의 목사가 노예를 소유했다는 기록이 있다. 그들은 그리스도인의 소금과 빛의 역할이 복음전도만으로 충분하다고 생각했다. 제2차 대각성도 노예제도에 대한 옳은 시각을 제공해 주지 못했다. 부흥주의자들의 숫자가 증가하면 할수록 현 사회 질서를 유지하는 쪽으로 고착화되었다.

그런 점에서 노예제도에 대한 미국 부흥주의자들의 생각과 대처는 몇 가지 한계를 보여 주었다. 부흥주의자들은 스스로 잘하고 있다는 점에 대해서는 강하게 지적하고 권면했지만, 자신의 부끄러운 부분은 잘 들여다 보지 못했다. 즉 남의 눈 속에 있는 티는 잘 보면서 자신의 눈에 있는 들보는 깨닫지 못했던 것이다. 노예제도 폐지운동은 노예가 필요 없거나 별로 없는 북부지역에서 주로 일어났다. 북부 부흥주의자

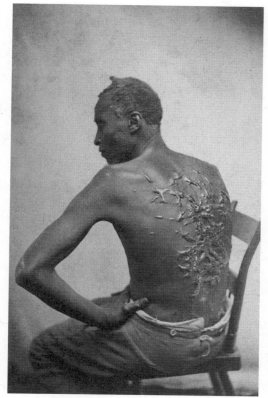

/ 노예생활 중에 생긴 상처
맥퍼슨과 올리버가 1863년 촬영

들은 노예제도에 대해 비판을 쏟아부었지만, 미국 인디언들의 무자비한 이주정책, 이민자나 종교적 소수자들에 대한 박해, 도시 빈민, 실업문제에 대해서는 침묵했다. 산업사회였던 북부지역의 비인간적, 경제적 환경을 쉽게 용납한 것이다. 또 그들은 노예제도 폐지를 주장하면서 미국의 인디언 영토 강탈에 대해서는 하나님의 섭리라고 주장하기도 했다. 적반하장인 셈이다.

주후 1769년 아모스 아담스(Amos Adams, 주후 1728-1775) 목사는 노예제도와 관련해 이렇게 말했다고 한다. "나는 우리에게 터전을 마련

하여 주시기 위하여 미개 민족들을 점차로 끊어 버리시는 하늘의 섭리를 회고하면서 감탄하지 않을 수 없다. 가나안 사람들의 죄가 극에 달하고 그들의 우상숭배와 사악함 때문에 가나안 땅으로 하여금 그들의 거주민들을 토하게 하셨다." 미국 교회가 직면했던 노예제도 문제는 인간의 죄가 얼마나 교묘하게 위장해 그리스도인과 교회 가운데 깊숙이 자리잡고 있는지를 보여 준다.

언제나 역사를 살필 때 주의해야 할 것이 있다. 인간과 기독교의 약함이 복음 자체의 약함을 말하는 것은 아니라는 것이다. 인간은 불완전하지만 복음은 완전하다. 성도는 다른 사람보다 자기 자신의 죄를 없애는 데 더 적극적이어야 한다. 다른 사람들의 죄를 지적하고 비난하는 것은 쉽다. 자신과 가족의 죄에 대해 관대하고 무시하려는 연약함을 볼 수 있어야 한다. 노예문제는 미국 교회의 연약함을 보여 주는 중요한 부분이다.

주후 1810-1865년
## | 미국 남북 장로교회가 하나가 되다

주후 1810년 컴벌랜드 장로교회는 제2차 대각성 때 정통 개혁신앙을 거부하며 분리해 나갔다. 그 후 주류 장로교회는 이 교단과 연합을 시도했지만 계속 허사였다. 그러던 중 북장로교회는 컴벌랜드 장로교회와 연합할 준비를 갖추었다. 그 준비는 웨스트민스터 신앙고백을 개정하는 것이었다. 그제야 컴벌랜드 장로교회는 주류 장로교회와 연합했다. 이 일로 웨스트민스터 신앙고백이 33장에서 35장으로 늘어났다. 9장 '성령 하나님'에 관한 것과 10장 '하나님의 사랑과 복음'에 관한 것이다. 그 외에도 본래 웨스트민스터 신앙고백의 내용을 상당히 많이 고쳤다. 그 차이가 무엇일까?

웨스트민스터 신앙고백 10장(소명) 3항에 '유아 시에 죽는 선택된 유아들이 구원을 얻을 것'이라는 내용을 '유아 시에 죽는 유아들이 구원받을 것'이라고 바꾸었다. 선택 교리를 약화시켰다. 16장(선행) 7항에도 '불신자들은 선행을 할 수 없다'라는 문장을 약화시켰다. 22장(맹세) 3항에도 '합법적 권위에 의해 부과되었을 때 선하고 옳은 어떤 것에 관한 맹세를 거부하는 것은 죄다'라는 문장을 삭제했다. 25장(교회) 6항에도 '교황은 적그리스도이며, 죄의 사람이며, 멸망의 자식'이라는 표현을 삭제했다. 이렇게 북장로교회는 정통 신앙적 정체성을 유지하기보다는 타협을 선택했다. 더 나아가 교회는 프로그램을 통한 제재와 통제 형식으로 변했다. 미국 사회를 구조적으로 개혁하면 미국 사회를 천년왕국으로 바꿀 수 있다는 후 천년설적 종말론을 취했다.

남장로교회는 주후 1865년 올드스쿨과 뉴스쿨이 하나가 되었다. 남장로교회라고 부르지만 정식 명칭은 'The Presbyterian Church in the United States'PCUS이다. 남장로교회는 북장로교회와 달리 신앙적 순수교리적 정통와 내부적 결속을 더 강조했다. 남장로교회는 상당히 보수적이었다.

남장로교회를 대표하는 목사는 제임스 손웰(J. H. Thornwell, 주후 1812-1862)이다. 그는 철저한 칼뱅주의자였다. 웨스트민스터 표준문서를 소중하게 여겼다. 제임스 손웰은 교회가 고유의 영적 일 이외에 정치적 문제에 개입해서는 안 된다고 생각했다. 북장로교회가 총회에서 남북전쟁을 지지했다고 비난했는데, 그는 교회가 단체로 세력을 형성하고 정부에 압력을 넣어서는 안 된다고 보았다. 더불어 성도는 개인적으로 말씀으로 무장해 사회를 변화시켜야 한다고 믿었다. 당연히 그리스도인이 정치에 참여할 수 있다. 하지만 개인 자격으로 정치에 참여해야 한다고 가르쳤다.

제임스 손웰은 노예제도에 반대하지는 않았다. 다만 노예도 하나님의 형상을 가진 존재이기에 합당한 대우를 해야 하고 주인은 노동에 대한 권리만 행사해야 한다고 가르쳤다. 또한 제임스 손웰은 장로와 목사의 동등성을 주장했다. 장로 안수식에 목사뿐만 아니라, 장로도 안수할 수 있다고 했다. 반면 북장로교회의 찰스 핫지는 장로는 교인의 대표이기에 목사와 차이가 있고 장로 안수식에 장로의 안수를 허용하지 않았다.

남장로교회도 밀려드는 세속화의 물결을 막아 내기는 쉽지 않았다. 어떤 목사는 노골적으로 작정과 예정교리를 거부했다. 그들은 이렇게 주장했다. "하나님은 자기 피조물이 지옥에 가서 멸망당하는 것으로는 영광을 받지 못하십니다. 하나님의 선하심과 은혜가 하나님의 영광입니다. 만약 한 영혼이 구원받을 때 하나님이 영광을 받으신다면, 모든 사람이 다 구원받을 때는 훨씬 더 영광을 받으실 것입니다." 진보적이고 자유적인 신앙이 남장로교회에도 스며들어왔다.

분리된 미국 장로교회는 주후 1983년에 가서야 겨우 하나가 되었다. 이제는 미국 장로교회라고 쉽게 부를 수 있게 되었다. 물론 정식 이름은 꽤 길다. 'The Presbyterian Church in the United States of America'PCUSA이다. 미국 장로교회는 9천여 교회와 160만여 명의 교인으로 구성되어 있다. 시간이 지나 이 교회는 자유주의 신학을 받아들였다. 동성애를 죄로 보지 않고 허용하면서 많은 교회가 미국 장로교회를 이탈하고 있다.

# PART    7

이데올로기의 전쟁 속에서 교회는,
# 19~20세기

주후 1698–1910년

| 선교는 새로운 기독교 시대를 열었다

프랑스 대혁명 이후 강국들의 식민지 확장이 줄어드는 것처럼 보였
다. 프랑스, 스페인은 소유했던 식민지를 많이 잃었다. 프랑스 대혁명
의 영향을 받은 피식민 국가들이 독립하기 시작했다. 특히 라틴아메
리카에서 두드러졌다. 반면 서구 열강들은 영토적 식민정책 이외에도
경제적 식민지화를 꾀했다. 그들은 철도, 항만, 공장을 지으면서 경제
적으로 남아메리카 국가들을 식민화했다.

교회는 이런 식민지 정책에 대해 어떻게 대처했을까? 일부 기독교
인은 백인 우월주의의 왜곡된 생각을 가지고 있기도 했다. 하나님이
백인에게 서구 문명과 기독교 신앙을 맡기고 미개한 식민 지역에 공
업, 자본, 민주주의, 더 나아가 기독교 신앙을 전하는 사명을 맡겼다고
합리화했다. 식민지의 현지 기독교인도 국가의 근대화를 위해 식민
정부를 돕고 협력해야 한다고 믿기도 했다.

하지만 대부분의 피식민 국가의 국민들은 서구 식민 국가를 증오하고 싫어했다. 대다수의 기독교인 역시 식민지 정책을 반대했다. 종종 선교사를 식민 국가의 앞잡이라고 매도한다. 하지만 실제는 그렇지 않다. 선교사들은 오히려 식민주의와 착취를 비판하고 반대했다. 선교사는 백인 상인이나 정복자보다 먼저 오지 원주민에게 들어갔다. 대부분의 식민 국가의 관리나 상인은 선교사역을 반대하고 훼방하곤 했다.

글 없는 책으로 중국에서 선교하는 모습

주후 16세기 이후 세계 선교는 로마 천주교회가 주도했다. 주후 19세기에 들어서야 개신교회가 세계 선교를 주도했다. 개신교 선교의 몇 가지 특징을 살펴보자.

첫째, 선교협회가 교파 소속인 경우도 있지만 대부분은 교파를 초월했다.

둘째, 정부나 교회가 주도하지 않고 성도가 자발적으로 감당했다. 각종 자발적 선교협회가 설립되었다. 최초의 자발적 선교협회는 주후 1698년에 세워진 '기독교 지식 전파 협회'SPCK다. 주후 1701년에는 '해외 복음 선포 협회'SPG가 세워졌다. 모두 영국 선교단체다. 주후 18세기 말과 19세기 초에 모라비아 형제단과 감리교 선교의 영향을 받은 수많은 선교회가 세워졌다. 네덜란드, 스위스, 덴마크, 독일, 미국의 개신교 선교협회들이 만들어졌다. 선교협회들은 선교지에서 일어나는 사건들을 고국에 생생하게 전해 주어 외국 문화에 대한 정보와 교육의 중요한 통로가 되었다.

셋째, 선교사역을 통해 여성들의 지위가 높아졌다. 처음 여성 선교사는 교육, 간호 영역에서 활동했다. 나중에 선교지에서 여성 선교사가 남성 선교사의 일까지 감당하면서 본국 교회 안에서 여성 사역자가 등장하는 단초가 되기도 한다.

넷째, 선교협회의 등장으로 교단 사이의 협력이 활성화되었다. 선교지에서는 교파간의 차이보다는 복음 전파라는 동질 사역이 더 컸다. 선교사는 경쟁을 피하고 협력하기 위해 노력했다. 주후 19-20세기에는 교회 연합 운동이 생겨났다. 윌리엄 캐리(William Carey, 주후 1761-1831)가 주후 1810년 국제 선교사 총회 개최를 제안했다. 하지만 그 열매는 정확히 100년 후인 주후 1910년 스코틀랜드의 에든버러에서 제1차 선교사 총회가 개최되면서 이루어졌다. 수백 명의 선교사가 예비 연구에 참여했다. 주로 영국과 미국의 선교사가 참여했는데 선교 정보와 계획을 교환함으로 선교 연합을 가능케 했다. 총회는 상임위원을 구성해 많은 연구를 가능케 했고 다음 모임을 준비하도록 했다. 이는 교회 연합 운동의 중요한 이정표 역할을 했다.

이렇게 주후 19세기 개신교 선교는 새로운 기독교 시대를 열었다.

# | 인도, 미얀마, 중국에 선교사가 들어가다

주후 13세기 이탈리아의 탐험가 마르코 폴로(Marco Polo, 주후 1254-1324)가 쓴《동방견문록》은 동양에 대한 서양인의 호기심을 불러일으켰다. 지리상의 발견 이후 포르투갈이 먼저 중국과 인도, 일본에 교역소를 설치하면서 유럽의 다른 나라도 경쟁적으로 나섰다.

주후 16세기 인도, 파키스탄, 방글라데시, 스리랑카 등의 인디아 대륙과 중국에 로마 천주교 선교사가 진출했다. 주후 18세기 초에는 개신교 선교사가 도착했고, 주후 19세기에는 영국 개신교 선교사가 본격적으로 활동했다. 본래 영국 동인도회사는 100년이나 기독교 선교활동을 반대했다. 개신교 선교가 그들의 교역을 방해하고 토착민과의 관계를 긴장시켜 폭동을 불러올 것이라고 염려했기 때문이다.

/윌리엄 캐리

윌리엄 캐리는 선교를 위해 '이방 특별 침례 선교 협회'를 조직했다. 주후 1793년에는 그가 직접 인도로 가서 선교를 시작했다. 윌리엄 캐리는 인도로 갈 때 영국 정부의 선교 반대로 덴마크의 배를 이용해야 했다. 영국령 인도 선교가 여의치 않자 덴마크령 인도인 서쪽 세람포르로 옮겨 성경을 번역해 보급하는 일을 했다. 그는 나중에 35개 언어로 성경을 번역해 복음 전파의 기틀을 마련했다.

다음 세대 선교사 스코틀랜드인 알렉산더 더프(Alexander Duff, 주후 1806-1878)는 교육에 헌신하여 캘커타대학을 세우는 데 일조했다. 100년 후 인도가 독립했을 때 대부분의 지도자들은 기독교 신자였고 인도는 개신교의 영향을 많이 받게 되는데, 이는 기독교 교육의 영향이다. 선교사가 인간 평등을 가르친 결과 사람들은 카스트제도와 인종차별을 다시금 생각하게 됐고, 하층민과 여성들이 대거 기독교로 개종했다. 판디타 라마바이(Padita Ramabai Sarasvati, 주후 1858-1922)라는 인도 여성은 영국과 미국에서 공부하고 돌아와 인도 교회와 사회에 중요한 공헌을 했다.

미얀마는 동쪽은 프랑스가, 서쪽은 영국이 지배하면서 종교가 달라졌다. 당시 버마로 불리던 이곳에서는 애도니럼 저드슨(Adoniram Judson, 주후 1788-1850)이 선교했다. 그는 제2차 대각성 때 이방인을 위한 선교사로 서원했다. 주후 1810년 미국 선교협회 파송으로 애도니럼 저드슨은 버마로 향했다. 그곳에서 그는 아내와 자녀들을 잃는 등 고난을 당했지만, 그러면서도 성경을 번역하며 복음을 전했다. 그의 선교는 7천여 명의 개종자를 냈다. 그의 사역 결과는 주후 1957년 316개의 기독교학교, 1,061개의 교회당, 그리고 10만 3,904명의 성도와 1,719명의 사역자를 둔 규모가 되었다.

중국에는 주후 16세기 로마 천주교 선교사가 들어갔다. 그는 마태오 리치(Matteo Ricci, 주후 1552-1610)다. 덕분에 중국에는 상당한 개종자가 생겼지만, 교황청 내부의 문제로 선교는 지지부진했다. 이후 주후 19세기에 스코틀랜드 출신 개신교 선교사 로버트 모리슨(R. Morrison, 주후 1782-1834)이 광동성에서 선교했다. 7년 동안 한 사람의 개종자도 얻지 못했지만, 그는 최초로 신구약 성경과 기독교 책을 중국어로 번역해 출판하며 중국 선교의 소중한 토대를 마련했다. 그는 주후 1818년 영국인 바실 홀(Basil Hall, 주후 1788-1844)을 통해 조선에 최초로 한문성경을 전달했다고 알려졌다. 그러나 중국인의 반대가 만만치 않았다.

그러던 중 서구의 수치스런 사건 중 하나인 아편전쟁이 발발했다(주후 1839-1842). 아편을 중국으로 수출하는 영국 상선을 보호한다는 명분이었다. 전쟁은 중국의 패배였다. 결국 영국은 난징조약을 통해 홍콩을 양도받고 중요한 5개 항구를 강제 개항시켰다. 선교사와 기독교인에게 특혜가 주어졌다. 하지만 홍수전(洪秀全)이 기독교 사상을 원용해 '태평천국의 난'을 일으켰다(주후 1850-1864). 그는 태평천국을 만들기 위해 사유재산을 폐지하고 남녀평등을 주장하고 매춘, 간음, 노예제도, 전족제도, 아편, 흡연, 음주를 금지했다. 난징을 점령하고 베이징까지 넘보자 중국은 서구 열강의 힘으로 반란을 제압해야 했다. 이 난으로 15년간 약 2천만 명이 사망했으니 끔찍한 사건이었다.

이때부터 중국인은 외국 종교에 대해 의심의 눈초리를 보냈다. 태평천국의 난이 진행 중일 때 허드슨 테일러(Hudson Taylor, 주후 1832-1905)가 중국에 도착했다. '중국 내지 선교회'를 조직한 그는 중국인 복장을 하고 선교사의 특권을 포기하고 그들과 함께 살면서 선교했다는 점에서 특별하다. 이 토착화 선교 정책으로 주후 19-20세기에 수만 명의 개신교 선교사가 사역하고 교회들이 세워졌다. 주후

/ 허드슨 테일러

· 1949년, 중화인민공화국이 세워지면서 기독교 선교를 제한하기 전까지 중국의 복음화 속도는 놀라울 정도였다.

주후 1873-1900년
| 선교가 동아시아와 오세아니아로 이어지다

일본, 한국, 필리핀, 인도네시아, 오스트레일리아, 뉴질랜드에는 어떻게 개신교회가 형성되었을까?

　일본은 주후 16세기부터 포르투갈과 네덜란드 상인과 교류했지만, 주후 1612년 로마 천주교 선교 금령이 내려진 이후 주후 1867년 메이지 유신까지 쇄국정책이 이어졌다. 마침내 주후 1873년 일본에도 종교 활동이 허용되었다.

/
프랑스 르몽드 신문에 실린 일본 황제가 교토에서 도쿄로 이사하는 모습의 그림

　일본은 오랜 막부시대를 마감하고 왕정복고가 일어나고 중앙집권과 부국강병을 꾀하였다. 주후 1854년 미군 제독 메튜 페리(M. C. Perry, 주후 1794-1858)가 군함으로 일본을 위협하며 문호를 개방시킨 것이 계

기가 되었다. 그 뒤 영국, 프랑스, 네덜란드, 러시아가 상호통상조약을 맺어 교역을 시작했다. 일본은 동양 어느 나라보다 먼저 서구 문명을 받아들였다. 그러면서 서구 열강이 한 것처럼 청나라와 러시아, 조선을 무력으로 제압하며 흑역사를 남겼다. 이 시기에 많은 개신교 선교사가 일본으로 들어가 선교 활동을 펼쳤지만, 큰 효과를 거두지는 못했다.

한국은 미국이 일본과 강제로 상호통상조약을 맺은 것처럼 주후 1876년 불평등한 강화도조약을 맺어 문호를 개방했다. 이어 미국, 영국, 러시아와 비슷한 조약을 맺었다. 조선이 서양 문물과 접촉할 수 있게 되자 개신교 선교사가 교육과 의료 명목으로 들어왔다. 주후 1884년 마침내 장로교 선교사 알렌이 도착하고, 주후 1885년에는 미국 장로교와 감리교 선교사가 입국했다. 대체로 식민 국가가 기독교 국가인데 반해 한국은 일본의 지배를 받았고, 일본이 기독교를 박해하자 기독교는 애국하는 종교로 비치게 되었다. 시간이 지나 태평양 전쟁에서 미국이 일본에 승리함으로 한국은 해방을 맞이했고, 기독교 국가인 미국에 좋은 감정을 갖게 되었다. 자연히 미국 선교사들이 전해 준 복음을 쉽게 받아들일 수 있었다. 그 후 한국 개신교회는 근대화와 더불어 놀랄 만한 성장을 이루었다.

필리핀은 주후 1565년부터 1898년까지 오랜 시간 스페인의 피식민 국가로 지내는 동안 로마 천주교회가 전파되었고, 대부분 주민이 로마 천주교인이었다. 그러다가 스페인이 미국과의 전쟁에서 패하고 필리핀을 미국에게 양도하면서 다시 미국의 식민지가 되었다(주후 1898-1946). 이 기간 동안 개신교 선교가 이루어지지만 토착화된 필리핀 로마 천주교인을 개종시키는 것은 쉽지 않았다. 지금도 필리핀은 로마 천주교회가 대다수이고 개신교회는 소수이다.

인도네시아는 주후 1602년부터 1945년까지 네덜란드의 식민지였다. 주후 1789년까지 네덜란드 동인도회사는 개신교 선교를 금지하며 싫어했다. 네덜란드 개혁교회는 부패한 정부와 착취를 일삼는 식민정부를 반대하며 개혁을 요구했다. 그 결과 주후 1870년 네덜란드 식민정부는 개혁을 시행했다. 이때부터 네덜란드 개혁교회의 선교도 조금씩 진행되었다. 한편 영국인 제임스 브룩(J. Brooke, 주후 1803-1868)이 인도네시아의 보르네오 섬에서 해적을 토벌한 공로로 사라왁 지역을 하사받고 왕이 되었다. 그는 교육과 의료를 발전시키기 위해 선교사를 초청했고, 중국 개신교인의 이민을 받아들이는 방식으로 개신교 선교에 기여했다. 그러나 인도네시아는 87% 이상이 이슬람교를 믿었던 국가이기 때문에 개신교 선교의 번성에도 불구하고 기독교 인구는 10% 정도밖에 되지 않는다. 무신론자는 공산주의자로 간주되었다. 주후 1965년 공산주의자의 쿠데타를 경험한 인도네시아는 중국인을 공산주의자로 지목해 가혹하게 탄압했다. 이때 인도네시아 개신교회가 핍박받는 중국인을 적극적으로 도왔다. 그로 인해 중국인 개신교회가 많이 성장한 것이 특이점이다.

오스트레일리아는 영국의 전설적 인물 제임스 쿡(James Cook, 주후 1728-1779) 선장에 의해 발견되어 영국 이주민을 통해 자연스럽게 기독교가 전파되었다.

뉴질랜드는 주후 1642년 네덜란드 탐험가 아벨 타스만(A. J. Tasman, 주후 1603-1659)에 의해 발견되었다. 나중에 영국이 지배하고 본국인을 이주시켰다. 많은 원주민이 영국 이민자가 옮겨 온 질병에 걸려 죽었다. 뉴질랜드에는 정복자와 이주민이 먼저 오고 나중에 교회가 세워졌다. 개신교회는 정복자의 원주민 착취를 소리 높여 비판했다. 학대가 쉬 없어지지 않았지만 효과는 없지 않았다.

## | 아프리카와 라틴 아메리카에 개신교회가 서다

유럽인은 아프리카로부터 노예무역을 통해 돈을 벌어들였다. 주로 주후 16-18세기에 영국, 포르투갈, 프랑스, 스페인, 네덜란드가 참여했다. 독일, 스웨덴, 덴마크도 예외가 아니었다. 값이 나가는 노예, 일명 '검은 상아'를 얻기 위해 불의한 일들이 자행되었다.

일차적으로 아프리카 부족 간의 싸움에서 매매 가능한 노예가 만들어졌다. 서양 노예상인은 아프리카인이 서로 빼앗은 노예를 총과 돈을 주고 샀다. 그들은 흑인을 아메리카로 수출했다. 주후 16-19세기까지 아메리카로 팔려간 노예가 약 1,200만 명이나 된다고 하니, 참으로 가슴 아픈 일이다!

아프리카 동남부에 해협을 사이에 두고 있는 세계에서 가장 큰 섬 중의 하나인 마다가스카르 고원지대에 호바 부족이 살고 있다. 그 부족장이 유럽으로부터 총을 수입해 강자로 부상했다. 그뿐만 아니라 그가 기독교를 받아들이고 회심한 후 유럽 선진문화와 기술을 적극 도입했다. 영국의 교사와 선교사들을 초청했다. 주후 1914년 즈음에는 개신교인이 약 40만 명이나 되었다.

아프리카 본토는 유럽의 적극적 침략 대상은 아니었다. 유럽인은 사하라 사막 이남의 아프리카에는 큰 관심을 가지지 않았다. 사람이 살기 어려운 땅이라고 보았기 때문이다. 그러나 주후 18세기 말부터

19세기 초에 개신교 선교 열정의 폭발적 증가로 선교사들이 아프리카 내륙을 탐험하기 시작했다. 데이비드 리빙스턴(David Livingstone, 주후 1813-1873)과 헨리 스탠리(Henry M. Stanley, 주후 1841-1904)는 험난한 아프리카 내륙을 탐험하고 지도를 만들어 선교의 길을 열어 놓았다.

데이비드 리빙스턴은 스코틀랜드 기독교인으로 신학과 의학을 공부한 후 로버트 모팻(Robert Moffat, 주후 1795-1883)을 통해 아프리카 선교에 헌신했다. 그리고 로버트 모팻 선교사의 딸과 결혼했다. 그의 아

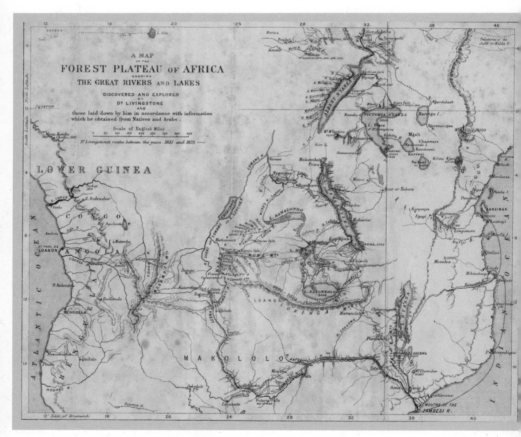

/데이비드 리빙스턴이 아프리카 내륙을 탐험하고 만든 지도

프리카 탐험은 수많은 유럽 그리스도인의 마음을 사로잡았고 아프리카 선교에 헌신케 했다. 아프리카에서 죽은 데이비드 리빙스턴의 선교에 감동을 받은 스코틀랜드 자유교회와 국교회는 중부 아프리카 나이아사 호수 주변에서 선교를 시작했다.

헨리 스탠리는 아프리카의 고원지대인 우간다에서 므테사 왕에게 복음을 전해 개종시켰다. 그로 인해 더 많은 선교사가 아프리카로 들어오게 되었다. 선교사는 아프리카 부족언어를 표현할 수 있는 문자를 만들고 학교를 세우며 수많은 개종자를 냈다.

하지만 안타깝게도 주후 19세기 말엽부터 아프리카 지역은 유럽 국가의 식민지 쟁탈 각축장으로 변했다. 심지어 주후 1914년에는 유럽 국가들이 베를린에 모여 아프리카 지역을 서로 나눠 차지한다는 결정을 하기도 했다.

한편 라틴아메리카에는 어떤 일들이 일어나고 있었을까? 그들은 프랑스 대혁명 이후 서서히 독립하기 시작했다. 아이티, 파라과이, 베네수엘라, 아르헨티나, 칠레, 콜롬비아, 페루, 멕시코, 브라질, 볼리비아가 차례로 독립해 독자적인 나라를 이루었다.

라틴아메리카에는 유럽에서 이주해 온 지 얼마 되지 않은 '페닌슐라레스'와 오래전 정착한 이민자들의 후손인 '끄리오요스'로 나뉘어 투쟁이 끊이지 않았다. 또 프랑스에서 흘러들어온 공화주의 사상이 라틴아메리카를 휩쓸었다. 끄리오요스는 폭력적 혁명을 통해 권력을 장악했다. 하지만 그들은 국가를 잘 다스리지 못했다. 빈부의 격차는 커졌고 사회는 점점 혼란스러워졌다. 사회는 '보수주의'식민지주의자와 '진보주의'공화주의자로 나뉘어 싸움이 그칠 날이 없었다. 주후 19세기에는 한동안 공산주의 사상이 상당한 인기를 얻기도 했다. 또 경제 발전을 위해 질서 유지가 필요하다는 논리로 군부독재가 인기를 얻기도 했다.

이런 가운데 로마 천주교회는 기존 질서를 지지하고 새롭게 유행하는 민중 혁명을 거부했다. 라틴아메리카 시민은 점점 로마 천주교회와 멀어지게 되었다. 영세를 받은 시민이 많았지만, 명목상의 로마 천주교인이 대부분이었다. 이 종교적 빈자리에 개신교회가 자리를 잡았다. 주후 19세기 후반 유럽뿐만 아니라, 미국과 중국으로부터 수많은 이민자가 라틴아메리카로 몰려들었다. 새로운 이민자는 상공업을 위한 노동력을 제공했다. 이민자의 대부분은 개신교였다. 라틴아메리카를 위한 개신교 선교는 대체로 교육과 의료를 통해 활력을 띠었다.

주후 1800-1872년
| 19세기 유럽에 변화의 바람이 불다

주후 19세기 유럽에는 정치, 경제, 사회, 문화에 엄청난 변화가 불어왔다. 물론 교회에도 큰 변화가 있었다.

로마 천주교회는 정치적, 경제적, 종교적 자유주의의 등장으로 타도의 대상이 되었다. 반면 개신교회에게는 또 한 번의 기회였다. 개신교회는 새로운 변화에 적극적으로 대응하며 사회적 불의를 개혁하는 데 앞장섰다. 예를 들면 노예제도에 대항하고 폐지하는 데 큰 역할을 했다.

유럽사회 변화의 결정적 사건을 들라고 한다면 단연 프랑스 대혁명이다. 프랑스 대혁명은 유럽 정치의 판도를 바꾸었다. 스위스, 이탈리아, 네덜란드, 스페인, 포르투갈, 스칸디나비아 국가의 왕정체제를 무너뜨렸다. 사회적 변화가 가히 충격이었다. 나폴레옹 전쟁에서 승리한 영국, 오스트리아, 프러시아는 주후 19세기 초 유럽의 정치적 판도를 결정하는 역할을 했다. 일부 국가가 다시 왕정체제로 복귀하기도 했지만, 정교 분리의 국가 통치 원리는 그대로 이어지는 경우가 많았다.

이제 역사적 변화의 물결을 다시 되돌릴 수는 없었다. 정치적 진보주의와 사회주의 운동이 일어났고 경제적 자유주의가 등장했다. 이미 시작된 산업혁명은 경제적 자유방임으로 치달았다. 경제에 대한 정부의 규제보다는 자유가 가난한 자들에게 더 유익하다는 생각이 지배적이었다. 여러 국가가 절대왕정과 민주주의의 갈등으로 어려움을 겪었다.

이런 상황에서 주후 1848년경 또 다른 혁명과 폭동이 고개를 들었다. 사회의 무질서 가운데 국가주의가 등장했다. 국가 통일 운동이 이탈리아와 독일을 중심으로 전개되었다. 두 나라는 오랫동안 여러 독립된 주로 나뉘어 있었다. 이 시기에 오스트리아는 독일에서 이탈해 독립 국가를 형성했다.

/ 공산주의의 창시자 카를 마르크스와 엥겔스

유럽의 자유 경제체제는 산업혁명을 거치면서 신흥 부르주아 세력을 만들어냈다. 동시에 새로운 빈곤층과 빈부의 격차라는 사회적 문제를 낳았다. 인간의 죄를 고려하지 않은 경제적 자유주의는 빈익빈 부익부를 부채질했고 마침내 엄청난 사회적 문제를 낳았다. 자본가와 유산자는 노동자와 무산자를 착취하고 인간의 존엄성을 짓밟았다. 어린아이와 부녀자가 노동 현장으로 내몰렸고 가정과 사회가 파괴되고 있었다.

이런 열악한 환경에서 나타난 것이 공산주의 사상과 사회주의 운동이다. 이 사상은 유물론에 근거한 철학적 영향을 받았는데, 유럽 전체에 누룩처럼 퍼져 나갔다. 카를 마르크스(K. H. Marx, 주후 1818-1883)는 주후 1848년 엥겔스(E. Engels, 주후 1820-1895)와 그 유명한 '공산당 선언'을 발표했다. 공산주의 사상은 주후 19세기 후반과 20세기 초반에 정치적 형태로 모습을 드러내게 되었고 오늘날까지 영향을 미치고 있다. 공산주의 이론은 주후 1859년에 출간된 다윈의 진화론의 영향을 받았다. 이 모든 변화는 계몽주의라는 큰 생각의 변화와 연결되어 있다. 과거에는 신앙이 사람에게 가장 큰 영향을 미쳤다면, 이제는 이성이 그 자리를 차지하게 되었다.

교회는 어땠을까? 계몽주의가 주도적인 역할을 하면서 인본주의가 교회에까지 스며들어 왔다. 이제 교회는 국가의 지원과 도움을 받지 않았다. 교회는 자발적인 헌신과 헌금으로 유지되었다. 독일 지역에도 경건주의 교회는 이런 모습이었다.

그리고 교회들은 산업혁명의 발발로 생긴 여러 가지 사회적 문제에 발 벗고 나서기 시작했다. 이때 병자, 노인, 빈민, 고아를 돌보는 단체들이 생겨났다. 덴마크의 루터교회 그룬트비(N. F. S. Grundtvig, 주후 1783-1872)가 조합운동을 통해 도시 빈민을 도왔다. 심지어 아예 교회 이름을 '구세군'이라 짓고 구제에 전념하는 교회도 생겼다.

# | 영국, 새로운 사회는 새로운 교회가 필요하다

프랑스 대혁명이 영국에 미친 영향은 크지 않았다. 영국은 이미 민주 정치의 길을 차근차근 밟아 왔기 때문이다. 나폴레옹 전쟁 이후 프랑스는 세계 역사 무대에서 내리막길을 걸었지만, 영국은 한 세기(주후 1815-1914) 이상 세계의 대국으로 부흥했다. '팍스 로마나'평화로운 로마에 비견될 만큼 '팍스 브리태니카'영국의 평화로운 시기로 불린다. 이때 영국은 '태양이 지지 않는 제국'이라는 별명을 얻을 만큼 전 대륙에 식민지를 가지고 있었다. 지구 영토의 약 4분의 1이 영국령이었다.

영국 교회의 전반적 신앙생활은 전형적 국교회의 모습을 취했다. 교회는 지배계층의 전유물이었다. 예를 들어 공무원은 반드시 교회의 성만찬에 참여해야 했다. 모든 국민은 종교세를 내야 했다. 영국에서 시작된 산업혁명은 도시화를 낳았고 인구가 집중되었지만, 교회에는 그 인구를 수용할 좌석이 없었다. 리버풀의 경우 인구가 9만 4천 명인데 교인을 수용할 수 있는 교회 좌석은 겨우 2만 1천 석에 불과했다. 100만 명 이상의 인구를 자랑한 런던에는 교회 좌석이 8만 석밖에 없었다. 주후 19세기의 부흥운동을 통해 교회로 모여드는 사람들을 수용할 수 있는 교회는 침례교회, 감리교회, 독립파 회중교회였다. 새로운 사회는 새로운 교회를 필요로 했다.

영국 국교회 안에는 '고교회파'와 '저교회파'가 있다. 고교회파는 교회법, 성직제도, 예전을 강조했다. 저교회파는 평신도, 복음전도, 자유로운 부흥회를 강조했다. 이 구분은 대체로 국교회 내부 성직자의 성향에 따른 것이다. 부흥운동은 대체로 저교회파에 많은 영향을 주었다. 고교회파에도 부흥운동이 영향을 주기도 했다. 옥스퍼드 대학의 존 헨리 뉴먼(J. H. Newman, 주후 1801-1890)과 몇 무리들이 국교회에 대항해 순수한 교회, 즉 종교개혁 이전 로마 천주교회로 돌아가자는 회복운동을 전개했다. 이들이 여러 문서를 만들어 자신의 생각을 전했기 때문에 '트렉테리언 무브먼트'로 불리기도 한다. 이들은 수녀단을 조직해 '빈민가 사제'를 만들어 수도원에서 약자를 돌보도록 했다. 옥스퍼드 운동 참여자가 나중에 로마 천주교회(주후 1845)로 넘어가면서 그 영향은 약화되었다.

주후 19세기 영국을 주도한 교회는 비국교회였다. 비국교도는 어떤 삶을 살았을까? 감리교회, 침례교회, 회중교회 교인은 부흥운동을 통해 성장을 거듭했다. 복음전도와 해외선교 뿐만 아니라, 구제, 사회적 부조리 개혁에도 앞장섰다. '주일학교 운동'이 대표적인 경우다. 주후 18세기 말 평신도 로버트 레이크스(Robert Raikes, 주후 1736-1811)가 창시한 '주일학교'는 당시 일종의 대안학교였다. 빈민가 불신자의 아이들을 데려다가 성경으로 읽기와 쓰기를 가르쳤던 것이 주일학교가 되었다. 주일학교 운동은 엄청난 성장을 이루었고 전 세계 모든 종류의 교회에 일반화되었다. 주후 1831년에는 영국 인구의 25%에 해당하는 125만 명의 아이들이 주일학교에 소속되었다고 한다.

영국 복음주의자들은 윌리엄 윌버포스(W. Wilberforce, 주후 1759-1833) 같은 이를 통해

/
1880년 로버트 레이크스가 주일학교를 시작한 지 100주년 되었을 때 만든 기념주화 양면

노예매매 금지법과 노예제도 금지법을 결정하는 데 중요한 역할을 했다. 영국 복음주의자들은 주후 1846년에 '세계복음주의연맹'을 창설해 부흥운동으로 성장해 가는 교파교회와 함께 연대했다. 영국, 미국, 스코틀랜드, 그리고 개혁파 교회가 함께했다. 이 연맹은 종교의 자유와 관용을 강조했다. 바로 그 이유 때문에 동방 정교회, 로마 천주교회, 루터교회는 참여하지 않았다. 이 연맹은 대규모 집회를 통해 교회 연합을 시도한 최초의 조직이다. 하지만 조직이 느슨해 오래 지속되지는 못했다. 주후 1873년 뉴욕에서 열린 대회가 가장 최대 규모였다고 한다.

주후 1813–1892년
## | 네덜란드, 국가교회에서 벗어나다

네덜란드에서는 주후 16세기 중후반에 개혁교회가 자리잡았다. 국가는 교회를 지원했고 교회는 국가에 충성했지만, 국가는 영적인 교회 일에 관심도 없고 간섭도 하지 않았다. 주후 1618년 도르트 총회 이후 거의 200년 동안 교회 총회가 한 번도 열리지 않았다. 그럴 필요가 없다고 생각했다.

그러다가 주후 1648년 네덜란드는 베스트팔렌 조약을 통해 당당히 독립국가로 등장했다. 이후 황금기를 영위했다. 국력은 부강해졌다. 하지만 영적 상태는 하강곡선을 그렸다. 인본주의적 계몽주의가 팽배했다. 지성은 탄탄해졌지만 신앙은 나약해졌다.

나폴레옹 점령군이 떠난 후 주후 1813년 영국으로 망명 갔던 빌럼 1세(Willem Frederik, 주후 1772-1843)가 돌아왔다. 그는 영국의 강력한 왕권과 프랑스의 계몽주의 절대군주를 본받았다. 빌럼 1세는 십여 년 동안 중단되었던 목사 생활비를 다시 지불하며 교회의 마음을 샀다. 그는 강력한 리더십으로 국가뿐만 아니라 교회도 장악했다. 그의 중앙집권화는 개혁교회까지 국왕의 권세 아래 두었다. 교회는 교회법이 아니라, 국가 헌법에 따라 종교국 집행부에 의해 통치되었다. 교회는 인본주의에 밀려 세속화되고 영적으로 피폐해져 갔다. 이때 영적인 갈급함을 해결하기 위해 '콘펜티컬'Conventikel이라는 일종의 지하 그룹들이 주일 오후에 자발적으로 모이기 시작했다.

북부 네덜란드의 작은 시골, 윌륌교회 목사 헨드릭 더 콕(H. de Cock, 주후 1801-1841)이 국가교회로부터 이탈하면서 시작된 아프스헤이딩 Afscheiding은 수많은 이탈 목사와 교회들을 낳았다. 그들은 교회가 종교개혁 신앙으로 돌아가야 한다고 생각했다. 스콜터(H. Scholte, 주후 1805-1868), 프란스 미어뷔르흐(G. F. G. Meerburg, 주후 1806-1855), 판 랄터(A. C. van Raalte, 주후 1811-1876)도 뒤따랐다. 이들은 교회에서 '복음성가'를 부르지 않는다는 이유로 징계를 받거나, 개혁신앙의 요약인 '세 개의 일치신조'를 따른다고 교회로부터 쫓겨났다. 판 랄터는 강도사 인허를 받을 수 없었다. 브륌멀캄프(A. Brummelkamp, 주후 1839-1919)도 불신자의 자녀에게 유아세례를 주지 않는다고 면직되었다. 이렇게 시작된 아프스헤이딩교회는 교인이 15,000여 명, 150개 교회로 성장했다. 물론 그래도 당시 인구의 1% 정도에 불과했다. 캄펀에 신학교가 설립된 1854년에는 200개 교회에 4만 명의 교인으로 늘어났다. 종교개혁 신앙을 따른 이 교회는 그리스도의

/헨드릭 더 콕

십자가를 지는 마음으로 수많은 핍박과 박해를 이기고 견뎌 냈다.

아프스헤이딩 이후 네덜란드는 국가가 교회의 독립적 운영을 어느 정도 허용했다(주후 1852년). 국가는 교회 건물 관리만 관여하고 나머지는 교회 스스로 운영할 수 있었다. 교회는 직분자를 세울 수 있게 되었다. 하지만 교회는 계몽주의적 세속주의를 믿음으로 이겨 내지 못 했다. 교회는 하나님보다 이성과 자연법을 숭상하고 있었다. 레이던 대학의 스홀턴(J. H. Scholten, 주후 1811-1885) 교수는 성경과 예수님을 믿기보다는 '내적 증거', '인간', 곧 '마음의 의지'를 믿어야 한다고 가르쳤다. 기적을 믿지 않고 인간의 이성과 자연의 위대함을 노래했다. 더구나 주후 1878년에는 '국가교회

/ 아브라함 카이퍼

가 신앙의 확신이나 종교적 이해의 차이 때문에 목사를 거절할 수 없다'는 법을 만들었다. 목사가 이단 사상을 가르쳐도 신학과 신앙의 이유로 쫓아낼 수 없다는 뜻이다. 국가교회는 올바른 길에서 많이 벗어나 있었다.

경건한 성도들이 이런 국가교회로부터 이탈하기 시작했는데, 그렇게 모이게 된 모임이 돌레앙시교회다. '돌레앙시'Doleantie는 '슬픔' 혹은 '애통'이라는 뜻이다. 돌레앙시교회는 처음에는 작은 시골에서 시작했지만, 이후 암스테르담 교회가 주도했다. 아브라함 카이퍼(A. Kuyper, 주후 1837-1920)가 중심인물이었다. 아브라함 카이퍼는 개혁교회가 낳은 세계적 칼뱅주의 신학자다.

주후 1892년 아프스헤이딩교회와 돌레앙시교회가 역사적 합동을

이루었다. 이를 '페르에이너힝'Vereiniging라고 부른다. '합동, 통합'을 뜻하는 말이다. 이렇게 해서 국가교회 외에 개혁신앙을 사수하고 전하는 네덜란드 개혁교회가 생겼다.

주후 1700-1900년경

## | 독일, 루터교회는 생명을 잃고 혼돈에 빠지다

종교개혁 이후 독일의 루터교회는 몇 세기를 지나며 생명력을 잃어 가고 있다. 루터교회는 말씀에 직접적으로 관련된 영적 일만 하고 나머지 행정적인 일들은 국가가 담당했다. 계몽주의 물결은 루터교회를 휩쓸었다. 교회 예배 출석률이 점점 떨어졌다. 사회적 지위와 관습 때문에 교회에 이름만 걸쳐 놓을 뿐 신앙은 없는 경우가 많았다. 목사의 설교는 고상하고 도덕적이었지만, 영적 생명력은 찾아볼 수 없었다. 도대체 무슨 문제가 있었을까?

　합리주의적 인본주의는 성경을 인간의 문서나 작품 정도로만 취급했다. 성경을 하나의 문서나 문학작품으로 보고 '성서 비평학'본문비평, 문학비평, 자료비평, 전승사비평, 양식비평, 편집비평, 역사비평을 발전시켰다. 모세오경을 다양한 양식의 문서를 편집한 것으로 보았다. 학문적 수준이 높아질수록 신앙적 수준도 높아진 것이 아니라 오히려 반대였다. 독일 신학교는 교회가 운영하지 않고 정부가 책임졌다. 신학교 교수는 교회를 위한 신학이 아니라 학문 자체를 위한 신학을 하고 있었다. 독일 신학교의 학문적 수준은 대단했지만 신앙은 형편없었다. 신학교는 정부로부터 엄청난 재정적 지원을 받으며 수많은 고대 성경 사본을 비싼 돈에 사들여 성경 원본을 찾아 가는 학문을 했다. 이런 학문을 고고

학과 사본학이라고 한다.

이러한 자유주의 신학이 유행할 때 사람들의 생각은 어땠을까? 영국에서는 프란시스 베이컨이 이성적 지식에 반해 '객관적 경험론'을 발전시켰다. 대륙에서는 르네 데카르트를 중심으로 '관념론'이 발달했다. 관념론은 세상에 일어나는 모든 일이 이성에 의해 작동된다고 보았다. 이렇게 이성을 숭상하는 철학이 계몽주의다. 이들은 이성의 빛으로 세상을 분석하고 경험한다.

후에 독일의 칸트(I. Kant, 주후 1724-1806)는 '순수이성'지성만으로는 초월적인 존재를 이해할 수 없다고 보았다. 그는 '실천이성'신앙을 통해 초월을 이해할 수 있다고 생각했다. 이 실천이성이란 예를 들면 양심과 도덕이다. 칸트는 '지식'과 '행동'을 통해 신앙적 문제를 해결할 수 있다고 보았다. 이와 반대로 슐라이어마허(F. D. E. Schleiermacher, 주후 1768-1834)는 신앙을 지식과 행동을 넘어서는 '감정'으로 보았다. 그에게 신앙이란 말씀과 신앙고백이 아니라, 교제와 대화를 통한 직관과 감각, 느낌과 경험이었다. 슐라이어마허의 신학은 급진적이었고 대담했다. 그를 일컬어 '자유주의 신학의 아버지'라 부른다.

헤겔(G. W. F. Hegel, 주후 1770-1831)은 정正, 반反, 합合의 원리를 가지고 절대정신이라는 역사 발전 동인을 주장했다. 카를 마르크스는 헤겔과 다윈의 영향을 받아 공산주의 역사관을 정립했다. 자본주의 사회가 부패하면, 혁명이 일어나 프롤레타리아 독재가 나타나고 그 이후에 공산주

/ 임마누엘 칸트

의 사회가 온다고 보았다. 역사가 랑케(L. von Ranke, 주후 1795-1886)는 실증주의적이고 과학적 역사 방법론을 주장했다. 헤겔이 역사 발전을 신의 섭리로 본 것을 비판한 것이다. 리츨(A. Ritchl, 주후 1822-1889)은 슐라이어마허의 종교적 경험을 반대하고 도덕적 행동을 주장했다. 목적 체계는 과학적 작업을 일으키고 가치체계가 종교적 영향을 담당한다고 보았다. 기독교는 두 가지 모두를 가지고 있어야 한다고 했다. 하르나크(A. von Harnack, 주후 1851-1930)도 기본적으로 역사 비평학을 수용하고 기독교의 본질은 속죄교리가 아니라 윤리라고 가르쳤다.

이렇게 독일 교회는 신학적으로 정통 종교개혁 신앙에서 멀리 벗어나 혼돈 속에 있었다. 물론 이런 분위기 속에서도 경건한 신앙생활을 영위하려는 교회와 성도가 없지 않았다. 그들은 주후 18세기 경건주의 운동의 영향을 이어 가는 자들이었고 교회에 생명력을 불어넣는 역할을 어느 정도 감당했다.


## | 동방 정교회가 기독교 전통을 전수했다

동로마제국이 오스만 투르크에게 멸망했을 때, 주변 국가들은 하나님의 징벌이라고 해석했다. 가장 큰 소리로 외친 나라가 러시아였다. 러시아의 황제 이반 4세(Ivan IV, 주후 1530-1584)는 주후 1547년 자신을 '차르'라 부르며 옛 로마 콘스탄티누스의 영광을 자처했다. 콘스탄티노플이 제2의 로마라면, 모스크바가 제3의 로마라고 말했다. 주후 1598년에는 모스크바의 주교를 총대주교로 임명하여 '러시아 정교회'를 탄생시켰다.

러시아 정교회는 동로마제국에서처럼 국가의 시녀로서 살아남았다. 갈등이 없었던 것은 아니다. 교회의 통일성을 생각할 때 로마 천주교회를 본받아야 한다는 그룹과 복음의 자유를 생각할 때 개신교회를 본받아야 한다는 그룹이 나뉘었다. 하지만, 러시아 혁명으로 인해 모든 논쟁은 중단되었다.

주후 1918년 러시아 정교회는 공식적으로 볼셰비키 정부로부터 쫓겨났다. 러시아 공산정부는 주후 1920년 종교교육을 불법으로 규정했다. 주후 1936년에는 종교의 자유와 반종교적 선전의 자유를 동시에 선포했다. 모순적인 정책이었다. 러시아 정교회는 유례없는 박해를 받았다. 1943년이 되어서야 겨우 신학교육을 다시 시작할 수 있었다. 공산정부의 핍박 가운데도 러시아 정교는 6천만여 명의 신도를 유지했다.

/ 그리스 데살로니가의 정교회 예배당

한편 동로마를 멸망시킨 정복자 매흐매드 2세(Mehmed II, 주후 1432-1481)는 종교적 관용정책을 펼쳤다. 로마로 망명간 총대주교를 대체하기 위해 주교들을 모아 새롭게 총대주교를 선출하도록 했다. 그리고 그에게 오스만 투르크 영토 내 교회를 다스리도록 종교적 권위를 수여했다. 이스탄불 내의 교회당 50%는 모스크로 전환했지만, 나머지 50%는 교회당으로 사용할 수 있도록 허락했다. 오스만 투르크가 주후 1516년 시리아와 팔레스티나 지역을 점령하고 주후 1517년 이집트를 침략한 후 그곳의 교회들을 이스탄불의 총대주교의 관할 아래 두고 종교의 자유를 허락했다. 물론 술탄의 정책에 반대하는 총대주교는 직위를 박탈당했다. 바로 이 교회가 '그리스 정교회'로 이어졌다.

주후 19-20세기 초에 이르자 오스만 투르크 제국은 점차 힘을 잃고 쇠락하면서 여러 나라가 독립했다. 그리스, 세르비아, 볼리비아, 루마니아가 각각 자체적으로 정교회를 구성해 이스탄불 총대주교의 권위로부터 벗어났다. 제1차와 제2차 세계대전을 거치면서 이스탄불 총대주교는 발칸반도의 국가들과 에스토니아, 라트비아, 체코, 슬로바키아 등 유럽 다른 지역에 존재하는 여러 정교회의 독립도 인정했다. 동유럽 국가들은 러시아에 복속되었다가 주후 20세기 말 독립했다. 예루살렘, 알렉산드리아, 안디옥의 정교회는 신생 아랍 국가들의 지배를 받았는데, 나중에 로마 천주교회와 개신교회로 개종하는 자들이 많았다. 오랫동안 국가와 교회의 연합 관계를 유지한 나라는 그리스와 러시아가 유일하다.

주후 17-19세기 계몽주의의 영향으로 동방 정교회도 점점 세속화되며 정부의 핍박으로 젊은이들이 교회를 떠났다. 폭력으로 무장한 무신론적 공산정부는 정교회의 신앙을 무력화시켰다. 동방 정교회는 곧 사라질 것 같았지만 사라지지 않았다. 정교회가 가지고 있는 전통적 예배 의식은 기독교 전통을 전수하는 소중하고 강력한 역할을 했다. 동방 정교회 가운데 가장 큰 규모는 러시아 정교회이다. 수적으로 정교회의 80% 정도가 러시아인이다.

주후 1848-1891년

## | 로마 천주교회, 시대의 변화에 끌려가다

프랑스 대혁명과 주후 1848년에 유럽에 불어닥친 폭동과 혁명의 물결은 로마 교황청을 심각한 위기로 몰아넣었다. 유럽 국가는 점점 정교 분리의 원칙을 견지했다.

프랑스의 유명한 신학자 드 라므네(F. R. de Lamennais, 주후 1782-1854)는 "절대 군주제는 절대 부패한다"고 보았다. 또 그는 "로마 천주교회

/ 로마 천주교회의 성품성사(사제 임직식) 모습

가 앞장서 언론의 자유와 민주국가를 받아들여야 한다"고 조언했다. 하지만 로마 교황청은 그의 주장을 받아들이지 않고 오히려 그를 정죄했다. 교황은 어떤 형태의 혁명과 폭동도 거부했다. 당연히 프랑스 대혁명도 거부했다. 또 이탈리아 민족주의자와 통일국가 형성을 반대했다. 유럽 국가는 로마 천주교회에게 주었던 특권을 거두어들이기 시작했다. 교황 비오 9세(Pius IX, 주후 1792-1878) 때 이탈리아 왕국은 교황청 영토를 점령하고 빼앗았다(주후 1870년). 주후 13세기 때 절정에 이르렀던 교황의 권력은 이제 황혼을 맞이했다.

비오 9세는 세속 정치와 경제력의 상실을 보상받기 위해 종교적 권력을 무한 발휘했다. 교황은 주후 1854년 마리아의 원죄 없는 잉태 교리인 '마리아 무염시태' 교리를 선포했다. 종교회의도 소집하지 않고 독단적으로 선언했으니 황당한 상황이었다. 교회는 그 어느 누구도 나서서 항의하지 않았다. 또 그는 주후 1864년에 '크반타 쿠라'라는 규칙을 만들었다. 모든 로마 천주교인이 거부해야 할 80개의 오류 목록이 포함되었다. 이 규칙에는 정교분리, 종교의 자유, 언론의 자유, 국가 주도의 공립학교 제도 등이 포함되어 있다. 특별히 교황의 권위에 도전하고 복종하지 않는 자에게는 저주를 선포했다.

그의 교황권 남용은 '교황 무오교리'를 발표하면서 극에 이르렀다. 제1차 바티칸 회의를 소집하면서 교황 무오교리에 도장을 찍고 말았다. 참석한 주교 522명이 찬성하고 2명이 반대하고 100명이 기권했다. 그 내용을 좀 보자.

"로마 교황이 모든 기독교 신자들의 목자이며 교사로서의 직분에 따라 말하는 것은, 지존하신 사도의 권위에 의하여, 전체 교회가 지켜야 할 신앙과 생활에 관한 교리를 정의할 때에는 축복받으신 베드로에게 약속된 하나님의 거룩하신 도움 때문에, 신적인 무오류성을 가지는 것으로 믿는다. …"

교황 무오교리가 주후 1870년 7월 18일에 발표되었지만, 그해 9월 20일 이탈리아 왕국은 바티칸을 무력으로 점령했다. 교황을 도와주는 나라는 어디에도 없었다.

주후 1929년 마침내 교황 비오 11세(Pius XI, 주후 1857-1939)는 이런 사회의 변화를 받아들여야 했다. 주후 1929년 라테르노 조약을 통해 기존의 교황령을 포기하고 바티칸 시국이 되었다. 이렇게 시대 변화에 로마 천주교회는 뒷걸음질을 하다가 결국은 끌려갔다.

교황 레오 13세(Leo XIII, 주후 1810-1903)는 이탈리아 신자에게 국가의 선거 참여를 하지 못하도록 충동질하고 금지시키기도 했다. 교황이 공화제도를 반대했기 때문이다. 이런 조치는 '임모르탈레 데이'라는 칙령에서 민주주의 제도와 교회의 권위가 공존할 수 없다고 선언한 것에서 나온 것이다. 그는 정교분리에 동의하지 않았다. 민주주의가 하나님의 존재를 부정하기에 매우 위험하다고 반대했다.

물론 칙령 가운데 좋은 점도 있다. 그것은 '레룸 노바룸'이다. 노동자와 자본가 사이에 관한 문제였다. 자본주의의 자유방임적 자유경제로 인해 수많은 노동자가 착취를 당하는 상황에서 발표된 칙서이다. 이 칙서는 국가가 가난한 자들을 위한 법을 만들어 보호해야 하고 노동조합을 만들 것을 권면했다. 사회주의나 공산주의를 반대하는 로마 천주교회가 자본주의의 병폐를 해결하기 위한 대안이었다.

## | 19세기 후반 미국 교회의 큰 동력, 드와이트 무디

미국 근본주의의 출현은 부흥운동과 연관이 있다. 회중교회 신자였던 드와이트 무디(Dwight. L. Moody, 주후 1837-1899)는 성경에 호소하는 강연으로 대규모 부흥 운동을 일으켰다. 그는 남북전쟁 직전에 고향인 뉴잉글랜드에서 시카고로 이주해 YMCA에 참여해 활동했다. 그는 주일학교에 열심히 봉사하고 기독교 문서를 만들어 나누어 주는 일을 했으며, 기독교 사업을 확장시키는 일을 도왔다.

주후 1873년 드와이트 무디는 찬양인도자인 친구 생키(Ira Sankey, 주후 1840-1908)와 영국으로의 전도여행을 떠났는데, 이 여행이 그의 삶을 전도자로 바꾸어 놓았다. 당대의 유명한 스코틀랜드 자유 장로교회 목사 앤드류 보나르(Adrew A. Bonar, 주후 1810-1892)와 런던 침례교회 목사 찰스 스펄전(C. Spurgeon, 주후 1834-1892)의 지지와 도움을 받았다. 미국으로 돌아온 후 그의 집회에 미국 대통령 그랜트(U. S. Grant, 주후 1822-1885)와 각료들이 참석하기도 했다. 그들은 전국을 순회하며 복음을 전했는데 엄청난 성공을 거두었다.

드와이트 무디의 집회 강연은 조용하고 솔직했다. 하나님과 구원의 필요성을 설명하는 방식이었다. 과장된 행동은 하지 않았다. 그는 신학을 공부한 사람이 아니기 때문에 신학적 논쟁을 하지 않았다. 당연히 교리 같은 것을 설명하지도 않았다. 그는 아주 단순하게 복음의 핵심에만 집중했다. 죄로 인한 인간의 파멸과 그리스도 안에 있는 구원과 성령님으로 인한 중생을 강조했다. 그는 이렇게 말했다.

"나는 이 세계를 난파된 배로 보았습니다. 하나님께서 나에게 생명선을 주며 말씀하셨습니다. '무디야, 네가 할 수 있는 만큼 건져

내어라.'"

그는 설교 가운데 많은 예화를 들었는데 특별
히 전통적으로 중요하게 여기는 가족과 관련된
이야기를 많이 했다.

"어떤 주일 오후에 아이를 데리고 들판으로 나
간 아버지가 있었습니다. 그 아버지는 자식이 뛰
어노는 동안에 잠이 들었습니다. 그가 잠이 깨
아이를 찾았으나 아기는 절벽 아래로 굴러 떨어

/ 잡지 〈베너티 페어〉에 실린
드와이트 무디의 그림

져 죽어 있었습니다. 여러분! 오늘날 교회가 이와 같지 않습니까? 얼
마나 많은 아버지와 어머니, 남녀 기독교인이 지금 자녀가 무시무시
한 절벽에서 까마득히 깊은 구덩이를 향해 발을 곧 내어딜으려 하는
이때에 자고 있습니까? 아버지와 어머니여! 당신의 자녀는 오늘 밤
어디에 있습니까?"

드와이트 무디는 죄를 깨달은 사람을 집회 장소 앞 쪽에 준비된 '결
단의 자리'로 나오도록 초청했다. "죄인은 앞으로 나오십시오!" 하고 외
치는 호소 방식이 대중 전도 집회의 전형으로 자리잡게 되었다. 이런
모습은 한국에서 부흥집회를 할 때 앞으로 불러내는 구원 초청에서도
많이 경험하는 것이다. 부끄러워 앞으로 나오지 못한 사람을 위해서는
상담실로 오도록 초청해 그들의 개종을 도왔다. 어떤 역사가는 드와이
트 무디를 평가하기를 "십자가까지는 아르미니안주의자요, 그것을 넘
어서는 칼뱅주의자다"라고 말한다. 드와이트 무디는 찰스 스펄전이 주
후 1886년 개발해 사용하던 '글 없는 책'에 황금색을 더해 글을 읽지
못하는 사람에게 복음을 전하는 방법을 사용하기도 했다.

드와이트 무디는 사역 말기에 교육으로 방향을 전환했다. 그는 소녀를 위한 신학교와 소년을 위한 신학교, 그리고 시카고 성경학교를 세웠다. 그가 죽은 후 토레이(R. A. Torrey, 주후 1856-1928)가 학장으로 일했다.

그의 사역은 교회의 경계를 뛰어넘어 연합체를 형성했다. 또 교회에는 다니지만 구원의 확신이 없는 자들이 회심하는 부흥이 모든 교단에 공통으로 나타났다. 다양한 교단이 무디를 도와 복음전도 사역에 협력했다. 그들은 금주에 앞장섰고 도덕과 사회 개혁을 겸한 부흥운동을 일으켰다.

이런 부흥주의자들은 복음뿐만 아니라 삶도 증진시키도록 '케직사경회'의 성령론을 받아들였다. 케직사경회는 영국에서 일어난 성결운동으로, 첫째, 그리스도인의 삶은 전적으로 인간 책임이므로 스스로 결단해야 한다고 보았다. 둘째, 그리스도에게 완전히 항복할 때 제2의 축복 혹은 성령세례를 받아 능력으로 거룩하게 된다고 가르쳤다.

무디의 부흥은 19세기 후반 미국 교회 분위기를 이끈 큰 동력이었다. 이때 많은 청년들이 선교사로 지원했다. 구한말 조선에 온 미국 선교사들은 바로 이 영적 흐름 안에 있었다.


| 교회는 노동자의 고단한 삶 속으로 들어가지 못했다

미국은 집약적 과학 발전과 급격한 사회변화로 통제 불능의 상황으로 치닫고 있었다. 산업혁명은 자본주의라는 바람을 따라 항해를 시작했지만 그 방향이 맞는지 아무도 의심하지 않았다. 도시화를 따라 인구가 도시로 몰리자 농촌은 퇴락했다. 주후 1860-1890년 30년간 뉴욕

과 필라델피아, 볼티모어의 인구는 배로 늘었다. 캔자스와 디트로이트의 인구는 4배로 늘었고, 시카고는 10배, 로스엔젤레스는 20배, 미니애폴리스는 50배가 증가했다.

주후 1869년, 대륙 횡단 철도가 완성되었다. 미국의 동서가 철도로 연결되었다. 에디슨은 전구와 축음기를 발명했다. 코닥 카메라가 만들어지고, 주후 1876년에는 벨이 전화기를 발명했다. 주후 1874년에는 타자기가 개발되어 사무실에 엄청난 문화 혁명을 일으켰다. 주후 1903년에는 라이트 형제가 비행기를 만들어 항공시대를 개척했다. 모든 공산품은 기계를 이용해 분업화하고 대량생산을 하게 되었다. 바로 산업혁명이다.

산업혁명은 인간의 삶에 커다란 이득을 준 것이 사실이지만, 다른 한편 어두운 면도 발생시켰다. 경제가 성장하면서 사회적 빈부 격차가 심각해졌다. 미국은 자유국가이기에 경제 활동에 무한 자유가 보

/ 대량생산하고 있는 공장

장되었다. 하지만 무한 자유는 방임이라는 예상치 못한 사회적 문제를 낳았다. 산업혁명으로 시민의 월급이 늘어나기는 했지만 노동자의 삶은 비참해졌다. 산업혁명의 유익은 고스란히 소수의 기업주에게 돌아갔다.

/
1901년 잡지 〈퍽〉에 실린 존 록펠러의 풍자 그림

기업가는 서로 경쟁에서 이기기 위해 상대 회사를 무너뜨렸다. 강한 기업만 살아남았다. 기업주는 경쟁력을 높이기 위해 임금을 낮추고 노동시간을 늘렸다. 노동자는 하루에 12시간 이상 중노동을 해야 했다. 물가가 올라 제대로 먹지 못해 노동자는 쉬 병이 들고 그러면 쉬 해고되었다. 억울하지만 어디에 호소할 수도 없었다. 노동자는 일을 마친 후 집에 돌아오면 힘든 몸을 달래기 위해 폭음을 했다. 일확천금을 얻기 위해 쉽게 도박에 빠지기도 했다. 이때 유아 사망률이 20%에 달할 정도로 비참한 삶을 살았다.

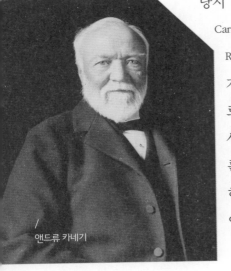

/
앤드류 카네기

당시 대표적 기업가는 앤드류 카네기(Andrew Carnegie, 주후 1835-1919)와 존 록펠러(John D. Rockefeller, 주후 1839-1937)다. 앤드류 카네기는 철강회사로, 존 록펠러는 석유회사로 성공했다. 이들은 자선재단을 만들어 사회적으로 훌륭한 일을 했다. 하지만 다른 측면에서 보면 그 돈은 노동자를 착취하고 경쟁사를 무너뜨리고 얻은 것이다. 이런 기업의 횡포에 대항하기 위해 노동

조합이 결성되고 투쟁이 등장하기 시작했다.

보수적 경향을 가진 교회는 이런 사회적 변화에 민감하지 못했다. 그에 비해 자유적 성향을 가진 교회는 사회, 경제적 원리에 복음을 적용하려고 고민했다. 성경적 복음이란 단지 죄만 해결해 주는 것이 아니라, 사회의 악으로부터도 해방시켜야 한다고 했다. 그런 신학을 '사회복음'the Social Gospel이라고 부른다.

유럽으로부터 이민도 늘어났다. 주후 1907년에는 한 해에 무려 128만여 명이나 이민을 왔다. 스페인과 프랑스에서 로마 천주교인이 많이 들어왔고 유대인도 희망의 땅 미국으로 건너왔다. '아메리칸 드림'을 꿈꾸며 말이다. 아메리칸 드림이란 누구나 열심히 일하면 돈과 명예를 얻을 수 있다고 믿는 이민자의 기대이다. 주후 1790년에 겨우 3만 명이었던 로마 천주교인이 1900년에는 무려 1,200만여 명이나 되었다. 이들은 대부분 도시에 정착했고 인종과 국가별로 게토를 이루며 살았다. 이제 더 이상 미국은 개신교인의 나라라고 말할 수 없게 된 셈이다. 더구나 도시에서의 개신교 영향력은 이전에 비해 약화되었다. 개신교 신앙은 더는 사회에 큰 영향을 주지 못하고 교회 안에만 머무는 자기들만의 종교가 된 것처럼 보였다.


## | 자유주의 신학의 다양한 견해를 인정해야 하는가

독일 계몽주의 영향을 받은, 곧 성경 비평학으로 대변되는 자유주의 신앙은 미국 교회에서 큰 인기였다. 영국의 찰스 다윈(Charles Darwin, 주후 1809-1882)이 주후 1859년에 《종의 기원》을 출판한 후 진화론은 미국 교회에 치명적인 영향을 미쳤다. 이런 급진적 변화를 본 일부 개신교 보수주의자들은 "말세야, 말세!"라며 혀를 차곤 했다. 나이아가라 지역을 중심으로 '국제 예언 사경회'라는 것을 개최해 세계 종말에 관해 연구하고 나이아가라 신조를 작성하기도 했다. 이런 움직임은 나중에 주후 20세기 초에 나타나게 되는 근본주의 운동의 시발점이 된다.

이처럼 유럽에서 시작해 미국에 자리잡은 신앙적 자유주의가 현대주의, 모더니즘이라는 형태로 활개를 치기 시작했다. 이들은 신앙을 현대 문화에 적용해야 한다고 믿었다. 또한 기적을 믿지 않았다. 하나님은 자연과 역사 속에 자연법을 통해 일하시기 때문에 기적이나 이적은 지어낸 이야기에 불과하다고 여겼다. 하나님 나라가 아니라 이 땅에 인간의 나라를 세우려 했다. 인간은 이성을 이용해 그것을 능히할 수 있다고 보았다. 동시에 주관적 경험과 느낌을 강조하면서 정통 교리를 멸시했다. 윤리가 교리를 대체했고 믿음보다 행위를 강조했다. 이런 자유주의 신학과 신앙은 점점 교회를 잠식해 갔다.

주후 1922년 5월 21일 뉴욕 제일장로교회 주일 아침 예배에 '근본주의자들이 이길 것인가?'라는 주제로 설교를 한 장로교 목사가 있었다. 해리 포스딕(Harry E. Fosdick, 주후 1878-1969)이다. 그는 성경의 영감과 그리스도의 동정녀 탄생, 그리스도의 대속과 재림 같은 교리에 대해 보수적 입장과 자유주의 입장이 있으니, 교회는 모든 생각을 포용해야 한다는 '관용'을 주장했다. 주후 1923년 필라델피아 노회는 총회에서 그의 신학을 문제 삼았다. 그러나 이듬해 해리 포스딕이 교회를 사임하는 바람에 아무런 조치도 취하지 못하고 끝났다.

당시 총회장이었던 클래런스 맥카트니(Clarence E. N. Macartney, 주후 1879-1957)는 '불신앙이 이길 것인가?'라는 주제로 설교를 하며 자유주의에 맞섰다. 프린스턴신학교 교수, 존 그레섬 메이천(John. G. Machen, 주후 1881-1937)도 《기독교와 자유주의》라는 책을 써 자유주의에 대항했다.

/ 〈타임〉에 실린 헤리
포스딕의 그림

목사는 임직을 받을 때 신앙고백과 요리문답을 따르고 설교하겠다고 약속한다. 그 서약을 어기고 강단에서 자유주의 신학을 가르친다면 정직하지 않은 것이다. 목사가 교회의 신앙고백에 동의하지 않으면 교회를 떠나면 된다. 하지만 자유주의자들은 교회를 떠나지 않고 버텼다.

해리 포스딕 사건 이후 장로교회 안에 있던 자유주의 목사들은 자신들의 입장을 행동으로 옮겼다. 주후 1923년 12월 26일 뉴욕 어번에 150여 명의 장로교 목사들이 모여 총회에 항의하는 선언문을 만들었다. 그리고 다음해 1월 선언문을 전국 교회에 뿌렸다. 그 내용은 더 이상 정통 교리에 얽매일 필요가 없다는 선언이었다. 같은 해 5월, 무려 1,293명의 목사와 장로들이 그 선언문에 동의하며 서명을 했다. 이것을 '어번 선언문'이라고 부른다. 어번 선언문은 "예수 그리스도의 동정녀 탄생, 그의 대속의 죽음, 그의 부활, 그가 행한 기적, 성경의 권위와 같은 주요 신앙은 인정하지만, 그것에 대한 견해는 다양할 수 있다. 교회는 다양한 견해를 인정해야 한다"고 말했다.

교회는 그런 목사들에게 아무런 조치도 취하지 않았다. 그것은 교회가 영적으로 손해를 보게 되는 잘못이었다. 결국 교회가 그런 생각을 교회 내에 허락한 격이 되고 말았다. 주후 1920년대 후반에는 자유주의 목사들이 교단 내 중요한 위치를 차지하면서 주류를 형성하게 되었고, 자유주의자들이 근본주의자들을 교회에서 내쫓는 단계로까지 발전하게 되었다.


| 근본주의, 자유주의에 대항하다

근본주의는 신학적 자유주의에 반발해 등장했다.

근본주의 운동은 유니언 석유회사의 두 경영인의 도움으로 활발하게 진행되었다. 라이먼 스튜어트(Lyman Stewart, 주후 1840-1923)와 밀턴 스튜어트(Milton Stewart, 주후 1838-1923)다. 그들은 익명으로 근본주의 운동을 위해 후원했다.

후원금으로 《근본적인 것들》이라는 소책자 12권을 제작해 미국 전 교회와 목회자에게 보냈다. 이 책은 미국 교회가 자유주의에 잠식되어 가던 때에 놀라운 역할을 했다. 주후 1919년에는 '세계 기독교 근본주의 협회'가 설립되었다. 교인들은 점차 성경 무오, 즉 성경의 원문에는 오류가 없고 성령 하나님은 역사적 상황에서 인간 저자의 개성을 사용하셨다는 것을 믿기 시작했다.

그러나 근본주의자들 중 일부는 '문자주의'에 빠지기도 했다. '성경주의'라고 불리기도 한다. 성경 본문을 하나님이 주신 상식과 지식으로 이해하기보다는 문자 자체에 신령한 힘을 부여했다. 성경 내용을 시간과 공간의 차이 없이 읽고 이해하고 받아들여 적용하려 했다. 이런 태도는 예수님의 기적과 부활을 믿는 데는 긍정적으로 작용했지만 요한계시록을 상징적 의미로 보지 않고 문자적으로 해석하는 경향으로 흐르기도 했다.

교회 가운데 스며들기 시작한 현대 자유주의에 대항해 가장 적극적으로 싸운 사람은 존 그레섬 메이천이다. 그는 독일에서 공부할 때 자유주의 분위기 속에서 믿음을 확신할 수 없어 갈등을 겪었다. 독일 신학이 자유주의로 물들어 있었기 때문이다. 그는 웨스트민스터 신앙고백을 읽고 공부하면서 성경의 진리를 확신하게 되었고 후에 미국으로 돌아와 프린스턴신학교에서 교수로 활동했다.

존 그레섬 메이천은 당장 자유주의 신학의 문제를 밝히는 책을 쓰기 시작했다. 《그리스도의 동정녀 탄생》, 《바울 종교의 기원》, 《기독교와 자유주의》라는 책으로 정통 신앙을 변호했다. 그는 북장로교회가 점차 신앙고백을 지키는 것보다 전도를 위한 교회의 연합운동을 전개하자 우려를 표명하기 시작했다. 하지만 존 그레섬 메이천 한 사람이 교회의 흐름을 바꾸기에는 역부족이었다.

/ 존 그레섬 메이천

그가 싸웠던 것은 첫째, 성경 교리로부터 벗어나는 자유주의였다. 둘째, 동료 복음주의자들의 교리적 무관심이었다. 그는 교리에는 관심이 없고 복음전도와 교회연합에만 매달리는 것을 반대했다. 아울러 근본주의자들이 창조의 기간이나 혹은 종말의 순서에 연연하며 지나치게 논쟁하는 것을 너무나 답답하게 생각했다. 오히려 교회는 예수님의 생애와 죽음과 부활의 역사성에 대해 적극적으로 대답해야 한다고 보았다.


## | 제1차 세계대전, 인간 탐욕의 처참한 결론

주후 20세기 초반만 해도 하늘은 늘 맑기만 할 것 같았다. 하지만 곧 먹구름이 엄습하기 시작했다. 끔찍한 전쟁의 암흑이 다가온 것이다.

주후 1914년부터 4년간 계속된 제1차 세계대전은 세계 역사 가운데 가장 끔찍한 사건으로 기록된다. 전쟁 희생자가 무려 천만여 명이었다. 계몽주의를 주장하며 이성을 강조하던 인간이 어떻게 이렇게 어리석은 싸움과 전쟁을 했을까? 미래에 대한 낙관은 이제 비관으로 바뀔 수밖에 없었다. 인간이 얼마나 잔인하고 폭력적인지 알 수 있었다.

제1차 세계대전은 유럽 국가들이 아프리카와 발칸반도에서 식민지를 넓히기 위해 총과 칼로 탐욕을 부리다가 발발한 것으로 본다. 계몽주의와 산업혁명으로 희망찬 세상이 다가올 것이라 전망했지만, 전쟁의 결과는 처참했다. 과학 발전과 기술 개발은 전쟁을 더 잔악하게 만들었다. 전쟁에는 승자가 없고 패자만 있을 뿐이다. 승전국의 상흔은 이루 말할 수 없을 정도였다. 독일, 오스트리아, 오스만 투르크 같은 패전국은 본토와 식민지 영토를 잃고 천문학적 배상금을 물어야 했다. 전쟁은 끝났지만 상처는 치유되기 어려웠다.

당시 세계는 프랑스 대혁명이 불러일으킨 하나님에 대한 불신앙에 굉장히 매료되어 가고 있었다. 왕 되신 하나님을 인정하는 기독교 정

/제1차 세계대전 모습

신은 사라지고 있었다.

제1차 세계대전이 끝나 갈 무렵 러시아 황제와 그 가족이 모두 살해당하고 레닌(V. I. Lenin, 주후 1870-1924)이 정부를 장악했다. 이후 등장한 인물은 가난한 신발공의 아들인 스탈린(J. Stalin, 주후 1878-1953)이다. 그도 역시 하나님과 왕정제도를 부정했다. 스탈린은 스스로 신과 같은 절대 왕이 되려 했다. 그는 러시아를 배신과 테러와 폭력으로 다스렸다. 자기에게 반대하는 사람들을 모조리 숙청했다. 수백만 명의 사람이 스탈린에 의해 죽거나 제거당했다.

독일에도 주후 1918년 이후 혁명이 일어났고 프러시아의 황제는 네덜란드로 망명했다. 주후 1933년에는 히틀러(A. Hitler, 주후 1889-1945)가 권력을 잡았다. 히틀러도 시대의 아들이었다. 그도 스탈린처럼 피와 폭력으로 나라를 다스렸다.

이탈리아에도 비슷한 지도자인 무솔리니(B. Mussolini, 주후 1883-1945)가 등장했다. 그도 아주 작은 시골 마을에서 태어난 평범한 사람이었지만, 자신을 유일한 군주로 자처하며 힘과 무력으로 나라를 다스리며 파시즘을 창시했다.

일본도 전체주의가 지배했다. 천황을 중심으로 뭉쳐 대동아공영론을 외쳤다. 아시아는 서구의 힘에 대항해 일본을 중심으로 뭉쳐야 한다는 어처구니없는 이론이다. 일본은 한국을 병합하고 중국과 동남아시아국가들을 지배했다.

이렇게 세계는 강력한 국가를 이루려는 네 나라를 중심으로 큰 변화를 겪고 있었다. 러시아에는 공산주의, 독일에는 국가 사회주의, 이탈리아에는 파시즘, 일본에는 대동아공영론이 유행했다. 히틀러는 나치당을 만들어 국수주의를 외쳤다. 러시아의 공산주의는 전 세계로 확장됐다.

주후 1930년대의 유럽의 상황은 매우 불안하고 위험했다. 하나님을 인정하지 않고 이성을 신뢰하던 인간이 만든 세상은 어떤 모습이었을까? 인간 탐욕의 결과는 서로 죽고 죽이는 전쟁으로 끝나고 말았다. 모든 것이 불확실한 시대였다.

## | 기독교는 제거해야 할 아편 같은 것, 공산주의

주후 1917년 러시아 혁명은 공산주의 국가 '소련'을 탄생시켰다. 본래 '공산'이라는 단어는 함께 생산하고 함께 나눈다는 경제, 사회적 용어다. 공산주의는 계급과 차별이 없는 평등한 사회를 바라는 사람의 마음을 반영한 매력적인 생각으로, 고대 철학자 플라톤의 《국가》나 토머스 모어의 《유토피아》에서 그 기원을 찾을 수 있다. 심지어 사도행전 2-4장에 등장하는 초대교회에서도 재산을 유무상통하는 모습을 볼 수 있다.

그런데 근대적 의미의 공산주의는 물리적, 정신적 강압과 폭력으로 그런 이상사회를 이루려고 했다는 점에서 차이가 있다. 카를 마르크스와 프리드리히 엥겔스(F. Engels, 주후 1820-1895)가 주후 1848년 발표한 '공산당 선언'은 러시아 혁명을 이뤄 낸 레닌에게 이론적 기초를 제공했다. 이 공산주의는 타락한 천민자본주의의 병폐로 자생한 것이다. 공산주의가 내세운 허황된 구호인 '공산주의 사회'는 지금까지 이 땅에서 한 번도 실행되지 못했다. 주후 1988년 소련의 고르바초프가 등장하며 '개혁과 개방'을 시작으로 공산주의는 내리막길을 걸었다. 지금은 중국, 쿠바, 북한 등 몇 나라에만 남아 있을 뿐이다.

주후 19-20세기에 공산주의 이론과 실재는 인류 역사에 엄청난 악영향을 미쳤다. 여러 나라에 일어난 공산주의 혁명은 사실 프랑스 대혁명의 자식들인 셈이다. 그 공통점 가운데 하나가 바로 폭력이다. 소련의 공산정부는 2-4천만여 명의 시민을 살해했다고 전해진다. 인간에게 국가와 사회의 구성과 운영을 맡길 때 필연적으로 나타나는 죄의 결과이다. 공산주의는 자본주의 근본에 기독교가 있다고 보고 종교를 제거해야 할 '아편'으로 여겼다. 모든 공산주의 국가에서는 기독교를 뿌리 뽑기 위해 전례 없는 핍박을 가했다. 그리스도인은 공산주의 정부 밑에서 엄청난 핍박을 받았고 교회는 거의 소멸될 위기에 처했다. 교회는 지하로 숨어들어가야 했다. 지금도 북한의 지하교회는 초대교회가 로마의 핍박으로 인해 카타콤으로 숨어들어 신앙생활을 했던 것과 같은 고통을 겪고 있다.

공산주의는 제2차 세계대전 이후 더 확산되었다. 주후 20세기 후반은 자유주의 국가와 공산주의 국가의 냉전의 역사였다. 스탈린은 "전쟁이란 우연의 결과나 인간 의지의 산물이 아니며 그 원인은 자본주의 체제 자체에 있으므로 자본주의의 제거만이 전쟁을 근멸시킬 수 있다"고 주장했다. 반대로 자유주의 국가는 공산주의를 척결해야 할 세력으로 보았다.

한국전쟁(주후 1950-1953)으로 공산주의와 자유주의의 대립은 더 극으로 치달았다. 소위 '빨갱이'에 대한 공포는 대단했다. 미국의 베트남 전쟁 개입(1964-1973)은 공산주의에 대한 공포로 시작된 대표적 사례다. 미국 개신교회는 공산주의를 사탄의 세력으로 보고 반드시 없애야 할 것으로 여겼다. 미국의 저명한 복음전도자 빌리 선데이(Billy Sunday, 주후 1862-1935)는 공산주의자들을 추방하는 것으로는 충분하지 않고 그들을 한 줄로 세워 놓고 총살시켜야 한다고 외쳤다.

사실 공산주의자는 공산국가 안에만 있지 않고 여러 형태로 자유주의 국가 안에도 존재했다. 미국 사회 안에도 당연히 공산주의자 혹은 사회주의자가 있었다. 이런 이유로 마녀사냥 같은 일도 일어났다. 주후 1950년대 초 미국의 상원의원 매카시(J. McCarthy, 주후 1909-1957)가 미국 정부의 고위직에 공산주의자가 침투해 체제 전복을 꾀하고 있다는 근거 없는 고발을 해 미국 전역을 떠들썩하게 만든 것이다. 그의 고발은 엄청난 파장을 일으켰고 그 후에도 수많은 사람의 관심을 끌었다. 동부 유럽과 중국, 한국전쟁으로 공산주의에 대한 두

/ 1950년 9월 15일 한국전쟁에서
인천 상륙 작전을 지휘하고 있는 맥아더 장군

려움이 극에 달한 시점에 매카시의 무자비한 공격은 설득력이 있었다. 그러나 후에 그는 상원의원의 신분을 벗어난, 천한 행동을 했다는 이유로 동료의원으로부터 공식적으로 비난을 받았다. 이로써 한 시대를 풍미했던 매카시즘 시대는 막을 내렸다.

기독교를 박해한 정부는 언제나 어떤 사상과 힘을 대동했다. 주후 19세기와 20세기를 지배했던 공산주의는 기독교를 말살하려 했다는 점에서 무서운 사탄의 도구였다.


## | 자본주의와 공산주의가 극명하게 갈리다

제2차 세계대전은 전체주의 세 국가독일, 이탈리아, 일본가 자본주의와 공산주의 연합국프랑스, 영국, 소련, 미국, 중국에 대항해 싸운 전쟁으로 사망자만 무려 3,500만-6,000만여 명에 달하는 전무후무한 전쟁이었다.

독일은 제1차 세계대전의 패배로 심각한 패배감에 빠져 있었다. 그때 독일 민족의 자존심을 세워줄 지도자가 나타났는데, 바로 히틀러였다. 주후 1933년 히틀러가 나치당을 통해 독일을 장악했다. 그는 독일 아리안 족이 세상에서 가장 우수하다고 믿었다. 그는 독일이야말로 전 세계를 문명화할 사명을 지닌 국가라고 주장했고, 이 같은 주장은 절망에 빠져 있던 독일인들의 마음을 사로잡았다. 독일 개신교회 다수는 이미 자유주의 신학에 물들어 히틀러의 비신앙적 문제를 볼 수 있는 지혜가 없었다.

루터교회는 독일인의 인종적 우수성과 민족주의를 지지하는 독일 기독당을 만들었다. 이런 분위기는 유대인을 증오하는 히틀러의 정책과 맞아떨어졌다. 이렇게 독일에는 주후 1933년 연합독일복음주의교회가 생겼다. 독일 교회는 나치당의 하수인이 되고 말았다.

이에 대항하는 소수 교회 지도자들은 고백교회를 만들어 '바르멘 선언'을 통해 히틀러에 맞섰다. 이들은 즉각 체포되어 옥살이를 해야 했다. 그 가운데 대표적인 인물이 본 회퍼(D. Bonhöffer, 주후 1906-1945)이다. 그는 옥에서 많은 책들을 썼고 주후 1945년 4월 9일 제2차 세계대전이 끝나기 전 사형에 처해졌다.

그리고 히틀러는 주후 1939년 전쟁을 일으켰다. 무시무시한 살육이 벌어졌다. 유럽은 삽시간에 전쟁의 도가니가 되었다.

제2차 세계대전이 진행되던 때 미국은 영국과 프랑스에 군수물자를 제공했다. 공산주의 국가에는 마음이 내키지 않았지만, 히틀러를 그냥 둘 수 없었기에 미국은 소련에도 군수품을 지원했다. 그러다가 주후 1941년 일본의 하와이 진주만 폭격으로 미국은 본격적으로 제2차 세계대전에 개입하게 되었다. 연합군의 승리로 독일을 물리쳤지만, 연합군 편에서 싸웠던 소련의 영향력이 커졌다. 그로 인해 여러 동구권 나라들이 대거 공산주의 국가로 전락했고 북한도 소련의 영향 아래 들어갔다.

중국도 태평양 전쟁에서 일본과 싸울 때 미국의 지원을 받았다. 중국의 총통 장제스(蔣介石, 주후 1887-1975)는 공산당 척결을 중단하고 일본과 싸워 승리했다. 그러나 장제스는 곧 부패했고 공산당에게 패배했다. 그는 지금의 타이베이로 피난했다. 결국 중국 본토는 주후 1949년 공산당이 중화인민공화국을 설립하여 공산국가가 되었다. 그 후 중국에는 기독교 박해가 조직적으로 이루어졌고 대부분의 교회는 지하로 숨어들어야 했다. 단지 국가가 검열하는 삼자교회만이 인정될 뿐이다.

제2차 세계대전은 전 세계를 자본주의 국가와 공산주의 국가로 양분하는 계기가 되었다. 특별히 전후 독일을 어떻게 처리할 것인가를 결정할 때 나타났다. 독일은 동독과 서독으로 나눠졌다. 동독은 소련이 점령하고 서독은 영국, 프랑스, 미국, 이렇게 3국이 점령했다. 뿐만 아니라, 동독에 섬처럼 있던 베를린은 동과 서로 나눠졌다. 베를린 중간에 철망이 쳐졌고 장벽이 생겼다. 주후 1989년 11월 9일 이 장벽이 무너지며 독일이 하나의 나라로 통일되었다.

이렇게 세계는 자유진영과 공산진영으로 나눠져 오랜 냉전이 시작되었다. 마치 철로 장막이 쳐진 것과 같았다. 그래서 '철의 장막'이라는 말이 생겼다. 대한민국에는 아직도 철의 장막이 남아 있는 셈이다.

제2차 세계대전 후 공산국가에서는 교회가 심각한 박해를 받아야 했다. 그에 비해 자유 민주국가에서는 그동안 경험하지 못한 평화와 번영을 누렸다.

문제는 교회 외부가 아니라 내부에서 시작되었다. 전후 서구 교회는 심각한 세속화의 공격에 고전해야 했다. 스웨덴, 덴마크, 노르웨이, 서독, 영국 등 전통적으로 개신교회 국가에서 교회 출석과 활동 참여가 둔화되었다. 어떤 나라에서는 개신교인의 비율이 전체 인구의 10% 이하로 떨어졌다.

## | 자유주의는 선교지에서도 말썽이었다

주후 19세기는 선교의 세기라고 해도 과언이 아닐 만큼 수많은 선교
사들이 세계 곳곳으로 파송되었다. 그에 따라 선교에 대한 이해가 다
양해졌다. 자유주의자가 주장하는 선교는 부흥운동적 복음주의자와
달랐다. 물론 정통 개혁신학적 선교도 아직 분명하게 정리되지 않았
다. 그와 관련해 장로교 프린스턴신학교 교수인 메이천도 선교에 관
심을 기울였다.

북장로교회의 해외 선교부에는 철학 교수 윌리엄
호킹(William E. Hocking, 주후 1873-1966) 박사가 주도한
연구가 있다. "선교를 재고한다: 선교 100년에 대한
평신도 조사"라는 제목의 보고서를 보면 자유주의적
냄새가 많이 풍긴다. 이 보고서에 따르면 기독교는
배타적이어서는 안 되고 효과적으로 전도하기 위해
타종교와 협력해야 한다고 주장했다. 선교에 대한 입
장이 상당히 개방적이었다.

/펄 벅의 얼굴이 들어간 우표
1983년 발행

아버지를 따라 중국 선교사로 활동하던 펄 벅(Pearl S. Buck, 주후
1892-1973)은 윌리엄 호킹의 보고서를 읽고는 찬사를 보냈다. 그녀는
〈하퍼즈〉라는 잡지에 호킹의 관점에서 새로운 선교적 입장을 피력했
다. 이 글은 교회 가운데 엄청난 파장을 불러일으켰다. 이런 내용을 담
고 있다.

"선교사인 우리 가운데 어떤 이들은 그리스도가 누구인지, 그리스
도가 어떤 분인지 관심이 없습니다. 아마도 '그리스도가 어떤 분이
야?' 하는 것은 우리 삶에 별로 중요한 것이 아닐 것입니다. 그리스도

가 어떤 분이냐고 물으신다면, 물론 저는 '그분을 존경한다'고 말할 것입니다. 아마 그리스도는 역사상 가장 선한 분일 것입니다. 그게 그리스도에 대한 전부입니다."(*Christian Century* 49. 23 Nov. 1932)

뭐가 문제일까? 펄 벅의 생각은 메이천이 염려하며 지적했던 문제를 잘 드러내고 있다. '예수님이 어떤 분인지 관심이 없다'는 것은 복음에 대해 무관심하다는 뜻이다. 복음은 교리이고, 교리는 예수님의 가르침인데 말이다!

펄 벅은 주후 1931년 《대지》라는 책을 출판해 유명인사가 되었다. 주후 1932년 퓰리처상을 수상했을 정도이다. 그녀의 영향력은 북장로교회뿐만 아니라 미국 사회에서 대단했다. 펄 벅은 선교사를 '수준 낮은 사람'으로 표현하며 비판의 날을 세웠다.

미국 북장로교회는 발칵 뒤집혔다. 선교사가 복음보다 문화에만 관심을 갖는 것을 보고만 있을 수 없었다. 선교부는 펄 벅을 면직시켰다. 물론 북장로교회는 "선교를 재고한다"라는 보고서를 받아들이지 않고 반대 보고서를 썼다. 남장로교회도 반대 입장을 분명히 했다. 북장로교회는 보고서에서 "아예 선교를 하지 말고 예수님을 다시 십자가에 못 박아 버리지!"라며 비꼬면서, "코브라에 물린 사람에게 빵과 우유로 반죽된 고약을 붙여 준 것과 같다"고 일축했다. 그런데 아이러니하게도 미국 북장로교회는 그 보고서에서 염려했던 방향으로 변해 갔다. 미국의 선교 정책은 영혼 구원보다는 교파 간의 협력과 사회정의, 그리고 토착교회의 설립으로 기울었다.

펄 벅은 선교사였지만, 복음을 전하는 사람이 아니었다. 그녀는 그냥 현지 문화에 들어가 함께 살았을 뿐이다. 그것이 선교사의 역할이라고 본 것이다. 복음보다는 인간적 삶이 더 중요하다고 생각한 것이다. 자유주의 신학이 선교에도 깊숙이 영향을 미치고 있었다.

펄 벅은 개인적으로 엄격한 선교사 아버지의 삶을 싫어했다. 그의 아버지는 근본주의 미국 장로교 선교사였다. 근본주의자는 성경에 기록된 것을 그대로 믿겠다는 열정은 있지만, 성경 전체를 잘 정리한 교리적 지식은 좋아하지 않았다. 열심히 성경 말씀을 전하기는 했지만, 정작 복음을 전하는 자신은 복음의 능력을 자신에게 적용하지 못하는 경우가 많았다. 근본주의자들은 믿음과 삶이 일치하지 않았고, 종종 그들이 믿고 행동하는 것이 한 쪽으로 치우치는 경우도 많았다.

이런 근본주의적 경향은 미국뿐만 아니라 선교지에서도 종종 문제를 일으켰는데 펄 벅의 경우도 마찬가지였다. 부모의 근본주의적 삶에 실망한 자녀들은 자유주의 신앙을 가진 기독교인의 멋진 삶에 감동하곤 했다. 자유주의자는 복음보다는 멋진 삶을 더 중요하게 생각했다. 교리적 배경이 없으니 삶의 모습이 더 매력적으로 보였던 것이다.


| 진화론이 창조신앙을 위협하다

근본주의는 갈수록 보수주의 기독교로부터 지지를 잃어 갔다. 주후 1925년, '원숭이 재판'이 결정적인 계기가 되었다.

이 무렵 시작된 진화론은 기독교의 창조 신앙을 위협하고 있었다. 학교에서도 진화론을 가르치는 일이 많아지자 기독교인이 나서서 진화론을 공립학교에서 가르치지 못하도록 하는 법을 만들었다. 예를 들면 주후 1923년 이후 남부 몇 개 주에서 '반 진화론 법'을 만들었다.

주후 1925년 테네시 주에서 통과된 법이 가장 엄격했는데, 세계근본주의협회 회장 존 버틀러(J. W. Butler, 주후 1875-1952)가 주의회에 압력을 넣어 통과시킨 '버틀러 법'이다. 그 법은 공립학교에서 다윈의 진화론을 가르치지 못하도록 금지했다. 그러나 이 법안은 현실적으로 무리였다. 공립학교 과학 교과서에는 이미 진화론 내용이 포함되어 있었다. 버틀러 법을 적용하면 교사가 기존 교과서를 가르칠 경우 법을 어기는 상황이 되고 말았다.

미국시민자유연합이 앞장서 이 법안에 반대했다. 이 단체는 젊은 생물교사 존 스코프스(John Scopes, 주후 1900-1970)를 앞세워 불복종 운동을 전개했다. 주후 1925년 5월 5일 스코프스는 버틀러 법을 무시하고 학생에게 진화론을 가르쳤다. 그는 고소를 당했고 재판을 받게 되었다. 데이턴이라는 작은 도시에서 일어난 사건이지만, 원고 측과 피고 측 변호사들은 미국에서 유명한 거물급들이었다. 이 재판은 전국적 관심을 받았다. 라디오를 통해 전국에 전해졌다.

스코프스에게 100달러의 벌금형이 내려졌다. 그런데 이 시도는 보

/1925년 7월 20일 브라이언과 대로우가 논쟁하는 모습

수 기독교에 불리한 결과만 낳았다. 재판은 승리했지만 여론에서는 졌다고 하는 것이 맞을 것이다.

근본주의 측 변호사는 윌리엄 브라이언(W. J. Bryan, 주후 1860-1925)이 었고 스코프스 측 변호인은 미국시민자유연합의 변호사 클레런스 대로우(Clarence W. Darrow, 주후 1857-1938)였다. 클레런스 대로우는 윌리엄 브라이언에게 "가인은 어디에서 아내를 얻었나요?" 하고 질문했다. 윌리엄 브라이언은 대답할 수 없었다. 그 모습이 시민들에게는 바보처럼 비춰졌다. 클레런스 대로우는 성경이 얼마나 비논리적이고 비과학적인지를 조목조목 공격했다. 창조 신앙은 이성의 잣대로 공개 모독을 받았다. '뉴욕 타임스'는 재판 첫날부터 브라이언을 "진짜 무식한 자!" 혹은 "멍청한 돌대가리"라고 대놓고 비난했다.

본래 기독교 신앙, 창조신앙은 과학과 논리로 증명할 수 없다. 하나님의 무한한 능력을 어떻게 인간의 짧은 지식으로 증명할 수 있겠는가! 성경은 인간의 궁금증에 답하는 참고서나 백과사전이 아니다. 모든 질문에 즉각 대답을 찾을 수 없다.

결국 근본주의가 법적으로 진화론을 공격하며 저지했지만, 주후 1967년 버틀러 법은 폐지되었다. 근본주의는 현대주의, 자유주의의 관용적 태도를 반대하고 비판하고 대항했다.

사실 현대주의자의 공격은 진화론뿐만 아니라 삶의 모든 영역에 이미 침투했고 기독교 신앙에 큰 상처를 내고 있었다. 인간에 대한 낙관적 견해, 성경의 권위에 대한 고등비평, 종교 다원주의 문제, 진화론적 과학과 신학의 문제 같은 것들이다. 근본주의는 이런 공격에 잘 대처하고 적극적으로 방어했다. 하지만 근본주의가 기독교 신앙을 불신자에게 적극적으로 선포하는 데는 얼마나 많은 관심을 기울였을까?

근본주의는 현대 학문과 업적을 회피하고 신앙을 개인 경건으로 축소시키는 잘못을 범했다는 비판을 면치 못했다. 근본주의가 세상의 삶과 문화를 회피하는 동안 현대주의는 그 영역을 모두 자기 영역으로 독차지하고 말았다. 현대주의는 신앙을 도덕으로 대체했다. 그 결과 복음은 '사회복음'이 되고 말았다. 현대주의는 근본주의라는 딱지를 받을까 봐 두려워했다. 반대로 근본주의는 현대주의라는 딱지를 받을까 봐 염려하며 극단으로 달려갔다. 주후 20세기 중엽까지 이 두 극단은 서로 대치하며 치열한 싸움을 했다.

## | 복음주의는 교단이 아니다

복음은 '좋은 소식'으로, 고린도전서 15장에 요약되어 있는 것처럼 예수 그리스도의 성육신, 고난, 죽음, 부활, 승천이 죄인을 구원하는 능력이라는 것이다. '복음주의'는 용어 자체에서 복음의 내용을 중요하게 여기는 것처럼 보인다. 그런 의미에서 종교개혁은 복음주의라고 해도 틀린 말이 아니다.

개혁가들은 왜곡된 복음을 되찾으려 애썼고 복음을 잘 정리해 보존하고 전했다. 종교개혁가들은 로마 천주교회로부터 '복음주의자'라고 놀림을 받기도 했다. 마치 초대교회 그리스도인이 '그리스도인'이라고 멸시를 받았던 것처럼 말이다.

하지만 주후 17세기의 경건주의를 거쳐 주후 18-19세기에 등장한 복음주의는 복음의 핵심인 바른 교훈, 곧 복음의 요약인 신앙고백과 요리문답에 관심이 별로 없었다. 한순간의 회심과 감동적인 체험이 모든 것을 말해 준다고 믿었다. 주후 18세기 영국과 미국에서 일어난 부흥운동, 즉 제1차 대각성과 제2차 대각성을 거치면서 복음주의는 정통에 대한 반대로 이해되었다. '부흥주의'는 신앙의 정통 질서를 깨트리고 새로운 세계를 열었다고 생각했다. 부흥주의가 복음주의와 동의어로 사용되기 시작했다. 또 주후 19세기 자유주의가 나타나면서 그에 저항하는 근본주의가 복음주의로 이해되었다.

/1954년 독일 뒤셀도르프에서 강연하고 있는 빌리 그레이엄

복음주의를 정의한다는 것은 쉽지 않다. 복음주의는 교단도 아니고 단체도 아니다. 그저 여러 교회가 공유하고 있는 어떤 흐름이고 경향이다. 복음주의는 어떤 이데올로기일 수도 있고 운동 혹은 공동체일 수도 있다. 복음을 중심으로 움직이는 사상 체계 혹은 경향, 흐름 등을 일컫는 것일 수도 있다. 복음주의는 집합 개념이고 일종의 분위기에 가깝다. 어떤 신학적 체계가 아니다. 각 나라와 교회의 상황에 따라 여러 형태로 발전해 온 것이 복음주의이다.

그러면 복음주의의 특징은 무엇일까? 복음주의는 복음 자체보다는 복음을 전하고 받아들이는 개인의 주관적 확신과 경험 혹은 체험이다. 복음주의는 복음의 내용에 관심이 별로 없다. 오히려 복음의 적용, 곧 개인적 체험과 확신에 관심을 둔다. 그들은 이렇게 묻는다. "너, 구원 받았어?", "너, 지금 죽더라도 천국에 갈 확신이 있어?" 그런 의미에서 복음주의는 객관적 복음의 내용을 강조하는 정통주의보다는 개인주의, 곧 주관적 복음의 적용과 체험에 관심을 둔다.

이런 복음주의는 침례교회, 성결교회, 오순절교회, 감리교회에 강력하게 존재했다. 장로교회도 예외는 아니다. 특별히 주후 20세기에 일어난 수많은 대형 전도 집회는 모두 이런 복음주의 운동에서 비롯된 것이다. 한국에는 주후 1973년 빌리 그레이엄(Billy Graham, 주후 1918-2018)이 와서 270만 명을 모았고, 주후 1974년에는 '엑스플로74 전도 집회'로 모였다. 주후 1980년에는 '세계복음화 대성회'로 모여 복음주의가 대세였다.

복음주의는 3가지 특징이 있다. 첫째, 성경을 권위 있는 하나님의 말씀으로 받아들인다. 기독교를 세계 4대 종교 중의 하나이며 성경을 여러 경전 가운데 하나로 인식하는 세상에서 성경을 하나님의 말씀으로 믿는 복음주의 신앙은 소중하고 귀하다. 하지만 성경 문자주의에 빠지는 위험도 존재한다.

둘째, 성령의 역사로 말미암는 예수 그리스도와의 개인적 체험을 강조한다. 하나님의 구원이 지식에 머물지 않고 정적이고 의지적인 영역에 이르러 온몸으로 체화하는 것은 신앙에 중요한 요소이다. 하지만 구원이 인간의 주관적 경험에 머물러 하나님의 절대적, 주권적 구원에 대한 강조는 약하다.

셋째, 성도를 전도와 선교 영역에 매진하도록 한다. 주후 19세기부터 활발해진 개신교 선교는 21세기를 살고 있는 지금까지도 영향을 미치고 있다. 복음이 세상 방방곡곡으로 퍼져 나가는 데 큰 역할을 했다. 하지만 전도와 선교에 전문가인 복음주의는 그리스도인의 사회적 책임과 삶에 있어서는 비전문가가 되고 말았다.

## | 신복음주의, 복음의 열정에 지성의 냉철함을 더하다

자유주의와 근본주의의 대립이 극에 치닫던 시대도 지나갔다. 한 세대가 지나면서 새로운 변화가 생기기 시작했다. 새로운 형태의 신앙을 추구하고자 하는 세대가 등장했다. 그들은 스스로 '복음주의자'로 불리고 싶어했다.

그 대표적 조직이 주후 1941년 몇 사람이 시작한 '전국복음주의자협회'(NAE)다. 이 모임을 주도한 사람은 헤롤드 옥켄가(H. Ockenga, 주후 1905-1985), 칼 헨리(Carl F. H. Henry, 주후 1913-2003), 빌리 그레이엄이다. 이 모임에 수많은 기독교 종파들이 회원으로 들어와 활동했다. 오순절교회, 성결교회, 침례교회, 감리교회, 장로교회, 개혁교회, 심지어 메노나이트까지 포함되었다.

주후 1957년 뉴욕에서 모인 집회에서 헤롤드 옥켄가와 칼 헨리와 빌리 그레이엄이 처음으로 '신복음주의'라는 용어를 사용하기 시작했다. 그들은 세속사회에서 변두리로 밀려난 기독교를 주류로 바꾸려고 노력했다. 학문을 존중하고 사회 참여에 적극적이었다. 복음을 전하려는 열정에 지성적 냉철함도 갖추려고 했다. 교육과 학문을 촉진하고 신학에서는 기독교 신앙을 증명하려는 변증학도 개발했다. 더 나아가 사회적 역할에 대해서도 많은 고민을 하며 실천하려 했다. 개인의 영혼 구원을 넘어 문화 변혁에 대한 복음적 비전도 제시하려고 노력했다.

이런 신복음주의의 노력으로 생겨난 것이 '창조과학회'다. 주후 1960년대에 진화론의 공격에 대항하기 위해 기독교 학자들로 이루어진 창조과학 운동이 활발히 진행되었다. 이 운동은 캘리포니아와 미시간 지역에서 아주 왕성했다. 하지만 분명한 지도자가 없었기 때문에 조직적, 지속적이지 못했다. 창조과학자들은 진화론이 증명되지 않은 이론에 불과하다는 것을 증명하려고 많은 노력을 기울였지만, 지금은 비판의 대상이 되기도 한다. 창조과학도 진화론처럼 과학을 판단 기준으로 취하기 때문에 같은 모순에 빠지기 쉽다는 비판을 피하기 어렵다.

신복음주의의 열매 가운데 하나를 말하라고 한다면 헤롤드 옥켄가가 편집장으로 일한 〈크리스채너티 투데이〉다. 이 잡지를 통해 신복음주의가 미국에 대중화되고 많이 보급되었다.

/미국 켄터키 주 윌리엄스 타운에 있는 실측 크기의 노아의 방주

이 즈음 기독교 학교에 대한 관심도 생기기 시작했다. 주후 1963년 공립학교에서 기도의 시행과 성경 배치가 금지되는 법이 만들어지면서 사립학교, 곧 기독교 학교가 우후죽순처럼 만들어지기 시작했다. 기독교 학교 연합 단체인 '미국국제기독교학교연맹'ACSI은 신복음주의의 열매라고 할 수 있다.

신복음주의는 '포용적 복음주의'라고 불리기도 한다. 성경을 무오한 말씀으로 믿으면서도 자유주의적 신학이나 사상들과 담대하게 대화했다. 개별성과 다양성을 인정하면서도 전체적인 연합을 시도하는 점이 그 특징이다.

신복음주의는 주후 1960년대 초에 세계적으로 공유되는 개념으로 자리잡았는데, 대표적인 신학교로는 미국의 풀러신학교, 고든콘웰신학교가 있다.

한국도 미국의 신복음주의의 영향을 받아 1991년 〈복음과 상황〉을 창간했다. 미국 교회의 신복음주의적 영향은 세계적으로 큰 세력을 형성했다. 미국에서도 개신교회의 3분의 2가 넓은 의미에서 복음주의이며, 이 중에 신복음주의도 포함되어 있다.


| 교회도 사회적 문제에 관심을 가져야 한다

주후 1945년 마침내 제2차 세계대전이 끝났다. 베이비 붐 세대가 이어졌다. 새로운 시대가 도래했다. 공산주의와 자본주의의 세력이 철의 장막을 치며 서로 칼을 갈았다. 힘겨루기는 냉전시대를 열었지만 팽팽한 긴장은 힘의 균형으로 작용했고 태풍의 눈 같은 평화가 이어졌다.

자유주의, 자본주의 국가에서는 그동안 경험하지 못한 평화와 번영을 누렸다. 풍부한 생산과 신나는 소비문화를 꽃피웠다. 열심히 노력하기만 하면 사회, 경제적 성공의 기회가 보장되는 것 같았다. 더 풍요로운 삶을 위하여 바삐 움직였다. 사람들은 비좁은 구도심을 벗어나 교외로 삶의 터전을 옮겨 가고, 대신 도심에는 하층민이 자리를 차지했다.

교회도 도시의 변화를 따라 도심에서 교외로 이동했다. 주후 1960년 대 유복한 교회는 아름다운 예배당과 교육관을 건축하기 시작했다. 바로 이 시기에 빌리 그레이엄이 '복음주의협회'EA를 설립해 활발하게 활동했다. 그는 교회 부흥을 인간의 내적 평화와 행복으로만 이해했다. 노만 빈센트 필(N. V. Peale, 주후 1898-1993)은 건강한 정신과 행복을 위해 적극적 사고를 가르쳤다. 사람들은 그런 생각을 환호하며 좋아했다. 하지만 교회는 그리스도인의 사회적 책임에는 무관심했다.

민주사회이며 자유 시장경제를 추구하는 미국에 고질적 문제들이 부각되기 시작했다. 그중 하나가 인종차별이었다. 노예제도가 법적으로 폐지된 지 100년이 지나고 있었지만, 현실 사회에서는 여전히 차별과 인권침해가 존재했다. 마틴 루터 킹(M. Luther King, Jr., 주후 1929-1968)이 주후 1960년대에 흑인의 차별을 없애고 권익을 찾으려고 애썼다. 유색인 인권운동은 인종 문제를 넘어 모든 종류의 사회적 불의에 대항한 투쟁으로 그 전선이 넓어졌다. 마틴 루터 킹은 주후 1968년 '가난한 자들의 행진'을 주도하다가 안타깝게도 암살당했다. 이 인권운동은 교회의 지지와 도움을 받았다. 교회가 집회소이며 훈련소 역할을 했다. 목사는 복음과 인권운동을 연결하는 역할을 했다. 그 신학이 바로 '흑인신학'이다.

/마틴루터킹

'여권신장운동'도 일어났다. 미국에 여성 참정권은 주후 1920년에 허락되었다. 주후 1950년대에 접어들면서 교회와 사회 전반에 급격한 변화의 바람이 불었다. 남성이 주도했던 전통적 신학에 대한 비판이 생기면서 여성도 성직자에 임명되기 시작했다. 장로교 레티 M. 러셀(Letty M. Russell, 주후 1929-2007)과 로마 천주교인 로즈마리 R. 로이터(R. R. Reuther, 주후 1936-현재)가 남성 우위의 신학에 도전하며 교정을 시도했다. 더 과격한 여성은 메리 달리(Mary Daly, 주후 1928-2010)였다. 그녀는 스스로 "남성 중심의 교회를 졸업했다"고 선언했다. 여성들에게 "하나님이 여성으로 성육하실 것을 기다리라"고 선동했다. 그녀는 과격한 페미니스트로서 수업에 남성 출입을 제한하기도 했다.

각종 사회문제에 대한 관심은 국제교류를 통해 더 활발하게 진행되었다. 특히 전국교회협의회NCC나 세계교회협의회WCC는 기아, 자유, 정의에 관한 관심을 발전시켰다. 그들은 주로 자유주의 신앙을 가진 소위 좌파 지식인으로 의심받으며 비난받기도 했다.

한편 주후 20세기 초 켈리포니아의 아주사 거리에서 은사운동이 시작되었다. 이 흐름은 주로 하층민이나 흑인 사이에 퍼져 나갔다. 주후 1950년 대 이후에는 교파의 경계를 넘어 모든 교회로 파급되었다. 기적과 체험을 통해 탄탄한 신앙을 가지게 되었다고 생각했다. 하지만 그 모양은 다양했다. 성령의 체험을 강조하면서도 내세 지향적으로 치우치기도 하고 전투적 사회 활동가로 빠지기도 했다. 이렇게 복음주의자 가운데 불의, 고통, 박해, 기아에 대항하여 싸워야 한다는 신학자와 성도도 생겨났다. 이런 생각이 모여 주후 1973년 '시카고 선언'이 만들어졌고 선포되었다. 교회가 사회적 문제에 관심을 가져야 한다는 것이었다.

## | 복음을 희생한 교회 연합은 의미가 없다

종교개혁 이후 개신교회는 로마 천주교회와 달리 여러 교단과 분파로 나뉘었다. 루터교회, 성공회, 개혁교회, 장로교회, 침례교회, 감리교회, 그리스도의 교회, 제자교회, 성결교회, 순복음교회 등 각 나라와 시대에 따라 생겨난 교파들이 있다. 예수님은 제자들, 즉 교회가 하나되기를 원하셨지만(요 17:21-22), 현실은 그렇지 못했다. 분열된 개신교회의 모습은 하나의 조직체를 유지하고 있는 거대한 로마 천주교회와 비교할 때 늘 취약점이었다.

마침내 개신교회는 제2차 세계대전 후인 주후 1948년 네덜란드 암스테르담에서 '세계교회협의회'WCC로 모여 하나됨을 추구했다. 44개국에서 147개 교회 대표가 모여 하나로 단결할 것을 다짐했다. 그러나 사실 처음부터 각 교회가 신앙과 직제에 있어 차이가 있기 때문에 그 차이와 다양성을 인정하면서 하나의 신앙고백과 질서를 찾아갈 수 없는 태생적 한계를 가지고 있었다. 이 단체는 하나의 거대한 교회를 만드는 것이 목적이 아니라고 천명했다.

왜 이런 교회연합운동이 시작되었을까? 개신교 교회연합운동은 의외의 영역에서 시작되었다. 그것은 '학생운동'과 '선교운동'이었다.

교회연합운동의 시발점은 미국과 영국의 부흥운동으로 만들어진 '기독학생운동'이다. 주후 1886년에 드와이트 무디가 조직한 이 단체는 엄청난 수의 젊은이를 선교사로 파송했다. 기독학생운동은 '학생자원자운동'을 통해 한 해에 무려 2,200여 명의 학생선교지원자를 배출했다. 정말 굉장했다. 이 단체를 이끈 지도자는 모트(J. R. Mott, 주후 1865-1955)다. 그는 이미 YMCA 책임자로서 주후 1895년 스웨덴에서

'세계학생기독연맹'을 결성해 교리와 교파의 특징을 넘어 교회연합을 꾀한 적이 있다. 이 기독학생운동은 그 성격상 국가의 이념과 정치적 갈등을 넘어 활동하면서 평화를 위해 노력한 긍정적인 면이 있다. 나중에 모트는 그 공로를 인정받아 노벨 평화상을 수상하기도 했다. 하지만 이 단체는 기독교 진리와 그 적용의 문제인 신앙과 교회의 직제, 질서, 법의 일치 문제를 다룰 수 없는 태생적 한계가 있었다.

기독학생운동이 교회연합의 모태 역할을 했다면 추진력은 세계에 흩어져 있던 선교사로부터 시작되었다. 주후 19세기부터 활발하게 진행된 선교사들은 협력의 필요성을 느꼈다. 선교사는 함께 모여 선교의 정보와 교제를 나누기 원했다. 선교사들은 주후 1910년 에든버러에서 '선교사 총회'를 열었다. 교회의 신앙과 직제의 차이는 다루지 않기로 했다. 이 모임은 주후 1921년 '국제선교사협의회'를 탄생시켰고 10년마다 모여 선교지에서 당면한 문제들을 의논하고 토론했다. 주후 1928년에는 예루살렘에서, 주후 1938년에는 마드라스(지금의 첸나이 지역)에서, 주후 1948년에는 암스테르담에서 모임을 가졌다.

그 외에도 각 개신교회는 당면한 정치, 경제, 사회, 문화적 문제를 해결하기 위해 함께 연합했다. 주후 1917년과 1937년, '생활과 사역'에 관한 기독교 대회가 스톡홀름에서 열렸다. 동시에 교회의 '신앙과 직제'를 의논하기 위한 모임이 주후 1927년 로잔에서 시작되어 주후 1937년, 주후 1952년 열렸다. 이들은 '생활과 사역'과 '신앙과 직제'를 통합한 새로운 형태의 세계교회협의회를 주후 1941년 시작하기로 결정했다. 하지만 제2차 세계대전의 발발로 주후 1948년에 가서야 암스테르담에서 시작되었다. 이렇게 탄생한 세계교회협의회는 지금까지 8년에 한 번씩 모이는 가장 큰 개신교회 연합체가 되었다.

그러나 이 세계교회협의회는 종교다원주의를 수용하면서 문제가
되었다. 주후 1983년 밴쿠버에서 열린 제6차 세계교회협의회 총회에
서는 인디언의 전통 종교의식을 행했고, 주후 1991년 호주의 캔버라
에서 열린 제7차 WCC 총회에는 호주 원주민 전통 샤머니즘 공연을
보여 주었다. 게다가 한국 정현경 교수는 혼령을 위로하는 우리나라
전통 제사인 초혼제를 지냈다. 이 모임의 심각한 문제를 잘 보여 준다.

교회의 존재 목적은 연합이 아니다. 보이는 지상교회는 연합을 추
구해야 하지만, 구조적 일치가 성경이 가르치는 일치는 아니다. 복음
진리를 희생한 교회 연합은 의미가 없다. 교회는 진리 안에서 하나가
되어야 한다. 교회는 진리를 보존하고 전하기 위해 애써야 한다. 그것
을 위해 교회 질서와 직제와 법을 활용할 수 있다. 신앙의 일치는 자연
스럽게 생활의 일치로 나아갈 것이다. 이 시대를 사는 그리스도인에
게는 하나님의 지혜가 필요하다.

## | 불확실의 시대, 진리만이 오직 진리되기를

현대의 정신세계를 일컬어 '포스트모더니
즘'이라고 부른다. 좀 어려운 말이다. '포스
트'Post는 '후'後 혹은 '탈'脫로 번역할 수 있다.
포스트모더니즘은 모더니즘 후에 나타난 것
이라는 의미에서 '후 모더니즘'이라고 할 수
도 있지만, 용어의 의미상 '탈 현대주의'라고
번역하는 것도 좋다.

/ 세계교회협의회 로고

모더니즘은 종교개혁 이후의 이성주의 정신을 말한다. 계몽주의, 현대주의라고도 한다. 이 시대 정신은 주후 17-20세기를 지배하며 300여 년 동안 이어져 왔다. 모더니즘을 탄생시킨 사람은 데카르트다. "나는 생각한다. 그러므로 나는 존재한다"라는 말로 유명하다. 세상의 모든 것은 믿을 수 없고 의심해야 하지만 의심할 수 없는 것 하나가 있는데, 그것은 생각하고 있는 나 자신이라는 말이다. 데카르트는 하나님과 그분의 진리가 아닌 인간 이성의 위대함을 발견했다.

모더니즘은 진리를 과학적 방법으로 실증할 수 있고 그것을 객관화할 수 있다고 믿었다. 이런 현대주의의 힘으로 현대 과학이 발전한 것도 사실이다. 이런 삶이 인간을 행복하게 할 것이라고 생각했다. 현대주의의 영향으로 과학은 비약적으로 발전했고 행복한 미래가 보장될 것이라고 확신했다.

대신 실증할 수 없고 객관적이지 않은 것, 주관적인 영역에서 경험되는 것이라고 생각되는 종교, 즉 신앙은 무시했다. 과학으로 증명될 수 없는 종교를 미신이라고 외면했다. 현대주의는 종교를 부정하고 알려고도 하지 않았다. 현대주의는 종교를 공적인 영역에서 사역인 영역으로 몰아냈다. 학교에서 성경을 가르치지 못하게 하는 것은 바로 현대주의 때문이다.

하지만 현대주의는 종교, 성경, 전통을 완전히 부정하지는 않았다. 제1, 2차 세계대전을 겪으면서 인간은 현대주의가 낳은 기술, 과학, 문명, 번영이 인간을 행복하게 하지 않는다는 것을 경험적으로 알게 되었다. 제1차 세계대전에서는 약 1천만 명, 제2차 세계대전에는 5천만 명 이상의 인간이 죽었다. 인간의 이성이 어떻게 사람을 그렇게 무자비하게 죽일 수 있을까? 인간의 이성은 믿을 만하지 못하다는 것이 증명된 것이다. 뿐만 아니라 인간의 과학과 번영은 환경 파괴와 자원 고갈, 그리고 인간성의 소외 같은 문제를 낳고 있다.

그 결과 포스트모더니즘이 등장했다. 포스트모더니즘이라는 용어는 주후 1960년대 중반 건축 세계에서 사용되었다고 한다. 과거에는 전통적으로 건물이란 네모진 것에 불과했지만, 그런 고정관점을 넘어 다각형과 타원형도 가능하다는 시도를 하게 되었다. 그 후 포스트모더니즘은 현대 모든 영역에서 통용되는 정신세계를 일컫는 용어로 사용되었다.

포스트모더니즘은 삶의 모든 영역에서 무비판적으로 신봉되던 과학을 비판했다. 심지어 현대주의가 믿던 이성에 대해서도 비판했다. 모더니즘이 붙잡고 믿었던 이성조차도 편견과 선입관에 의해서 오염되고 잘못 될 수 있다는 것을 발견했다. 인간의 이성은 비합리적이고 비도덕적이며 자신을 감추고 이기적인 존재라고 비판했다. 포스트모더니즘으로 볼 때 아무것도 확실한 것은 없다. 어떤 철학자는 그것을 '불확실성의 원리'라고 했다. 종교도, 과학도, 인간의 이성도 믿을 수 없으니 믿을 수 있는 것은 자신의 무의식과 타인이다.

포스트모더니즘은 두 갈래로 나뉜다고 한다. 첫째는 해체주의적 관점이다. 아무것도 확실한 것이 없기 때문에 허무주의에 빠지게 된다. 목적도 없고 선악도 없고 감각도 믿을 수 없고 자유도 없는 절대적 상대주의에 빠지게 된다. 둘째는 건

/포스트모더니즘을 반영한 독일 신 국립 갤러리

설적 관점이다. 이들은 실제, 자유, 진리, 도덕을 어느 정도 인정한다. 생태학자, 평화주의자, 여성해방론자를 지지하는 세계관이다. 포스트모더니즘은 어쩌면 모더니즘을 수정하려는 움직임이라고 볼 수 있다.

이런 포스트모더니즘은 문학, 예술, 건축, 철학, 사회이론, 매스컴 등 모든 분야에 퍼져 있다. 포스트모더니즘은 종교적 다원주의로 나아간다. 기독교도 많은 종교 가운데 하나일 뿐이다. 다원주의는 포스트모더니즘이 낳은 아들인 셈이다.

주후 21세기의 교회는 전혀 새로운 환경에 직면했다. 하지만 인간의 본질은 변하지 않았다. 인간은 죄로 인해 멸망할 것이다. 하나님은 그런 비참에 처한 인간을 위해 구원자 예수 그리스도를 세상에 보내셨다. 하나님의 구원 역사는 지금도 이어지고 있다. 교회를 통해 하나님의 사랑이 선포되고 있다.

## 교회는 시대의 도전 앞에 생존할 수 있을까?

　　이제 긴 교회 역사 기행을 마무리해야 할 때가 되었다. 역사 기행은 그 특성상 모든 순간과 장소를 들를 수 없다. 역사가의 눈으로 본 몇 중요한 시점과 장소만 방문할 뿐이다. 그럼에도 불구하고 적지 않은 시간이 걸렸다.

　　하나님은 교회를 세웠고 당신의 택한 백성을 불러 모으신다. 그리고 그 배고픈 백성을 생명의 양식으로 먹이신다. 또 교회에 일꾼을 보내신다. 특히 말씀의 종을 통해 광야 같은 세상에서 생명수를 공급해 주신다. 목자 되시는 하나님의 보살핌이 없었다면 교회는 벌써 사라지고 말았을 것이다.

　　지금도 하나님은 교회를 통해 당신이 부르신 자들을 얼마든지 구원하고 보호하신다. 하나님은 교회를 전초기지로 세워 하나님 나라를 확장해 가신다. 이 나라는 세상 나라와 같지 않다. 하나님 나라는 영적 나라다. 하나님 나라는 교회를 통해 더욱 확장된다. 하나님의 택한 백성이 교회를 통해 예수 그리스도를 주님으로 고백하고 그분의 명령에 따라 살아갈 때 하나님 나라가 이루어진다.

　　교회는 각 시대마다 당면한 과제가 있었다. 로마시대에는 핍박과 박해가 심해 지하 깊숙이 숨어들어 가야 했다. 순교자가 흘린 피는 교회의 자양분이 되었다. 교회는 오랜 고난을 뒤로하고 주후 313년 밀라노 칙령으로 마침내 자유를 맛보았다. 주후 380년에는 교회가 로마제국의 국교가 되면서 엄청난 특권을 누리기도 했다. 그러나 안락함이 언제나 좋은 것은 아니었다. 외적 평안은 내적 손실로 이어졌다. 교회는 외적으로 넓은 길을 걸을 때 내적으로 영적 배교의 길로 빠져들었다. 사탄의 계교와 시험은 집요했고 교회는 벗어나기 힘든 영적 침체에 허덕여야 했다. 도저히 벗어나기 힘든 늪에서 무려 1천 년이나 시간을 낭비했다. 때가 차매 이집트에서 고생하던 이스라엘 백성을 해방시키셨던 하나님은 중세교회를 그냥 버려두지 않으셨다. 하나님은 개혁가들을 보내어 당신의 교회를 개혁하고 변화시키셨다. 종교개혁은 단순히 사회 개혁이 아니라 교회 개혁이었다. 교회 개혁은 말씀의 개혁이었다. 성령의 새롭게 하심이었다. 성부 하나님의 주권적 만지심이었다.

교회는 하나님의 언약 공동체로서 약속과 응답, 신앙과 불신의 역사를 지나면서 현대까지 왔다. 현대교회 역시 만만찮은 과제를 안고 있다. 물질만능주의가 그것이다. 현대인은 소비를 미덕으로 여긴다. 생활의 편리와 평안을 위해서는 무엇이든지 하려 한다. 그리고 현대인은 사회적 성공을 위해 경쟁한다. 고지에 도달하기만 하면 행복할 것이라고 믿는다. 현대 문명의 이기는 영적 관심의 저하를 부채질한다. 정보기술IT 개발과 인공지능AI의 발전은 인간을 불확실성의 세계로 인도하고 있다. 교회는 이런 변화의 도전 앞에 과연 생존할 수 있을까? 그리스도인은 어떻게 살아야 할까?

안타깝게도 요즘은 교회 역사에 대한 관심이 적다. 현재를 살아가기에도 급급한 것 같다. 교회에 출석하는 것만으로도 잘했다고 칭찬받는 시대다. 이런 현상의 책임은 다름 아닌 교회에 있다.

칼뱅은 교회를 '신자의 어머니'라고 했다. 어머니가 아이에게 젖을 먹이며 양육하듯 교회는 신자에게 생명의 양식을 먹이고 훈련시키고 거룩하게 자라도록 도와야 한다. 만약 칼뱅의 말처럼 교회가 신자들의 어머니가 되어 준다면 신자들에게는 정말 교회를 사랑하는 마음이 생길 것이고, 그러면 교회 역사에 대해 알고 싶은 마음이 생기지 않겠는가? 엄마가 옛날에 어떻게 살았으며, 아빠를 어떻게 만나 결혼했는지, 우리가 태어났을 때 부모님의 기분이 어땠는지, 우리를 왜 입양했는지, 우리가 입양되어 자라면서 문제는 없었는지 궁금한 것처럼 말이다.

현대 교회는 과거 교회의 사도들과 교부들의 걸음을 살피고, 종교개혁가들의 헌신을 배워 미래의 과제를 잘 헤쳐 나가야 할 것이다. 온 세상을 통치하시는 예수 그리스도께서 교회의 머리되시니, 교회를 바른 길로 인도해 주실 것이다. 교회는 그분의 가르침과 인도하심에 믿음으로 순종하며 한 걸음씩 나아가야 할 것이다. 아멘!

아우그스부르크 신앙고백 제7항,
교회는 성도의 모임으로서 복음을 바르게 가르치고
성례를 바르게 시행해야 한다.